Next 教科書シリーズ

刑法各論

沼野 輝彦・設楽 裕文 編

弘文堂

はしがき

　書名から明らかなとおり、この書物は「刑法」第二編に規定されている個別の犯罪について、その成立要件をとり上げ解説することを目的とするもので、「Next 教科書シリーズ」を構成する刑法各論の教科書として企画・執筆されている。そしてその底流には、読者がまずそれぞれの犯罪の特徴や保護法益を把握すると共に、解釈の基礎となっている学説と判例に十分の関心を持って欲しいという執筆者達の強い希望が存在している。

　「刑法」には、犯罪の成立要件を論ずる刑法総論があるが、個別の犯罪を扱う各論の分野は、総論に比べると社会のあり方やそれを支える価値体系の変化に敏感に反応しその影響を受ける面を持つものである。このことは、各論が現実に違法・有責と判断され刑罰の対象となる具体的行為を規定するという属性から、当然のことであろう。

　いずれの社会でも、犯罪現象はまず具体的な人の犯罪行為から始まる。そして、いかなる人の行為が犯罪とされているか、その成立要件のあり方は、実はその犯罪行為が現象する場である社会のあり方や価値体系そのものを示す見取り図でもある。言葉を換えれば、犯罪を知ることによって私たちは社会のあり方を把握することができるといってもよい。読者がこの書物を通じてその社会や価値体系と関連づけながら個々の犯罪を学んでもらえるならば、教科書としての本書の役割は果たせたものと信じる。

　末筆になったが編集については世古宏氏のお世話になった。ここに記してお礼を申し上げる。

　2017 年 3 月

執筆者を代表して
沼野輝彦

目 次　Next教科書シリーズ『刑法各論』

はしがき…ⅲ

序　論　刑法各論の役割…1

1　刑法各論とは何か…2
　　A. 刑法各論の意義…2　　B. 刑法総論との関係…3　　C. 刑法各論の体系…5

2　刑法各論は人間存在に取り組む…5
　　A. 刑法各論の目標…5　　B. 殺人の大半は人間関係の破綻が原因…6
　　［コラム］父親殺し…8

3　刑法各論こそ人間存在に裏打ちされている…9
　　A. 自分の証拠を隠滅しても犯罪にならない…9
　　B. 収得後知情行使罪の刑罰が軽いわけ…10
　　C. 強盗致傷罪だけ法定刑を1年下げたのはなぜか…11

4　21世紀の刑法各論…11
　　A.「人間研究の学問」を活用する…11　　B. 主体的に生きるために…12
　　●知識を確認しよう…13

■第Ⅰ編■　個人的法益に対する罪…15

第1章　生命・身体に対する罪…17

1　総説…18
　　A. 人の始期…18　　B. 人の終期…19

2　殺人の罪…19
　　A. 殺人罪…19　　B. 殺人予備罪…20　　C. 自殺関与および同意殺人罪…20

3　傷害の罪…22
　　A. 傷害罪…22　　B. 傷害致死罪…24　　C. 現場助勢罪…24
　　D. 同時傷害の特例…25　　E. 暴行罪…26
　　F. 凶器準備集合および結集罪…27

4　過失傷害の罪…28
　　A. 過失傷害罪…28　　B. 過失致死罪…29
　　C. 業務上過失致死傷罪…29　　D. 重過失致死傷罪…30

5　堕胎の罪…30

　　　A. 総説…30　　B. 堕胎罪…31
　　　C. 同意堕胎および同致死傷罪…31　　D. 業務上堕胎および同致死傷罪…31
　　　E. 不同意堕胎罪…32　　F. 不同意堕胎致死傷罪…32

　6　遺棄の罪…32

　　　A. 総説…32　　B. 遺棄罪…33
　　　C. 保護責任者遺棄等罪…34　　D. 遺棄等致死傷罪…34

　7　自動車運転致死傷法の罪…35

　　　A. 総説…35　　B. 犯罪類型…35
　　　［コラム］無免許運転も危険運転にならないか…37

　　●知識を確認しよう…38

第2章　自由に対する罪…39

　1　自由に対する罪…40

　　　A. 逮捕および監禁の罪…40　　B. 脅迫の罪…41
　　　C. 略取、誘拐および人身売買の罪…42　　D. 強制わいせつ、強姦の罪…46

　　●知識を確認しよう…49

第3章　私的領域に関する罪…51

　1　住居を侵す罪…52

　　　A. 総説…52　　B. 各説…52

　2　秘密を侵す罪…54

　　　A. 総説…54　　B. 各説…54

　　●知識を確認しよう…56

第4章　名誉に対する罪…57

　1　総説…58

　　　A. 名誉に対する罪の概要—名誉の種類と名誉に対する罪の保護法益…58
　　　B. 親告罪…58

　2　名誉毀損罪…58

　　　A. 名誉毀損罪（1項）…59　　B. 死者の名誉毀損罪（2項）…60

　3　公共の利害に関する場合の特例…61

　　　A. 総説…61　　B. 不処罰の要件…61　　C. 真実性の証明と錯誤…62

　4　侮辱罪…63

A. 総説…63　　B. 構成要件…63
［コラム］ネット書き込みと名誉毀損罪…64

●知識を確認しよう…65

第5章　信用および業務に対する罪…67

1　信用毀損罪…68
　　A. 総説…68　　B. 信用毀損罪…68
2　業務妨害罪…69
　　A. 総説…69　　B. 業務妨害罪…69　　C. 電子計算機損壊等業務妨害罪…71

●知識を確認しよう…73

第6章　財産に対する罪…75

1　総説…76
　　A. 財産に対する罪（財産罪）の概要…76　　B. 財産に対する罪の分類…77
2　窃盗および強盗の罪…79
　　A. 総説…79　　B. 窃盗の罪…88　　C. 強盗の罪…91
3　詐欺および恐喝の罪…99
　　A. 総説…99　　B. 詐欺の罪…100
　　［コラム］未成年者事例と詐欺罪…102
　　C. 恐喝の罪…113　　D. 詐欺罪・恐喝罪に共通する諸問題…115
4　横領・背任の罪…118
　　A. 総説…118　　B. 横領の罪…119　　C. 背任の罪…127
　　D. 横領罪・背任罪に共通する諸問題…131
5　盗品等に関する罪…134
　　A. 総説…134　　B. 盗品等無償譲受け罪…137　　C. 盗品等運搬罪…137
　　D. 盗品等保管罪…137　　E. 盗品等有償譲受け罪…138
　　F. 盗品等有償処分あっせん罪…138
　　G. 親族等の間の犯罪に関する特例…139
6　毀棄および隠匿の罪…139
　　A. 総説…139　　B. 毀棄の罪…141　　C. 隠匿の罪──信書隠匿罪…145

●知識を確認しよう…147

■第Ⅱ編■　社会的法益に対する罪…149

第7章　公共の安全に対する罪…151

1. 騒乱の罪…152
   A. 総説…152　　B. 騒乱の罪…152
2. 放火および失火の罪…153
   A. 総説…153　　B. 放火罪…155　　C. 失火罪…157
   D. 放火罪に準ずる罪…157
3. 出水および水利に関する罪…157
   A. 総説…157　　B. 出水に関する罪…158　　C. 水利に関する罪…158
4. 往来を妨害する罪…158
   A. 総説…158　　B. 往来を妨害する罪…159
5. あへん煙に関する罪…162
   A. 総説…162　　B. あへん煙に関する罪…162
6. 飲料水に関する罪…163
   A. 総説…163　　B. 飲料水に関する罪…164

   ●知識を確認しよう…166

第8章　偽造およびその周辺の罪…167

1. 総説…168
2. 通貨偽造の罪…168
   A. 通貨偽造罪…168　　B. 偽造通貨行使罪…171
   C. 外国通貨偽造・行使罪…172　　D. 偽造通貨等収得罪…173
   E. 収得後知情行使等罪…174　　F. 通貨偽造等準備罪…174
3. 文書偽造の罪…175
   A. 総説…175　　B. 詔書偽造罪…178　　C. 公文書偽造等罪…179
   D. 虚偽公文書作成罪…181　　E. 公正証書原本不実記載等罪…181
   F. 偽造公文書行使罪…183　　G. 私文書偽造罪…183
   H. 虚偽診断書等作成罪…186　　I. 偽造私文書等行使罪…187
4. 電磁的記録不正作出・供用罪…187
   A. 総説…187　　B. 私電磁的記録不正作出罪…188
   C. 公電磁的記録不正作出罪…189　　D. 不正作出電磁的記録供用罪…189
5. 有価証券偽造の罪…190
   A. 総説…190　　B. 有価証券偽造・同虚偽記入罪…190
   C. 偽造有価証券行使罪…192

6 支払用カード電磁的記録に関する罪…193
    A. 総説…193   B. 支払用カード電磁的記録不正作出等罪…193
    C. 不正電磁的記録カード所持罪…195
    D. 支払用カード電磁的記録不正作出準備罪…196

7 印章偽造の罪…197
    A. 総説…197   B. 御璽偽造・不正使用罪…197
    C. 公印偽造・不正使用罪…198   D. 公記号偽造・不正使用罪…198
    E. 私印偽造・不正使用罪…199

8 不正指令電磁的記録に関する罪…199
    A. 総説…199   B. 不正指令電磁的記録作成等罪…200
    C. 不正指令電磁的記録取得等罪…202

    ●知識を確認しよう…202

第9章　風俗に対する罪…205

1 総説…206

2 わいせつおよび重婚の罪…206
    A. わいせつ罪（174条・175条）…206   B. 淫行勧誘罪…210
    C. 重婚罪…210

3 賭博および富くじに関する罪…210
    A. 保護法益…210   B.（単純）賭博罪…211   C. 常習賭博罪…212
    D. 賭博場開張等図利罪…212   E. 富くじ発売等の罪…213

4 礼拝所および墳墓に関する罪…214
    A. 礼拝所不敬罪および説教等妨害罪…214   B. 墳墓発掘罪…215
    C. 死体損壊等罪…215   D. 墳墓発掘死体損壊等罪…216
    E. 変死者密葬罪…216
    ［コラム］他国の規定と比較しつつ見るわいせつ罪の解釈論の限界…217

■第Ⅲ編■　国家的法益に対する罪…219

第10章　国家の存立に対する罪…221

1 総説…222

2 内乱に関する罪…222
    A. 内乱罪…222   B. 内乱予備・陰謀罪、内乱等幇助罪…223

3 外患に関する罪…224
    A. 総説…224   B. 外患誘致罪…224   C. 外患援助罪…225
    D. 外患誘致等予備・陰謀罪…225

4　国交に関する罪…226
　　　　A.総説…226　　B.外国国章損壊罪…226
　　　　C.私戦予備・陰謀罪…226　　D.中立命令違反罪…227

　　　●知識を確認しよう…227

第11章　国家・地方公共団体の作用に対する罪…229

　　1　総説…230
　　　　A.国家・地方公共団体の作用に対する罪の全体像…230
　　　　B.公務員、公務所…230

　　2　公務の執行を妨害する罪…231
　　　　A.総説…231　　B.公務執行妨害罪、職務強要罪…231
　　　　C.封印等破棄罪ないし談合罪…235

　　3　逃走の罪…241
　　　　A.総説…241　　B.各説 ― 各犯罪類型…241

　　4　犯人蔵匿および証拠隠滅の罪…244
　　　　A.保護法益…244　　B.犯人蔵匿罪…245　　C.証拠隠滅等罪…247
　　　　D.犯人蔵匿罪と証拠隠滅罪に共通する問題…247
　　　　E.親族による犯罪に関する特例…249　　F.証人等威迫罪…250

　　5　偽証の罪…250
　　　　A.概要…251　　B.宣誓の意義…251
　　　　C.黙秘権・自己負罪拒否特権との関係…252
　　　　D.虚偽陳述…252　　E.被告人が他人に偽証を教唆する場合…253
　　　　F.自白による刑の減免…253

　　6　虚偽告訴の罪…254
　　　　A.保護法益…254　　B.故意の程度…254

　　7　職権濫用の罪…255
　　　　A.概観…255　　B.職権濫用…256　　C.特別公務員暴行陵虐罪…258

　　8　賄賂の罪…259
　　　　A.公的領域と民間領域との間で起きる犯罪…259
　　　　B.保護法益…259　　C.収賄罪総論…260　　D.収賄罪の諸類型…265
　　　　E.贈賄罪…269　　F.没収・追徴…269

　　　●知識を確認しよう…270

参考文献…271

事項索引…275

判例索引…281

略語表

法令名 (略称の五十音順)

刑	刑法（明治 40 年法律 45 号）
警職	警察官職務執行法（昭和 23 年法律 136 号）
刑訴	刑事訴訟法（昭和 23 年法律 131 号）
刑訴規	刑事訴訟規則（昭和 23 年最高裁判所規則 32 号）
憲	日本国憲法（昭和 21 年）
裁	裁判所法（昭和 22 年法律 59 号）
裁判員	裁判員の参加する刑事裁判に関する法律（平成 16 年法律 63 号）
民	民法（明治 29 年法律 89 号）
民執	民事執行法（昭和 54 年法律 4 号）
民	民事訴訟法（平成 8 年法律 109 号）

判例

最大判（決）	最高裁判所大法廷判決（決定）
最判（決）	最高裁判所判決（決定）
高判（決）	高等裁判所判決（決定）
地判（決）	地方裁判所判決（決定）
簡判（決）	簡易裁判所判決（決定）
大判（決）	大審院判決（決定）
大連判	大審院連合部判決

判例集

刑録	大審院刑事判決録
刑集	大審院刑事判例集、最高裁判所刑事判例集
民集	大審院民事判例集、最高裁判所民事判例集
裁判集刑事	最高裁判所裁判集刑事
高刑集	高等裁判所刑事判例集
下刑集	下級裁判所刑事裁判例集
高刑裁特	高等裁判所刑事裁判特報
高刑速	高等裁判所刑事裁判速報集
高刑判特	高等裁判所刑事判決特報
東高時報	東京高等裁判所（刑事）判決時報
新聞	法律新聞
刑月	刑事裁判月報
LEX/DB	TKC 法律情報データベース

雑誌 (略語の五十音順)

最判解	最高裁判所判例解説刑事篇
判時	判例時報
判タ	判例タイムズ
百選Ⅱ	別冊ジュリスト刑法判例百選Ⅱ〔各論〕〔第7版〕

概説書等

井田	井田良『刑法各論〔第2版〕』(弘文堂、2013)
板倉	板倉宏『刑法各論』(勁草書房、2004)
伊東	伊東研祐『刑法講義 各論』(日本評論社、2011)
大塚	大塚仁『刑法概説(各論)〔第3版増補版〕』(有斐閣、2005)
大谷	大谷實『刑法講義各論〔新版第4版補訂版〕』(成文堂、2015)
佐久間	佐久間修『刑法各論〔第2版〕』(成文堂、2012)
曽根	曽根威彦『刑法各論〔第5版〕』(弘文堂、2012)
高橋	高橋則夫『刑法各論〔第2版〕』(成文堂、2014)
団藤	団藤重光『刑法綱要各論〔第3版〕』(創文社、1990)
中森	中森喜彦『刑法各論〔第4版〕』(有斐閣、2015)
西田	西田典之『刑法各論〔第6版〕』(弘文堂、2012)
林	林幹人『刑法各論〔第2版〕』(東京大学出版会、2007)
平野	平野龍一『刑法概説』(東京大学出版会、1977)
藤木	藤木英雄『刑法講義各論』(弘文堂、1976)
前田	前田雅英『刑法各論講義〔第6版〕』(東京大学出版会、2015)
山口	山口厚『刑法各論〔第2版〕』(有斐閣、2010)
山中	山中敬一『刑法各論〔第3版〕』(成文堂、2015)

大コメ(○)	大塚仁ほか編『大コンメンタール刑法〔第3版〕』第○巻(青林書院)

序論 刑法各論の役割

本章のポイント

1. 刑法各論は、犯罪類型にどのようなものがあり、どのような要件において認められるかを明らかにする。
2. 犯罪は、人間が惹き起こすものであるから、それに対処するための刑法学も、人間的要素を考慮して組み立てる必要がある。刑法各論では、構成要件の組み立てに関し、人間的要素が考慮される。
3. 証拠隠滅罪では、「自己の刑事事件に関する証拠」を隠滅しても犯罪として処罰されないのは、人間がそのような立場に立たされたとき、どのような行動をとるのか、という点に対する配慮に関わるからである。
4. 2004（平成16）年に刑法全体が重罰化されたとき、強盗致傷罪のみは、法定刑の下限を1年引き下げた。これは、いかなる人間的要素に関わって制度的改変が加えられたのか。その点について考察を加えるとともに、実際にその効果がどのような形で現われているかを検証する。

1 刑法各論とは何か

A 刑法各論の意義

[1] 刑法各論の目図

　刑法各論の第1の目図（もくと）は、刑法典第2編ならびに特別刑法に規定されている犯罪類型にどのようなものがあり、それぞれがどのような要件において認められるかを、明らかにすることである。

　犯罪類型とは、世の中に生起するさまざまな悪事の中から、一定の基準に基づいて似たものを集めて、型として認識したもののことである。たとえば、他人の占有を侵害して、不法領得の意思をもって、他人の財物を奪うという類型を設定して、窃盗罪（235条）とするのである。その中には、空き巣、万引、ひったくり、すりなどの各種態様を含んでいる。

　刑法典と特別刑法の区別は、おおむね従来から犯罪として認識されてきたものを刑法典第2編にまとめているということができる。ただし、自動車交通犯罪については、重罰化、故意犯が基本となる犯罪の設定、事故後の悪質な行為の可罰化などの要請から、刑法典から飛び出て、「自動車の運転により人を死傷させる行為等の処罰に関する法律」という特別刑法として設定された（平成26・5・20施行）。

[2] 罪刑法定主義の実践場面

　刑法各論は、罪刑法定主義の実践場面といえる。各種の犯罪類型の内容を、解釈を通して詳（つまび）らかにすることは、①犯罪類型にどこまでが含まれるかを示すとともに、②犯罪類型に含まれない行為を明らかにすることになる。

　①の例としては、器物損壊罪（261条）における「損壊」の意味について、感情の上でその物を本来の目的に使いたくなくなるようにした場合を含むと解されるので、料理屋の徳利に放尿する行為は、器物損壊罪にあたる（大判明治42・4・16刑録15-452）。②の例としては、自転車の一時的無断使用（使用窃盗）は、不法領得の意思があるとはいえないので、窃盗罪を構成しない（大判大正9・2・4刑録26-26）。このように、「犯罪構成要件の規定の解釈を固

めて行く」のは、まさしく「判例の任務」である[1]。

B 刑法総論との関係
[1] 刑法総論は、犯罪成立要件の全体を示す

刑法総論は、犯罪の成立要件の全体を捉えることに努める。刑法典自体が体系的に組まれているわけではないので、刑法学が全貌を捉えて示すことが期待される。それによると、図 序-1 に示したように、犯罪成立要件は大きく4つの段階で捉えることができる。

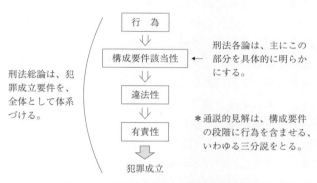

図 序-1 犯罪成立要件と刑法各論の役割

なぜ、このように捉えることができるかを、簡略に示すと、次のようである。
(1) 35条や36条が、いずれも、「……行為は、罰しない。」としていることでわかるように、刑法は、人間の行為を対象としていることが明らかである。
(2) 刑法典第2編の大半が、行為と結果によって各犯罪類型の特色を示している。条文によっては、「……強盗の罪とし」(236条1項)というように、罪名を示しているものもある。われわれは、これらを構成要件と呼んでいる。刑法各論が取り組む領域である。
(3) 人間の行為が構成要件に該当するとしても、具体的状況によっては犯罪にあたらない場合が考えられる。刑法はそれを、(1)のように、「……罰しない。」と表示している。これを阻却事由についての規定と捉える。

その上で、理論は、阻却事由について、2つのパターンに分け、35条・36条・37条を違法性阻却事由、39条1項・41条を有責性阻却事由と名づけている。この部分は刑法総論で学ぼう。

[2] 刑法各論は、成立要件中の構成要件該当性の部分を担う

　刑法各論は、犯罪成立要件の第2段目にあたる、構成要件該当性の具体的内容を明らかにする。

　国会（立法府）は、刑法典や特別刑法を、国会における審議を通して立法することによって、予め犯罪と刑罰を規定するという、罪刑法定主義の役割を果たしている。次に、実際に犯罪がなされたとき、具体的に刑法を適用して、罪名を明らかにし、予定された範囲で刑罰を言い渡すのが裁判所（司法）の役割である。

　国会や裁判所が、その役割を期待されたように発揮してくれれば問題ないのであるが、それがその通りでない。特に、犯罪の捜査に関わる警察が適正でない方法を用いることがあるので、それらに対する監視が必要となる。

　ここでは、刑法各論における解釈が、事件の本体を抉り出した事例があるので、紹介する。

　　　Aは、B会社の川岸工場長として同工場の経営を担当していた者であるが、右会社は失業保険法所定の事業主として保険料の納付義務者であるところ、Aは、右会社の業務に関し、川岸工場における失業保険料として賃金から控除した1948（昭和23）年9・10・11月分、約7万5千円をいずれも所定の納付期日である各翌月末までに、県労働部失業保険徴収課に納付しなかった。Aは、失業保険法違反で起訴された。

　最高裁は、保険料を納付しなかった罪は、保険料を現実に納付しうるのに納付しなかった場合であると判断した。いわば条文の縮小解釈をしてAには無罪を言い渡し（最判昭和33・7・10刑集12-11-2471）、問題はB会社本社の会計担当にあることを示唆したのである。

C　刑法各論の体系
[1]　法益を基準に体系を考える
　刑法各論は、保護法益の視点から、個人的法益に対する罪、社会的法益に対する罪、国家的法益に対する罪の3つに大きく分けて捉えるのが便宜である。そして、今日では、個人の基本的人権の尊重を謳う日本国憲法の理念を受けて、刑法典の順序とは逆に、個人的法益に対する罪から論じ、かつ、記述するようになってきている。本書もそのような体系をとる。

[2]　個人的法益に対する罪から論じる意義
　個人的法益に対する罪から論じることに、積極的意味がある。
　たとえば、「暴行」という用語は、3つの領域のどこにも使われているが、最初は、日常用語と同列に解される個人的法益に対する罪（208条）において、概念内容を明らかにした上で、警察官に対する間接暴行（覚せい剤入りアンプルを足で踏みつけて損壊する行為が95条1項にあたるか）のような拡大的用法にも用いることが許されるかを検討するほうが、謙抑主義[2]が期待される刑法の解釈にふさわしいといえよう。

2　刑法各論は人間存在に取り組む

A　刑法各論の目標
[1]　人間はいかなる存在か
　刑法各論こそ、人間がいかなる存在（人間存在）かに取り組む学問分野である。これから本書において縷々述べられるように、刑法各論では、各犯罪類型の保護法益は何かを中心に解釈論が展開される。
　何が保護法益かを考えるとき、一般には損なわれる権利・利益を基準とするが（殺人罪だったら、人の生命）、それだけで十分に解明できるであろうか。たとえば、尊厳死について違法性阻却事由として構成するためには、人の生命という要素だけではなく、「人間の尊厳」とは何なのかを見極める必要があるのである。また、後述するように、証拠隠滅罪（104条）は、適正な

刑事司法の運用を保護法益とするが、いかなる基準をもって可罰対象を限界づけるかは、犯罪を犯した生身の人間がどのような行為をとりやすいかについて、考察しなければならない。

このように、刑法各論の目標は、犯罪を惹き起こす可能性を常に有している、人間存在に取り組むことにある。そこで、本論に先立って、いわば人間の「くせ」と、それを知得した刑法のいくつかの場面を垣間見ることとする。

[2] 盗むのは人間の習性

惹起される犯罪件数で何時の時代も1番多い窃盗犯罪を取り上げてみよう。

刑法犯の認知件数[3]でみると、窃盗犯罪は50.9%を占めるとされている[4]。窃盗罪が、人間の欲望に原因があることは争いがないが、犯罪学によると、金に困ったからなされるという、単純な図式では説明しきれないことが明らかにされている。この点は、2006（平成18）年の改正で窃盗罪に罰金刑が付け加えられたことからも裏付けられる。従来、窃盗罪の法定刑が懲役に限られていた理由としては、「金に困ったから盗みをしているのに、罰金刑を科しても払えない」という説明がなされていたが、犯罪現象としての実態に即していない。また、懲役刑のみでは、それを科されたときの資格制限の関係でやや厳しい結果になることもある[5]ため、罰金刑の選択の余地を認める必要も唱えられてきたのである。

このように、犯罪とそれに対する制裁としての刑罰のあり方は、単純な図式で示すことは難しい。「他人の物を盗む」という習性を持った人間存在を、私達は避けて通れないのである。

B 殺人の大半は人間関係の破綻が原因
[1] 尊属殺人罪の違憲性

人間は、動物の中でも、同属の者を殺害するという特色を有する動物といわれる。そして、殺人の1つの型として「親殺し」がある。

刑法には、かつて尊属殺人罪（200条）という規定があった。これは、本人とその配偶者の直系尊属を殺害した場合に、死刑と無期懲役という選択

しか許されない厳罰規定であった。しかし、この条文は、「親は子に対して親らしいことをしないとしても、子は親に孝養を尽くせ」という儒教思想に基づく規定として、法の下の平等（憲14条）を唱える日本国憲法の理念では認められなかったのである。もっとも、尊属殺重罰規定を違憲とした最高裁判所の法理はそこまで踏み込んだものではない。すなわち、判例は、尊属殺を普通殺と比べて重く処罰してもさしつかえないが、刑法200条ではどんなに工夫しても3年6月の懲役にしか下がらず、執行猶予の可能な上限の3年（25条1項）に届かないことになり、普通殺と比べて著しく不合理な差別的取扱いにあたり、違憲であるとしたものであった（最大判昭和48・4・4・刑集27-3-265）。

ちなみに、尊属殺人罪が嫌われたのは、以上のような刑罰の不合理な差別だけではなく、親が子を殺したときは普通殺（199条）が適用されるという、片面的な構成にもあったのである。

[2] 殺人罪の人間関係

犯罪現象として見たとき、殺人罪は、犯人と被害者の関係について、きわめて特異な状況が見受けられる。というのは、一般社会では、殺人は、見ず知らずの間でなされる通り魔殺人のように、なんら防備もできない怖い犯罪として受けとめられている節があるが、実情は全く異なるのである。図 序-2 を見るとわかるように、犯人と被害者の関係では、親族関係が48.3%、それに、面識ありの36.7%を足すと、実に85%になるのであり、こ

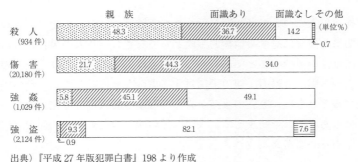

出典）『平成27年版犯罪白書』198より作成

図 序-2 検挙件数の被害者と被疑者の関係（2014〔平成26〕年）

のような関係を形成する犯罪類型は他にないのである。

　思うに、殺人事件の大半は、人間関係の破綻が原因であり、行為者はその最終的結着方法として殺人を選んだのである。しかも、**図 序-3** を見ると、親子間の殺人が親族間殺人の半数を占めるのである。

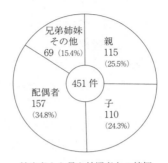

被害者から見た被疑者との続柄
出典：『平成 27 年版警察白書』70 より作成

図 序-3　親族間殺人における被害者と被疑者の関係（2014〔平成 26〕年）

> **┃コラム┃　父親殺し**
>
> 「父親殺し」は、ギリシャ悲劇詩人のソポクレスの戯曲『オィディプス王』のテーマであるが、その課題が、「スター・ウォーズ」の最新作「フォースの覚醒」にも引き継がれていることは興味深い。

　親族間殺人については、刑罰はなんら予防策にはなりえないと思われる。人間関係の破綻に対する窮極的手段としてなされた殺人の場合、行為者はいわば覚悟の上でのことであるから、刑罰は抑制策にはなりえないのである。夫から妻への暴力、親の子に対する虐待などに対しては、その実態を認識するとともに、家族の維持が必ずしも基本的人権の尊重につながらない場合もあることを踏まえて、人間関係の緩和のための法的介入の促進などを進める必要がある。

3 刑法各論こそ人間存在に裏打ちされている

A 自分の証拠を隠滅しても犯罪にならない
[1]「他人の刑事事件に関する証拠」に限定される理由

　証拠隠滅罪（104条）の対象は、すべての証拠ではなく、「他人の刑事事件に関する証拠」に限定されている。すなわち、「自己の刑事事件に関する証拠」を隠滅・偽造したりしても、構成要件上、本条の対象とならない。

　そもそも刑事事件に関する証拠は、有罪・無罪判断の前提となる事実認定に不可欠のものであり、適正な刑事司法を実現するためには、できるだけ多くの証拠の確保が必要である。しかし、犯罪を惹起した本人にしてみれば、何とか罪を免れたいとの心情になるのはごく自然なことである。つまり、通常人にとっては、自己の刑事事件に関する証拠を隠滅したりしないような適法な行為を期待するのは、無理なことといわねばならない。このように、刑法典は、「期待可能性」の思想がわが国の裁判所において確認される[6]以前から、立法上、この思想を受容していたというべきである。

[2] 104条の適用範囲

　刑法の規定が期待可能性の思想に基礎づけられているということは、刑法が、人間とはいかなる代物かということを無視して立法しても意味がないことを弁（わきま）えているからだといえる。

　ただし、この恩典（慈悲）が働くのは、自分で自己の証拠を隠滅したりする場合に限られ、犯人が他人を教唆して自己の刑事被告事件に関する証拠を偽造させたような場合まで許すわけではない。他人を巻き込んでまで罪を免れようとするのは「人間の至情」を超えていると判断される。そのようなときは、犯人は、証拠偽造罪の教唆犯となる（最決昭和40・9・16刑集19-6-679）。このような結論は、偽造者である正犯は「他人の刑事事件に関する証拠」の偽造として犯罪者と評価されるのと、バランスが取れている。

[3] 190条は104条の重大な例外

　104条は、人間の自然な人情を尊重する視点から、自己の刑事事件に関

する証拠を隠滅しても許すことにした。しかし、それでも、刑法は、証拠の中の重要な部分を占める「死体」は例外としたのである。

190条（死体損壊罪）の立法理由は、人間が「死体」を大事なものとして扱う慣行を保護法益として、それを損う行為について犯罪としたものである。殺人罪を犯した犯人が死体を遺棄したり損壊した場合、刑法は、「自己の刑事事件に関する証拠」であるが、死体を敬うおごそかな気持を人間らしさの一環として社会的法益と捉え、それをないがしろにする行為を可罰的としたのである。

B　収得後知情行使罪の刑罰が軽いわけ
[1]　立法理由

「収得後知情行使罪」（152条）の性質は、刑法典にはたった1つしかない、その刑罰の特異性に現われている。刑罰は、行使した偽造銀行券などの額面価格の3倍以下の罰金とされているから、法定刑の上限は3万円ということになり、刑罰としては名目的なものといえる。

このような軽い刑罰でよしとしているのは、次のような理由による。人が知らずに銀行券を手にした後で、偽造されたものであると知ったとき、外に真貨と換える方法もないことから、一般人でもつい、悪魔の声に誘われて、自分の災難を他者に転嫁しようとしがちであることに、法が一定の理解を示したことによる。

[2]　典型的な詐欺の一種なのに詐欺罪の適用を排除

偽造銀行券をそれであると知りながら、たとえば、コンビニで弁当を買ってつりを受け取る行為が、本罪の行使である。それは、また、①相手方を欺き、②錯誤におとしいれ、③財物を交付させて、④騙し取ることであるから、1項詐欺罪（246条1項）の要件をすべて充たすものである。それでも、詐欺罪を構成しないとするのが、判例・学説である。それは、なぜか。

仮に、収得後知情行使罪のほかに詐欺罪が成立するとなると、後者の法定刑がはるかに重いため、収得後知情行使罪が軽い刑罰を用意していることを全く無にしてしまうことになる。したがって、152条の適用は246条1項の適用を排除するのである。ここに、あまり芳しい行為ではないが、

人間的行為に対する刑法の智慮が見受けられる。

C 強盗致傷罪だけ法定刑を1年下げたのはなぜか
[1] 裁判官の声を立法に反映した

　2004（平成16）年に刑法典の法定刑が全体として重罰化されたとき（たとえば、傷害罪の上限が10年から15年の懲役になった）、強盗致傷罪（240条前段）の法定刑の下限が7年から6年の懲役に引き下げられた。その企図は、6年なら、裁判官の酌量（71条）によって、3年に減軽ができ、そうなれば、執行猶予（25条1項）の可能性が出てくることにある。そして、この立法を後押ししたのは、裁判官達の声であるということである。

　強盗致傷罪は確かに罪質として重い。しかし、たとえば、コンビニで食べるための物を万引きして、店員に捕まりそうになったため、腕をはねのけたところ、店員にケガをさせたような場合にも、事後強盗罪（238条）に基づく強盗致傷罪にはなるのである。事案によっては、執行猶予によって更生を期させたい場合もある。

[2] 量刑を見る

　強盗致傷罪で有罪判決が言い渡されたものの量刑を見てみよう。強盗致傷罪の法定刑には無期懲役が含まれているため、裁判員裁判の対象になる（裁判員2条1項1号）。1年間の1審判決は267件であり、そのうち3年以下の懲役は29件であり、さらに20件は執行猶予付である。また、14件が保護観察付執行猶予である[7]（25条の2第1項）。立法にあたって後押しした裁判官の声が実を結んだといえよう。ただし、本当にそういえるかは、言渡しを受けた人の今後にかかっているが。

4　21世紀の刑法各論

A 「人間研究の学問」を活用する

　21世紀の刑法各論としては、本章で試みたように、人間に対する研究・

考察から獲得された成果を、犯罪類型の解釈・立法に反映させていくべきである。その点で、刑法学のまわりには人間研究を目指した学問領域が蓄積されていることに目を向ける必要がある。そもそも大学教育はそのためにこそ開かれているのである。

B　主体的に生きるために

　刑法は、誰かを処罰するために規定を設けているのではなく、民主的な社会を構築するために、われわれが守るべき権利・利益を掲げているのである。当然のことながら、その基盤には、基本的人権の尊重[8]、恒久平和、国民主権の3つの基本原理を標榜する日本国憲法が存在するのである。

　刑法は、一人ひとりが「主体的に生きること」を支援するものである。刑法を学ぶことがそれにつながることがわかっていただけたら、「人間存在の刑法各論」はお役に立つことになる。

注）

1) 団藤重光『法学の基礎〔第2版〕』（有斐閣、2007）168。
2) 謙抑主義とは、「刑罰以外の手段では不法抑止、法益保護に有効適切な効果を期待することができない場合にかぎりいわば必要悪として用いるべきである」とする考え方である（藤木英雄『刑法講義　総論』〔弘文堂、1975〕4）。
3) 『犯罪白書』は、発生件数を現実に把握することはできないとの認識に立って、捜査当局に認知された数を示している。すなわち、次のような数式がなりたつ。
　〔認知件数＝発生件数－暗数〕
4) 『平成27年版犯罪白書』5。以下、『白書』として引用する。
5) 学校教育法では、禁錮以上の刑に処せられた者は、教員となることができないとされている（同法9条2号）。なお、保助看法（保健師助産師看護師法）では、罰金以上の刑に処せられた者には免許を与えないことがある、とされている（同法9条1号）。
6) 「暴れ馬事件」について、ドイツの最高裁判所は、駁者を無罪にした（1897年）。わが国において、期待可能性に理解を示した判例としては、第五柏島丸事件がある（大判昭和8・11・21刑集12-2072）。
7) 『白書』52。
8) たとえば、残虐な刑罰の禁止（憲36条）は、刑法に規定されている刑罰を検証しうるはずである。

知識を確認しよう

問題
(1) 本章に掲げた以外の犯罪類型に関して、人間的要素が解釈や立法に影響するものを取り上げて、説明しなさい。
(2) 現行刑法が用意している刑罰のうち、人間的要素から見て問題となるものを取り上げて、論じなさい。

解答への手がかり
(1) ア．105条の、刑の免除の趣旨を説明するとともに、「親族」の中に、恋人、事実上の夫婦、親友などが含まれるか、検討してみるとよい。
　　イ．賭博罪（185条）の規定が、一時の娯楽に供する物（昼めしをおごる）を賭けたにとどまるときは犯罪にあたらないとしているは、そのような行為が日常生活でけっこうなされているという観察に基づくものであろう。
(2) 刑罰が人の法益を剥奪するものである以上、本人の更生に役立つものでなければならないはずである。そうであろうとすると、a．死刑、b．終身刑に近い運用がなされている無期懲役、c．社会復帰してから役立たないような労働をさせる懲役、は見直すべきではないか。

第Ⅰ編

個人的法益に対する罪

第1章　生命・身体に対する罪

第2章　自由に対する罪

第3章　私的領域に関する罪

第4章　名誉に対する罪

第5章　信用および業務に対する罪

第6章　財産に対する罪

第1章 生命・身体に対する罪

本章のポイント

1. 刑法が保護すべき法益で最も重要なのは、人の生命・身体である。したがって、刑法各論は生命・身体に対する罪から学習を始めるのが一般的である。
2. そうなると、生命・身体に対する罪を検討するにあたっては、まず、刑法でいう人とは何かを、明確にする必要があろう。
3. そこで本章では、総説で人の意義を明確にした上で、殺人の罪、傷害の罪、過失傷害の罪、堕胎の罪、遺棄の罪、そして2013（平成25）年に制定され、翌年に施行された自動車運転致死傷法の罪を順次検討することとする。

1. 総説

　生命・身体に対する罪の客体は人である。そこで、ここではまず、刑法でいう人とは何か、すなわち、人となる時期はいつか＝人の始期＝出生の時期と、人でなくなる時期はいつか＝人の終期＝死亡の時期を明確にする必要がある。

A　人の始期

　人の始期は出生である。出生の時期に関しては、①独立生存可能性説、②陣痛説（分娩開始説）、③一部露出説、④全部露出説、⑤独立呼吸説（産声説）が唱えられている。

　刑法で人の生命を厚く保護するためには、人の始期をできるだけ早い時期に設定することが望ましい。ただそうはいうものの、言葉の普通の解釈として「産まれた」といえる場合でなければならないだろう。だとするならば、③の一部露出説が妥当だと思われる。胎児が母体から一部でも露出すれば、これに対する直接の侵害は可能だからである。

　判例も、殺意をもって産門よりその一部を露出した胎児の面部を強圧して殺害した事案につき、母体よりその一部を露出した以上、母体に関係なく外部より死亡させるべき侵害を加えることができるとして、殺人罪が成立するとした（大判大正8・12・13刑録25-1367）。

　ところで、胎児に損傷を与え、その損傷が原因となって、出生後、生理的機能に障害を生じたり、身体の安全性が害されたりした場合、またさらに進んで出生後死亡した場合には、人に対して傷害を与えた、もしくは人を死亡させたといえるであろうか。否定説は、胎児に損傷を与えたのに人に対する傷害や死を認めるのは類推解釈であり、罪刑法定主義違反だとする。しかし、判例は、業務上過失致死傷罪の成否が問われた熊本水俣病事件において、「現行刑法上、胎児は……母体の一部を構成するものと取り扱われていると解されるから、業務上過失致死傷罪の成否を論ずるにあたっては、胎児に病変を発生させることは、人である母体の一部に対するものとして、人に病変を発生させることにほかならない」として、業務上過失

致死傷罪の成立を肯定した（最判昭和 63・2・29 刑集 42-2-314）。

B　人の終期

　人の終期は死亡である。死亡時期の確定については、従来は、心臓停止、呼吸停止、瞳孔拡散という三徴候がそろったときに死亡とする①三徴候説（総合判断説）が採用されてきた。しかし、最近、人工生命維持装置の発達、臓器移植の要請などとの関連で、②脳死説が有力に主張されるようになってきた。この説は、個体の生命にとって脳こそが最大の重要性を有するものであるとの認識を前提に、脳幹を含む脳全体の機能が不可逆的に停止したときに死亡とするものである。脳はあらゆる生命現象の根幹であるから、脳死説には理由があると思われる。

2　殺人の罪

A　殺人罪

> 199 条　人を殺した者は、死刑又は無期若しくは 5 年以上の懲役に処する。

　本罪の客体は生存している他人、つまり行為者以外の生命のある自然人である。

　行為は、殺人の故意（殺意）をもって自然の死亡時期に先立って他人の生命を奪うことである。ピストルで撃つ、ナイフで刺す、ロープや手で首を絞める、毒薬を飲ませるなど、有形的方法を用いることが多いが、相手に極度の精神的衝撃を与えて悶死させるなど、無形的方法による場合もある。追死の意思のない者が被害者を殺害しようと企て、被害者に対し自らも追死するもののように装って被害者を誤信させ、毒薬を飲ませて死亡させた事案について、判例は、行為者には自殺関与罪ではなく殺人罪が成立するとした（最判昭和 33・11・21 刑集 12-15-3519）。未遂も罰する（203 条）。

B 殺人予備罪

> 201条 第199条の罪を犯す目的で、その予備をした者は、2年以下の懲役に処する。ただし、情状により、その刑を免除することができる。

　本罪は、殺人を犯す目的でなされる準備行為で、凶器の購入、毒薬の調達、殺人予定現場の下見など、殺人の実行の着手に至らない行為を処罰の対象とするものである。さらに進んで殺人の実行に着手したときは、殺人未遂罪または殺人既遂罪が成立し、本罪はこれに吸収される。

C 自殺関与および同意殺人罪
[1] 自殺関与罪

> 202条前段　人を教唆し若しくは幇助して自殺させた者は、6月以上7年以下の懲役又は禁錮に処する。

　現行法上自殺は不可罰である。自殺は自己の法益の処分行為であるから違法ではないと考えられるからである。しかし、他人の自殺に関与することは他人の生命を否定することであり、自己の生命を否定する自殺とは明らかに性質を異にする。ただ、自殺は不可罰であるので、共犯従属性説の立場からは自殺関与行為は処罰できなくなる。つまり、自殺関与を刑法総則の定める共犯としては捉えられないので、本条は自殺教唆、自殺幇助を独立罪としたのである。

　本罪の客体は、自殺の何たるかを理解し、かつ、自由に意思を決定する能力のある者でなければならない。

　行為は、自殺を教唆もしくは幇助して自殺させることである。自殺の教唆とは、自殺の意思のない者に自殺の決意を生じさせることであり、自殺の幇助とは、すでに自殺の決意を有している者に自殺の方法を教える、自殺のための道具を提供するなどして自殺に援助を与え、自殺を容易にすることをいう。精神的幇助も含まれる。

　合意による同死（いわゆる心中）において、1人が死亡し1人が生き残った場合に、生き残った者に本罪は成立するか。生き残った者の行為が本条の構成要件に該当する以上、他人を死に導く行為の犯罪性を否定することは

できないから、本罪が成立するとする説が有力である。無理心中の場合に殺人罪が成立することはいうまでもない。未遂も罰する（203条）。

[2] 同意殺人罪

> 202条後段　人をその嘱託を受け若しくはその承諾を得て殺した者は、6月以上7年以下の懲役又は禁錮に処する。

　本罪の客体も、人の死の何たるかを理解し、かつ、自由に意思を決定する能力のある者でなければならない。

　行為は、人の嘱託を受けもしくは承諾を得てこれを殺すことである。人の嘱託を受けて殺すとは、人からその殺害の依頼を受けてこれに応じ殺害することをいい、人の承諾を得て殺すとは、人からその殺害されることの同意を得てこれを殺害することをいう。未遂も罰する（203条）。

　ところで、本罪（もしくは殺人罪）との関係では、安楽死が重要な問題となっている。刑法で問題となる安楽死（積極的安楽死）とは、医学上回復の見込みのない病人に対して、死にまさる激しい苦痛を緩和するために、自然の死期に先立ってその命を絶つことをいう。

　安楽死のリーディングケースとしては、一般人が行う場合に関する名古屋高判昭和37・12・22高刑集15-9-674の事案と、医師が行う場合に関する横浜地判平成7・3・28判時1530-28の事案がある。名古屋高裁の事案は、死期が迫っており、少しでも動かすと激痛に襲われている父親に対し、息子が有機燐殺虫剤を混入した牛乳を飲ませて死亡させたというものである。名古屋高裁は、違法性を阻却する要件として、①病者が現代医学の知識と技術からみて不治の病に冒され、しかもその死が目前に迫っていること、②病者の苦痛が甚だしく、何人も真にこれを見るに忍びない程度のものなること、③もっぱら病者の死苦の緩和の目的でなされること、④病者の意識がなお明瞭であって意思を表明できる場合には、本人の真摯な嘱託または承諾のあること、⑤医師の手によることを本則とし、これによりえない場合には医師によりえないと首肯するに足る特別な事情があること、⑥その方法が倫理的にも妥当なものとして認容しうるものなること、を挙げ、本事案は⑤⑥の要件を満たさないため、嘱託殺人罪が成立するとし、被告

人を懲役1年執行猶予3年とした。

　一方、横浜地裁の事案は、医師が多発性骨髄腫で入院していた患者に対して塩化カリウム製剤を注射し、よって患者を死亡させたというものである。横浜地裁は違法性を阻却する要件として、①患者が耐えがたい肉体的苦痛に苦しんでいること、②患者は死が避けられず、その死期が迫っていること、③患者の肉体的苦痛を除去・緩和するために方法を尽くし他に代替手段がないこと、④生命の短縮を承諾する患者の明示の意思表示があること、を挙げ、本事案では患者は肉体的苦痛を欠いており、また、患者の意思表示が欠けているため、殺人罪が成立し、被告人を懲役2年執行猶予2年とした。

3　傷害の罪

A　傷害罪

> 204条　人の身体を傷害した者は、15年以下の懲役又は50万円以下の罰金に処する。

[1] 傷害の概念

　傷害の概念に関しては、①人の生理的機能を害すること、つまり人の健康状態を不良ならしめることとする生理的機能障害説、②人の身体の完全性を害することとする身体完全性侵害説、③人の生理的機能を害することまたは人の身体の外観に重要な変更を加えることとする折衷説がある。

　傷害罪の保護法益は人の身体の安全であるから、傷害の概念を人の生理的機能を害することに限定する必要はなく、頭髪やひげを根元から切り取るように、人の身体の外観に重要な変更を加えることも傷害としてよいであろう。したがって、③折衷説が妥当と思われる。ただ、大判明治45・6・20刑録18-896は、傷害罪は他人の身体に対する暴行によって生活機能の

毀損すなわち健康状態の不良変更を惹起することにより成立するものであり、毛髪・ひげを裁断・剃去する行為は、直ちに健康状態の不良変更を来たすものではないとして、暴行罪にとどめた。

　傷害は、通常、暴行を手段とする有形的方法をとることが多いが、無形的方法を手段とする場合もあれば、不作為を手段とする場合もある。病毒を感染させる、人を強度に恐怖させて精神に障害を生じさせる、病人に医薬品を与えないで病状を悪化させるなどである。最近では、連日自宅から隣家に向けてラジオを大音響で鳴らし続け、隣人を慢性頭痛症等に罹患させた場合（最決平成17・3・29刑集59-2-54）、睡眠薬等を摂取させたことにより数時間意識障害を生じさせた場合（最決平成24・1・30刑集66-1-36）、監禁行為やその手段等として加えられた暴行、脅迫により、外傷後ストレス障害（PTSD）を発症させた場合（最決平成24・7・24刑集66-8-709）も傷害にあたるとしている。

[2] 傷害罪は故意犯か結果的加重犯か

　傷害罪の故意に関しては、傷害の故意が必要か、それとも暴行の故意で足りるかについて争いがある。つまり、傷害罪は故意犯か結果的加重犯かそれとも両者を含むかの対立である。①故意犯説、②結果的加重犯説、③両者を含むとする折衷説に分かれる。

　204条が「人の身体を傷害した者」と規定していることは、原則として故意犯を予定していると解すべきである。しかし、「暴行を加えた者が人を傷害するに至らなかったとき」に暴行罪とする208条の文理解釈からすれば、「人を傷害するに至ったとき」は傷害罪とすべきこと、つまり、傷害罪は暴行罪の結果的加重犯とも解することもできる。したがって、傷害罪は故意犯と結果的加重犯の両者を含むとする③折衷説が妥当である。またより実質的に捉えるならば、暴行は常に傷害という結果を惹起する危険を孕んだ行為であり、暴行と傷害は互いに重なり合っているものであるから、暴行の故意と傷害の故意とを峻別することは理論倒れの感がある。判例も暴行の意思で暴行を加え傷害の結果が生じたときは、たとえ傷害の意思がなかったとしても傷害罪が成立するとしている（最判昭和22・12・15刑集1-80）。なお、暴行以外の手段による傷害の場合は、傷害の故意をもって行為

した場合のみ傷害罪が成立する。

傷害罪の未遂を罰する明文規定は存在しないが、暴行を手段とする傷害の未遂については暴行罪を構成する。

B 傷害致死罪

> 205条　身体を傷害し、よって人を死亡させた者は、3年以上の有期懲役に処する。

本罪は傷害罪の結果的加重犯である。傷害の故意がある場合はもちろん、傷害の手段である暴行について故意があれば、傷害の故意がなくても本罪は成立する。最判昭和25・6・27裁判集刑事18-369も、傷害罪または傷害致死罪の成立に必要な主観的要件としては暴行の故意を必要とし、かつこれをもって十分であり、暴行の意思以外にさらに傷害の意思を要するものではないとしている。

傷害もしくは暴行と被害者の死亡との間には因果関係が必要である。本罪が成立するためには、行為者が被害者の死亡という結果について予見を欠く場合でなければならない。予見していれば殺人罪となる。

なお、通説は、死の結果について予見可能性ないし過失が必要であるとするが、判例はこれを不要としている（最判昭和26・9・20刑集5-10-1937、最判昭和32・2・26刑集11-2-906）。

C 現場助勢罪

> 206条　前2条の犯罪が行われるに当たり、現場において勢いを助けた者は、自ら人を傷害しなくても、1年以下の懲役又は10万円以下の罰金若しくは科料に処する。

本罪は、傷害行為の現場における傷害罪の幇助に類する煽動的・野次馬的行為を、それ自体のもつ危険性に鑑みて処罰の対象としたものである。

本罪の行為は、傷害罪や傷害致死罪を引き起こすような暴行が行われている際、その現場において助勢することである。助勢とは、不特定人に対し「やれやれ、しっかりやれ」などの声援を送る、拳を振り回すなどのよ

うに単にはやし立てるにすぎないような行為をいう。闘争当事者の一方に対して声援を送る場合は、本罪ではなく傷害罪・傷害致死罪の（精神的）幇助となりうる。なお、「自ら人を傷害しなくても」は、「自ら人を傷害しなかったときは」の意味であり、自らも人を傷害したときは傷害罪の共同正犯または同時犯が成立し、本罪はその罪に吸収される。

D 同時傷害の特例

> 207条　2人以上で暴行を加えて人を傷害した場合において、それぞれの暴行による傷害の軽重を知ることができず、又はその傷害を生じさせた者を知ることができないときは、共同して実行した者でなくても、共犯の例による。

　2人以上の者が意思の連絡なしに個々独立して他人に暴行を加え負傷させた場合、本来は各自が自己の行為から生じさせた結果についてのみそれぞれ独立して責任を負うにすぎず、どちらが重い傷害を生じさせたか、または誰の行為からその傷害が生じたのか不明のときは、各人は軽い傷害の程度もしくは暴行の範囲でしか処罰されないことになる。そこで本条は立証の困難性を救うために制定され、生じた重い結果について共同責任を負わせようとするものである。

　本条が適用されるための要件としては、①2人以上の者が意思の連絡なく同一人に対して故意に基づいて暴行を加えたこと、②2人以上の暴行が外形上意思の連絡に基づく一連の共同実行行為として評価できるものであること、したがって、個々の暴行は時間的・場所的に近接しているか、少なくとも同一の機会に行われなければならないこと、③各人の暴行がそれぞれどの程度の傷害を与えたか不明であること、またはその傷害を生じさせた者が特定できないこと、が挙げられる。

　これらの要件を満たせば、それぞれの行為者は共同正犯として扱われる。また、本条の「共同して実行した者でなくても」は「共同して実行した者でない場合に」の意味であり、「共犯の例による」は「共同正犯の例による」ということになる。

　本条が傷害罪以外の犯罪、特に傷害致死罪にも適用があるかについては

争いがある。判例は適用があるとする（最判昭和 26・9・20 刑集 5-10-1937）。

E　暴行罪

> 208 条　暴行を加えた者が人を傷害するに至らなかったときは、2 年以下の懲役若しくは 30 万円以下の罰金又は拘留若しくは科料に処する。

　暴行とは不法な有形力の行使をいう。ところで、刑法は種々の犯罪の構成要件的行為として暴行という語を用いている。そして、それらは犯罪の性質によりその内容にかなりのニュアンスの差が見られるが、学説はこの点について、暴行概念を次の 4 種に分類している。

(1) 最広義の暴行

　すべての不法な有形力の行使であって、対象は人でも物でもよい。騒乱罪（106 条）、多衆不解散罪（107 条）の暴行がこれにあたる。

(2) 広義の暴行

　人に対する不法な有形力の行使である。必ずしも直接人の身体に向けられたものである必要はなく、物に対して加えられたものであっても、それが人の身体に対して物理的に強い影響を与えるものであれば足りるとされている（間接暴行）。公務執行妨害罪（95 条 1 項）などの暴行がこれである。

(3) 狭義の暴行

　人の身体に向けられた不法な有形力の行使である。暴行罪の暴行がこれである。

(4) 最狭義の暴行

　人の身体に加えられるもので、被害者の反抗を抑圧するに足りる暴行、もしくは著しく困難ならしめるに足りる暴行である。前者は強盗罪（236 条）、後者は強制わいせつ罪（176 条）、強姦罪（177 条）などの暴行がこれである。

　本罪の暴行は (3) 狭義の暴行である。殴る蹴るなどの暴力の行使が典型的であろうが、それらに限られるわけではない。また、人の身体に直接接触することも必要でない。唾を吐きかける、衣服をつかんで引っ張る、人に向かって石を投げる、狭い部屋で日本刀を振り回す、人のすぐそばで大太鼓や鉦などを激しく連打する、嫌がらせのために並進中の自動車に幅寄

せする、加害者を恐れて逃走中の車を長時間にわたって執拗に追跡する、なども暴行とされている。

　本罪は、人に暴行を加えたが傷害するまでに至らなかったときに成立する。暴行の故意で暴行した場合と、傷害の故意で暴行した場合とを含む。傷害の故意で暴行にとどまったときは、理論的には傷害罪の未遂であるが、現行法上傷害罪の未遂は暴行罪として処理される。

F　凶器準備集合および結集罪
[1]　総説
　本罪は、暴力犯罪の準備段階における凶器を準備しての集合、結集を抑止して暴力犯罪を未然に防止することを目的とするものである。保護法益は個人の生命・身体・財産の安全および公共の平穏である。つまり本罪は、殺人、傷害、建造物等損壊、器物損壊などの個人的法益に対する罪の予備罪的性格の側面と、公務執行妨害罪、騒乱罪など、国家・社会的法益に対する罪の補充的性格の側面をもっているのである。

[2]　凶器準備集合罪

> 208条の2第1項　2人以上の者が他人の生命、身体又は財産に対し共同して害を加える目的で集合した場合において、凶器を準備して又はその準備があることを知って集合した者は、2年以下の懲役又は30万円以下の罰金に処する。

　本罪は、2人以上の者が他人の生命・身体・財産に対して共同して害を加える目的（共同加害目的）で集合したという状況のもとになされなければならない。共同加害目的とは、上記の加害行為を共同実行しようとする目的を意味する。能動的加害ばかりでなく、相手が襲撃してきたときはこれを共同して迎え撃つ迎撃目的でもよい。

　ところで、集合状態が発展して殺人や傷害などの共同加害の実行行為が開始された場合、この集合状態の構成要件的状況は消滅するかが問題となる。最判昭和45・12・3刑集24-13-1707は、凶器を準備して集合している状態が継続している限り、公共の平穏が害されていることにはかわりがな

いから、本罪の構成要件的状況は継続していると見るべきであり、したがって、共同加害行為開始後に凶器を準備し、あるいは準備あることを知って集合した者にも本罪は成立するとしている。

　本罪の行為は、上記の状況のもとに凶器を準備して集合し、または凶器の準備があることを知って集合することである。凶器とは人を殺傷しうる特性をもった器具をいう。凶器には銃砲刀剣類のように、人の殺傷、物の損壊を本来の用途として作られた性質上の凶器ばかりでなく、本来はほかの用途のために作られた道具であるが、人の殺傷、物の損壊の器具としても使用できる用法上の凶器も含まれる。判例は、長さ1メートル前後の角棒は凶器としたが（前掲、最判昭和45・12・3）、エンジンをかけていつでも発進できるように待機しているダンプカーは凶器ではないとした（最判昭和47・3・14刑集26-2-187）。

[3] 凶器準備結集罪

> 208条の2第2項　前項の場合において、凶器を準備して又はその準備があることを知って人を集合させた者は、3年以下の懲役に処する。

　本罪も、2人以上の者が他人の生命・身体・財産に対して共同加害の目的で集合したという状況のもとになされなければならない。本罪の行為は、自ら凶器を準備して人を集合させ、または凶器の準備があることを知って人を集合させることである。本罪は、集合罪を実現させる上で主導的役割を果たす者を特に重く処罰しようとするものである。

4　過失傷害の罪

A　過失傷害罪

> 209条1項　過失により人を傷害した者は、30万円以下の罰金又は科料に処する。

2項　前項の罪は、告訴がなければ公訴を提起することができない。

　本罪の過失は注意義務違反の程度が軽い場合をいう。すなわち、軽い過失で人を傷害した場合に本罪が成立する。本罪は親告罪である。

B　過失致死罪

210条　過失により人を死亡させた者は、50万円以下の罰金に処する。

　本罪は軽過失によって人を死亡させたときに成立する。過失傷害致死も含む。

C　業務上過失致死傷罪

211条前段　業務上必要な注意を怠り、よって人を死傷させた者は、5年以下の懲役若しくは禁錮又は100万円以下の罰金に処する。

　本罪は、行為者の過失が業務上のものであることを根拠に、過失傷害罪、過失致死罪より刑を加重して処罰するものである。業務上の過失が通常の過失と比較して重く罰せられる理由として、判例（最判昭和26・6・7刑集5-7-1236）、通説は、業務者には通常人よりも特別に高度な注意義務が課されているため、この注意義務に違反することによって重い責任が課されるとしている。

　本罪の主体は、死傷事故を惹起しやすい一定の業務に従事する者である（身分犯）。業務について判例は、「人が社会生活上の地位に基づき反覆継続して行う行為であって……かつその行為は他人の生命身体等に危害を加える虞あるもの」とした（最判昭和33・4・18刑集12-6-1090）。この定義を参考にして、業務の内容を見てみよう。①業務は人が社会生活上の地位に基づき従事するものでなければならない。かつては娯楽で自動車を運転する場合なども業務としていた。なお、前記判例は娯楽による狩猟の事例であった。②業務は反覆継続性のあるものでなければならない。しかし、反覆継続する意思があれば、最初の1回の行為でも業務となる。③本罪の業務は人の生命・身体に危険を及ぼすようなものでなければならない。手術を行う医

師のように、直接危険をつくり出すもののほか、ホテル・旅館・デパートの支配人や、企業の社長・工場長などのように、起こりうる危険を防止することが期待される地位にある者の場合も含まれる。④本罪の業務は適法なものである必要はない。無免許医業も業務である。

　本罪の行為は、業務上必要な注意を怠り、よって人を死傷させることである。注意義務の内容は具体的事例によって異なる。航行中の航空機同士の異常接近について、便名を言い間違えて下降の指示をした訓練中の航空管制官と、これを是正しなかった指導監督者である航空管制官の両名に本罪が成立するとした（最決平成22・10・26刑集64-7-1019）。また、トラックのハブが走行中に破損したため前輪タイヤが脱落し、歩行者らを死傷させた事故について、同トラック製造会社の品質保証業務担当者に本罪が成立するとした（最決平成24・2・4刑集66-4-200）。

D　重過失致死傷罪

> 211条後段　重大な過失により人を死傷させた者は、5年以下の懲役若しくは禁錮又は100万円以下の罰金に処する。

　重大な過失とは注意義務違反の程度が著しい場合、換言すれば、わずかな注意をはらうことによって注意義務を尽くすことができたにもかかわらず、結果を発生させることである。事例としては、冬季に泥酔中の内妻を水風呂に入れたまま放置したため、心臓衰弱により死亡させた事案（東京高判昭和60・12・10判時1201-148）、路上でゴルフクラブをスイングして通行人の胸部をクラブで強打し死亡させた事案（大阪地判昭和61・10・3判タ630-228）などがある。

5　堕胎の罪

A　総説

　堕胎の罪の保護法益は第一次的には胎児の生命・身体であり、第二次的

には妊婦（母体）の生命・身体の安全である。

堕胎とは、自然の分娩期に先立って胎児を母体から人為的に分離・排出させることをいう。胎児が死亡するか否かを問わない。胎児を母体内で殺害することも堕胎にあたる。堕胎の方法には制限がない。

現在、わが国では、母体保護法により広範囲に人工妊娠中絶が認められており、堕胎の罪で立件されることは極めて稀である。

B 堕胎罪

> 212条　妊娠中の女子が薬物を用い、又はその他の方法により、堕胎したときは、1年以下の懲役に処する。

本罪の堕胎行為は妊婦自身が行うか、他人に行わせるか、他人と共同で行うかを問わない。同意堕胎罪および業務上堕胎罪を嘱託・承諾した妊婦は、これらの罪の教唆犯もしくは幇助犯になるのではなく、本罪が成立するにすぎない。

C 同意堕胎および同致死傷罪

> 213条　女子の嘱託を受け、又はその承諾を得て堕胎させた者は、2年以下の懲役に処する。よって女子を死傷させた者は、3月以上5年以下の懲役に処する。

女子は妊娠中の女子である。堕胎させるとは、妊婦自身に堕胎させるのではなく、妊婦以外の行為者が堕胎施術を行うことをいう。

同意堕胎致死傷罪は同意堕胎罪の結果的加重犯である。死傷は堕胎行為に基づくものに限る。

D 業務上堕胎および同致死傷罪

> 214条　医師、助産師、薬剤師又は医薬品販売業者が女子の嘱託を受け、又はその承諾を得て堕胎させたときは、3月以上5年以下の懲役に処する。よって女子を死傷させたときは、6月以上7年以下の懲役に処

する。

　本罪は同意堕胎罪の身分による加重類型であり、主体が医師などに限定されている。後段は前段の結果的加重犯である。

E　不同意堕胎罪

> 215条1項　女子の嘱託を受けないで、又はその承諾を得ないで堕胎させた者は、6月以上7年以下の懲役に処する。
> 2項　前項の罪の未遂は、罰する。

　本罪は、主体の如何を問わないため、医師等でも本罪を犯しうる。
　本罪の行為は妊婦の嘱託も承諾もなしに堕胎させることである。したがって、法文に「又は」とあるのは「かつ」の意味に解すべきである。

F　不同意堕胎致死傷罪

> 216条　前条の罪を犯し、よって女子を死傷させた者は、傷害の罪と比較して、重い刑により処断する。

　本罪は不同意堕胎罪・同未遂罪の結果的加重犯である。「傷害の罪と比較して、重い刑により処断する」とは、215条の不同意堕胎罪の法定刑と、傷害罪または傷害致死罪の法定刑とを比較し、上限、下限ともに重い刑によって処断するとされる。したがって、致傷の場合は6月以上15年以下の懲役、致死の場合は3年以上の有期懲役となる。

6　遺棄の罪

A　総説

　遺棄の罪は、要扶助者を保護されない状態に置くことにより、その生命・身体を危険にさらす罪である。したがって、本罪の保護法益は要扶助者の

生命・身体の安全と解することができる（なお、生命の安全だけが保護法益であり、身体の安全は含まれないとする説も有力に主張されている）。

本罪は、要扶助者の生命・身体に対する危険犯としての性格をもつ。判例は、本罪は要扶助者を遺棄することにより直ちに成立し、現実に生命身体に対する危険を発生させたことを要しないとして、抽象的危険犯であるとしている（大判大正4・5・21刑録21-670）。

本罪の行為は、遺棄または生存に必要な保護をしないことである。遺棄とは、遺棄者と被遺棄者との間に場所的離隔を生じさせることによって、被遺棄者の生命・身体に危険を生じさせることをいうが、これには狭義の遺棄と広義の遺棄とがある。狭義の遺棄とは、被遺棄者をその生命・身体に危険を生じさせるような場所に移転すること、すなわち移置を意味し、広義の遺棄とは、移置のほか被遺棄者を危険な場所に遺留して立ち去ること、すなわち置去りを意味する。なお、このほかに保護責任者遺棄罪では生存に必要な保護をしない（不保護）という不作為（真正不作為犯）も含まれる。これは要扶助者との間に場所的離隔を生じないで、保護責任を尽くさないことである。

B　遺棄罪

> 217条　老年、幼年、身体障害又は疾病のために扶助を必要とする者を遺棄した者は、1年以下の懲役に処する。

本罪の主体は、被遺棄者に対して保護責任がないすべての者である。

客体は、老年、幼年、身体障害または疾病のために扶助を必要とする者である。身体障害とは身体器官の不完全なこと、疾病とは広く肉体、精神に疾患のあることをいう。負傷者、精神障害者、麻酔・催眠状態にある者、産褥にある女子、飢餓者、泥酔者などを含む。扶助を必要とする者とは、他人の手によらなければ、自らの生命・身体への危険を回避することができない者をいう。

本罪の行為は遺棄であるが、ここでは狭義の遺棄、すなわち移置を意味する。なお、たとえば、視覚障害者が保護者に接近するのを見て橋を破壊する場合など、被遺棄者が保護者に接近するのを妨害する行為も本罪に含

まれるとする説もある。

C　保護責任者遺棄等罪

> 218条　老年者、幼年者、身体障害者又は病者を保護する責任のある者がこれらの者を遺棄し、又はその生存に必要な保護をしなかったときは、3月以上5年以下の懲役に処する。

　本罪の主体は保護責任者、すなわち、法律上本条の客体の生命・身体の安全を保障すべき責任ある者である。保護責任の発生根拠は、法令、契約、事務管理、慣習、条理などである。パーティーを組んで登山した仲間の1人が負傷した場合、他の仲間には負傷した者に対して保護責任が生ずる。

　本罪の客体は、老年者、幼年者、身体障害者または病者である。扶助を必要とする者であることは当然予定されている。前条と表現は異なるが、意味するところは同じである。

　本罪の行為は遺棄または生存に必要な保護をしないことである。ここでの遺棄は広義の遺棄、すなわち移置ばかりでなく置去りも含む。

D　遺棄等致死傷罪

> 219条　前2条の罪を犯し、よって人を死傷させた者は、傷害の罪と比較して、重い刑により処断する。

　本罪は、遺棄罪、保護責任者遺棄等罪の結果的加重犯である。したがって、本罪は遺棄すること、保護しないことの故意が必要である。初めから殺傷の故意があったときは殺人罪、傷害罪、傷害致死罪が成立し、本罪はこれらに吸収される。遺棄行為等と死傷の間には因果関係が必要である。なお、判例には、妊婦に依頼され妊娠26週目の胎児を堕胎した産婦人科医が、出生した未熟児を生育可能性のあることを認識しながら、自己の医院内に放置した事案につき、医師に本罪の成立を認めたものがある（最決昭和63・1・19刑集42-1-1）。

　本罪は傷害の罪（傷害罪、傷害致死罪）と比較して重い刑により処断される。法定刑の上限、下限とも重い刑に従うことになる。

7 自動車運転致死傷法の罪

A 総説
　交通事故の悪質化に伴い、2001（平成13）年には刑法典中に危険運転致死傷罪が、さらに2007（平成19）年には自動車運転過失致死傷罪がそれぞれ制定された。しかし、飲酒運転や無免許運転による事故など、悪質で危険な運転による死亡事故が後を絶たず、それに対処するために、「自動車の運転により人を死傷させる行為等の処罰に関する法律」が、刑法典上の危険運転致死傷罪や自動車運転過失致死傷罪を取り込む形で2013（平成25）年11月に制定され、翌年5月に施行された。

B 犯罪類型
[1] 危険運転致死傷罪（2条）
(1) 酩酊運転等致死罪（1号）
　薬物は麻薬や覚せい剤のような規制薬物に限らず、睡眠薬やシンナーなど、正常な運転を阻害する薬理作用のあるものであればよい。本罪の故意は正常な運転が困難な状態を認識することである。たとえば、ハンドルやアクセル、ブレーキ操作がうまくいかない、足がふらつくなど、正常な運転の困難性を基礎づける事実の認識があればよい。
(2) 制御困難運転致死傷罪（2号）
　進行を制御することが困難な高速度とは、一般的・類型的に見て、速度が速すぎるため自車の進路に沿った走行が困難な速度をいう（千葉地判平成16・5・7判タ1159-118）。
(3) 未熟運転致死傷罪（3号）
　進行を制御する技能を有しないとは、ハンドル操作やアクセル、ブレーキ操作が極めて未熟なことをいう。
(4) 通行妨害運転致死傷罪（4号）
　走行中の自動車の直前に進入しとは、急ハンドルや急ブレーキなどの措置を相手方に余儀なくさせるような通行妨害の例示であり、幅寄せ、割込み、あおり、対向車線へのはみ出し走行などが考えられる。さらに、重大

な交通の危険を生じさせる速度で自動車を運転したことが必要である。
(5) 信号無視運転致死傷罪（5号）
　殊更に無視しとは、およそ赤色信号等に従う意思を全く欠くような場合、さらに赤色信号であることの確定的な認識がない場合であっても、信号の規制自体に従うつもりがないため、その表示を意に介することなく、たとえ赤色信号であったとしてもこれを無視する意思で進行する場合もこれに含まれる（最決平成20・10・16刑集62-9-2797）。本罪は赤色信号を殊更に無視しただけでなく、重大な交通の危険を生じさせる速度で自動車を運転することが必要である。
(6) 通行禁止道路進行致死傷罪（6号）
　通行禁止道路とは、歩行者専用道路（歩行者天国）や自転車専用道路など、自動車の通行が禁止されている道路をいう。一方通行道路や高速道路、自動車専用道路は逆走が禁止されているため、これらの道路は逆送による通行禁止道路に含まれるであろう。本罪の成立にも重大な交通の危険を生じさせる速度であることが必要とされている。

[2] （準）危険運転致死傷罪（3条）
(1) 酒気帯び運転等致死傷罪（1項）
　正常な運転に支障が生じるおそれがある状態とは、2条にいう正常な運転が困難な状態までには至っていないが、アルコールまたは薬物の影響により自動車を運転するのに必要な注意力、とっさの判断力、運転操作能力などが相当程度低下している状態をいう。アルコールの場合は、道路交通法上の酒気帯び運転になる程度のアルコールが体内にあれば、通常本罪にあたるとされる。なお、酒気帯びとは、身体に保有するアルコールの程度が、血液1ミリリットルにつき0.3ミリグラム、または呼気1リットルにつき0.15ミリグラムをいう（道交法施行令44条の3）。
(2) 病気運転致死傷罪（2項）
　自動車の運転に支障を及ぼすおそれがある病気とは、自動車の安全運転に影響を及ぼすような統合失調症、てんかん、再発性の失神、無自覚性の低血糖症、そううつ病、重度の眠気の症状を呈する睡眠障害、認知症、アルコール・麻薬・大麻・あへんまたは覚せい剤の中毒者などである。

[3] 過失運転致死傷アルコール等影響発覚免脱罪（4条）

本罪の主体が、アルコール等の影響はあったのか、あったとしてもどの程度かなどを警察等にわからせないようにするために、さらにアルコールを飲んだり、その場を離れて水を大量に飲んだりすることがあるが、このようなことが行われると、危険運転致死傷罪の立証が困難になり、運転者本人には軽い過失運転致死傷罪しか問えず、いわゆる「逃げ得」となってしまう。そこで本罪は、このような「逃げ得」を防止するために設けられたのである。

[4] 過失運転致死傷罪（5条）

運転は必ずしも道路上に限る必要はなく、たとえば駐車場内で人身事故を起こしても本罪は成立する。また、本罪は自動車の運転に業務性を要求していないため、反覆継続性のない1回限りの運転で人身事故を起こしても成立する。自動車の運転に際し運転者に対して要求される注意義務は、具体的状況に応じて異なる。本罪が成立する場合において、傷害の程度が軽いときは、情状により刑を免除できるとした（任意的免除）。

[5] 無免許運転による加重（6条）

無免許運転者は、たとえ運転技能は備わっているとしても、運転適性や法的知識等については講習や試験を受ける機会がなかったのであるから、規範意識が欠如しており、人を死傷させる危険性は免許保持者と比べて大きいといえる。そこで、無免許運転者を重く処罰することにしたのであるが、無免許運転そのものを危険運転致死傷罪の対象としなかったのは、すべての無免許運転が必ず危険運転に結びつくわけではないからである。

コラム　無免許運転も危険運転にならないか

2012（平成24）年4月23日朝、京都府亀岡市において、登校中の児童と引率の保護者の列に18歳の少年が運転していた軽自動車が突っ込み、10人がはねられ死傷するという事故が発生しました。事故当時、少年は居眠りをし、しかも無免許運転でした。京都府警や京都地検は、当初、危険運

転致死傷罪（旧刑208条の2）の適用を視野に入れていたようですが、結局、京都地検は、無免許運転や居眠り運転は危険運転致死傷罪の構成要件を満たさないとして同罪の適用を断念し、自動車運転過失致死傷罪（旧刑211条2項）、道交法違反（無免許運転）の罪で起訴しました。

しかし、無免許運転は交通ルールに関する知識の欠如が顕著です。「その進行を制御する技能」は交通ルールに従って自動車を運転することができてはじめていえることではないでしょうか。したがって、無免許運転も危険運転致死傷罪の一態様として捉えてもよいのではないかと思われるのですが……。

知識を確認しよう

問題

(1) 安楽死が違法性を阻却する場合があるか、あるとしたらどのような要件を備えたときに違法性が阻却されるか検討しなさい。

(2) いわゆるひき逃げが保護責任者遺棄罪に該当するとされるのはどのような場合か検討しなさい。

解答への手がかり

(1) 安楽死については、一般人が行う場合についての判例と、医師が行う場合についての判例がある。前者については本章21頁の名古屋高裁判決、後者については本章22頁の横浜地裁判決である。これらを参考にしながら、自らの見解を十分に展開することが求められる。

(2) ひき逃げとは一般に何といわれているかを明確にすると同時に、保護責任が発生する根拠について、刑法と道路交通法の違いを考慮して検討する必要がある。

第2章 自由に対する罪

本章のポイント

1. 刑法典上の自由に対する罪としては、①逮捕および監禁の罪、②脅迫の罪、③略取、誘拐および人身売買の罪、④強制わいせつ、強姦の罪がある。
2. 逮捕および監禁の罪は、行動の自由ないし移動の自由を保護法益とする。行動の自由は現実的自由のみを意味するのか、可能的自由も含まれるのかについては議論がある。
3. 略取、誘拐および人身売買の罪は、重大犯罪であり、刑法には、特に身の代金目的の犯罪について、被害者を保護するための規定（228条の2など）が置かれている。
4. 強制わいせつ、強姦の罪については、被害者保護の観点からも厳罰化の要請があり、法改正が問題になっているほか、適用範囲も拡張される傾向がある。

1 自由に対する罪

A 逮捕および監禁の罪
[1] 逮捕・監禁罪

> 220条 不法に人を逮捕し、又は監禁した者は、3月以上7年以下の懲役に処する。

(1) 保護法益

人の身体活動の自由、とくに行動の自由ないし移動の自由である。

移動の自由が害されたといえるためには、現実的自由が害されることを要するか（現実的自由説、西田74、山中126・128）、可能的自由が害されれば足りるか（可能的自由説、大塚76、大谷78）。現実的自由説によれば、被害者が監禁されていることを意識した時点から監禁罪になるのに対し、可能的自由説によれば、被害者にそのような意識がなくても監禁行為がなされれば監禁罪になることになる。広島高判昭和51・9・21刑月8-9＝10-380は、可能的自由説によっている。

(2) 客体

人（自然人）である。人の身体活動は意思に基づいて行われるため、およそ意思に基づいて活動する能力を有しない者（たとえば、生まれたばかりの嬰児）は客体とならない。しかし、生後1年7か月を経過して自力で動き回れる幼児（京都地判昭和45・10・12刑月2-10-1104）などは客体となりうる。

(3) 行為

逮捕とは、人の身体を直接拘束して身体活動の自由を奪うことをいう。監禁とは、人を一定の場所から出られないようにして身体活動の自由を奪うことをいう。物理的方法（施錠して閉じ込める、縄で縛る等）によるもののほかに、偽計や脅迫を用いるものが考えられる（最決昭和33・3・19刑集12-4-636、最決昭和34・7・3刑集13-7-1088）。

[2] 逮捕等致死傷罪

> 221条 前条の罪を犯し、よって人を死傷させた者は、傷害の罪と比較して、重い刑により処断する。

　逮捕・監禁罪の結果的加重犯である。本罪にあたるには、逮捕・監禁行為から死傷結果が生じることを要する（最決昭和42・12・21判時506-59）。

B　脅迫の罪
[1] 脅迫罪

> 222条1項　生命、身体、自由、名誉又は財産に対し害を加える旨を告知して人を脅迫した者は、2年以下の懲役又は30万円以下の罰金に処する。
> 2項　親族の生命、身体、自由、名誉又は財産に対し害を加える旨を告知して人を脅迫した者も、前項と同様とする。

(1) 保護法益等

　保護法益は、人の意思活動の平穏ないし意思決定の自由であり、法人は客体とはならない（大阪高判昭和61・12・16高刑集39-4-592）。
　抽象的危険犯である。一定の危害を加える旨の告知をすれば、相手方が畏怖しなくても、本罪は成立する（大判明治43・11・15刑録16-1937）。

(2) 行為

　本条所定のもの（法益）に対し害を加える旨を告知して人を脅迫することである。「害を加える旨」の告知であるためには、害の発生を、告知者または告知者の左右しうる第三者を通じて可能にしうるものとして、通告することを要する（広島高松江支判昭和25・7・3高刑集3-2-247）。

[2] 強要罪

> 223条1項　生命、身体、自由、名誉若しくは財産に対し害を加える旨を告知して脅迫し、又は暴行を用いて、人に義務のないことを行わせ、又は権利の行使を妨害した者は、3年以下の懲役に処する。

> 2項　親族の生命、身体、自由、名誉又は財産に対し害を加える旨を告知して脅迫し、人に義務のないことを行わせ、又は権利の行使を妨害した者も、前項と同様とする。
> 3項　前2項の罪の未遂は、罰する。

(1) 保護法益等

保護法益は人の意思決定の自由ないし意思活動の自由である。

侵害犯である。義務のないことを行わせるか権利の行使を妨害したという結果が発生しないとき、または、行為と結果との間に因果関係の認められないときは、未遂が成立しうるにとどまる。

(2) 結果

「義務のないことを行わせ」たとは、それに応じなければならない法律上の義務がないのに、強いてそれを行わせることをいう。「権利の行使を妨害した」とは、法律上許されている行為をさせなかったことをいう。もっとも、法律上の義務・権利に限定しないという見解（前田80）もある。また、暴力のままに被害者を器械的に行動させたような場合は、義務のないことを行わせたとはいえない（東京高判昭和34・12・8高刑集12-10-1017）。

C　略取、誘拐および人身売買の罪

[1] 総説

刑法33章の罪の基本的保護法益は、略取等された者の行動の自由である。さらに、これらの者の安全や保護者の監護権も保護法益に含まれうる。

略取・誘拐（あわせて拐取とよぶ）は、人を現在の生活環境から離脱させて、自己または第三者の実力支配内に移す行為である。そのうち、暴行・脅迫を手段とするものが略取、欺罔・誘惑を手段とするものが誘拐である。

224条・225条・225条の2第1項の罪、226条から226条の3までの罪、227条1項から3項および4項前段の罪の未遂は罰する（228条）。

比較的犯情の軽い罪は親告罪とされている（229条本文）。被拐取者等が犯人と婚姻したときの告訴の効力については制約がある（229条ただし書）。

[2] 未成年者略取・誘拐罪

> 224条　未成年者を略取し、又は誘拐した者は、3月以上7年以下の懲役に処する。

　本罪の保護法益には未成年者の保護者の監護権も含まれる（大判大正13・6・19刑集3-502）。したがって、保護者の同意なく未成年者を拐取すると、未成年者自身は同意していても、本罪に問われる。
　また、別居中の共同親権者の1人が幼児を他の親権者の下から連れ去る行為も、本罪にあたる（最決平成17・12・6刑集59-10-1901）。

[3] 営利目的等略取・誘拐罪

> 225条　営利、わいせつ、結婚又は生命若しくは身体に対する加害の目的で、人を略取し、又は誘拐した者は、1年以上10年以下の懲役に処する。

　未成年者、成年者を問わず、本罪の客体になる。

[4] 身の代金目的略取・誘拐罪

> 225条の2第1項　近親者その他略取され又は誘拐された者の安否を憂慮する者の憂慮に乗じてその財物を交付させる目的で、人を略取し、又は誘拐した者は、無期又は3年以上の懲役に処する。

　「安否を憂慮する者」には、近親者でなくても、被拐取者の安否を親身になって憂慮するのが社会通念上当然な関係にある者も含まれる（最決昭和62・3・24刑集41-2-173）。

[5] 身の代金要求罪

> 225条の2第2項　人を略取し又は誘拐した者が近親者その他略取され又は誘拐された者の安否を憂慮する者の憂慮に乗じて、その財物を交付させ、又はこれを要求する行為をしたときも、前項と同様とする（無期または3年以上の懲役に処する）。

> 227条4項後段　略取され又は誘拐された者を収受した者が近親者その他略取され又は誘拐された者の安否を憂慮する者の憂慮に乗じて、その財物を交付させ、又はこれを要求する行為をしたときも、同様とする（2年以上の有期懲役に処する）。

　拐取者（225条の2第2項）や収受者（227条4項後段）による要求行為等を処罰したものである。

[6] 解放による刑の減軽等

　身の代金目的略取・誘拐罪（225条の2第1項）は、極めて悪質な犯罪であり、被拐取者の生命の危険も大きい。そこで法は、被拐取者の生命を保護する手立てを講じている。

　まず、同罪の未遂のみならず予備を罰するものとし、実行に着手する前に自首した者については刑を必要的に減免するものとして、実行段階に進むことを防止しようとしている（228条の3）。

　つぎに、同罪などの罪を犯した者が、公訴提起前に被拐取者を安全な場所に解放したときは、刑を必要的に減軽するものとして、解放を奨励している（228条の2）。「安全」とは、被拐取者が救出されるまでの間に具体的かつ実質的な危険にさらされるおそれのないことを意味する（最決昭和54・6・26刑集33-4-364）。

[7] 所在国外移送目的略取・誘拐罪

> 226条　所在国外に移送する目的で、人を略取し、又は誘拐した者は、2年以上の有期懲役に処する。

　所在国外とは、人が現に所在している国（日本に限らない）の領域外をいう。

[8] 人身売買罪

> 226条の2第1項　人を買い受けた者は、3月以上5年以下の懲役に処する。
> 2項　未成年者を買い受けた者は、3月以上7年以下の懲役に処する。

> 3項　営利、わいせつ、結婚又は生命若しくは身体に対する加害の目的
> で、人を買い受けた者は、1年以上10年以下の懲役に処する。
> 4項　人を売り渡した者も、前項と同様とする。
> 5項　所在国外に移送する目的で、人を売買した者は、2年以上の有期懲
> 役に処する。

「売買」(5項)とは、有償で人に対する不法な支配を移転することをいう。売買は、「売り渡し」(対価を得て人を買受者に引渡すこと)と「買い受け」(対価を支払って人を受け取ること)に分けられる。

1項は買受行為の基本的処罰規定である。客体が未成年者であったり(2項)、営利等の目的で行ったときは(3項)、刑が加重される。5項は所在国外移送目的での売買行為を処罰する規定である。

[9] 被略取者等所在国外移送罪

> 226条の3　略取され、誘拐され、又は売買された者を所在国外に移送した者は、2年以上の有期懲役に処する。

被拐取者や売買された者を所在国外に移送する罪である。

[10] 被略取者引渡等罪

> 227条1項　第224条、第225条又は前3条の罪を犯した者を幇助する
> 目的で、略取され、誘拐され、又は売買された者を引き渡し、収受し、
> 輸送し、蔵匿し、又は隠避させた者は、3月以上5年以下の懲役に処する。
> 2項　第225条の2第1項の罪を犯した者を幇助する目的で、略取され
> 又は誘拐された者を引き渡し、収受し、輸送し、蔵匿し、又は隠避さ
> せた者は、1年以上10年以下の懲役に処する。
> 3項　営利、わいせつ又は生命若しくは身体に対する加害の目的で、略
> 取され、誘拐され、又は売買された者を引き渡し、収受し、輸送し、
> 又は蔵匿した者は、6月以上7年以下の懲役に処する。
> 4項前段　第225条の2第1項の目的で、略取され又は誘拐された者を

> 収受した者は、2年以上の有期懲役に処する。

　本罪は、被拐取者・被買者を、引渡し、収受し、輸送し、蔵匿し、隠避させるといったことをして、略取、誘拐、人身売買を事後的に幇助し、支配状態を継続して、これらの犯罪を助長する罪である。

D　強制わいせつ、強姦の罪
[1]　総説
　刑法22章の罪が性秩序ないし健全な性風俗を害する罪として立法されたものであることから、強制わいせつ罪や強姦罪を性秩序・性風俗を害する罪であると考えることもできないではない。だが、180条（親告罪）・181条（強制わいせつ等致死傷）の規定が置かれていることを考えるとこれらの罪は個人的法益を害する罪（個人の性的自由を害する罪）であると解される。
　176条から178条の2までの罪の未遂は罰する（179条）。
　176条から178条までの罪、これらの罪の未遂罪は親告罪とされている（180条1項）。もっとも、複数の者が現場において共同して犯した176条・178条1項の罪、これらの罪の未遂罪は除外されている（180条2項）。なお、同様の態様で177条・178条2項の罪、これらの罪の未遂罪にあたる行為をしたときは、178条の2の罪の問題になる。

[2]　強制わいせつ罪

> 176条　13歳以上の男女に対し、暴行又は脅迫を用いてわいせつな行為をした者は、6月以上10年以下の懲役に処する。13歳未満の男女に対し、わいせつな行為をした者も、同様とする。

　本罪の暴行・脅迫は相手方の反抗を著しく困難にする程度のものでなければならないとする学説が有力である（団藤490、西田90、前田95）。しかし、裁判例においては、かなり弱いものでも本罪の暴行・脅迫にあたるとされている（たとえば神戸地判平成17・9・16LEX/DB25410659）。
　本罪が成立するためには、行為が行為者の性欲を刺激・興奮させ、または、満足させる性的意図を要するか。最判昭和45・1・29刑集24-1-1は、これを肯定する。学説には、保護法益等から、否定的に解するものが多い

(団藤 491、大谷 114、西田 90、前田 96)。

[3] 強姦罪

> 177条　暴行又は脅迫を用いて 13 歳以上の女子を姦淫した者は、強姦の罪とし、3 年以上の有期懲役に処する。13 歳未満の女子を姦淫した者も、同様とする。

　本罪の主体は、通常、男性である。しかし、本罪は自手犯ではなく、女性も間接正犯、共同正犯 (最決昭和 40・3・30 刑集 19-2-125) として、正犯となりうる。

　本罪の暴行・脅迫は相手方の反抗を著しく困難にする程度のものであれば足りる (最判昭和 24・5・10 刑集 3-6-71)。具体的状況によっては、かなり軽度のものであっても本罪の暴行・脅迫にあたるとされることがある (大コメ〔9〕76〔亀山継夫＝河村博〕参照)。

[4] 準強制わいせつ罪・準強姦罪

> 178条 1 項　人の心神喪失若しくは抗拒不能に乗じ、又は心神を喪失させ、若しくは抗拒不能にさせて、わいせつな行為をした者は、第 176 条の例による。
> 2 項　女子の心神喪失若しくは抗拒不能に乗じ、又は心神を喪失させ、若しくは抗拒不能にさせて、姦淫した者は、前条の例による。

　被害者の心神喪失または抗拒不能に乗じるか、そのような状態に被害者をせしめて、わいせつな行為や (1 項)、姦淫をする (2 項) 罪である。アルコール〔酒類〕や薬物の作用により心神喪失・抗拒不能となった被害者に対し行為に及ぶというのが典型例である。被害者を欺いて抵抗困難な心理状態にさせることも「抗拒不能にさせて」にあたりうる (東京高判平成 15・9・29 東高時報 54-1〜12-67)。

[5] 集団強姦等罪

> 178条の2　2人以上の者が現場において共同して第177条又は前条第2項の罪を犯したときは、4年以上の有期懲役に処する。

　複数の者が現場において共同して強姦罪・準強姦罪を犯した場合につき、その悪質性を考えて加重処罰したものである。

[6] 強制わいせつ等致死傷罪

> 181条1項　第176条若しくは第178条第1項の罪又はこれらの罪の未遂罪を犯し、よって人を死傷させた者は、無期又は3年以上の懲役に処する。
> 2項　第177条若しくは第178条2項の罪又はこれらの罪の未遂罪を犯し、よって女子を死傷させた者は、無期又は5年以上の懲役に処する。
> 3項　第178条の2の罪又はその未遂罪を犯し、よって女子を死傷させた者は、無期又は6年以上の懲役に処する。

　結果的加重犯である。基本犯の行為に通常随伴する行為によって死傷結果が発生すれば、本罪にあたることになる（最決平成20・1・22刑集62-1-1）。
　死亡結果について故意のある場合、最判昭和31・10・5刑集10-10-1455は本罪と殺人罪との観念的競合になるとしている。もっとも、強姦罪等と殺人罪との観念的競合になるとする学説も有力である（大谷127、西田96）。
　傷害結果について故意のある場合、学説の多くは、本罪のみが成立するとする（団藤495、大谷127、西田96）。

1 自由に対する罪

知識を確認しよう

問題
(1) 逮捕・監禁罪の保護法益である移動の自由は、現実的自由のみを意味するのか、可能的自由も含まれるのかについて具体例を挙げて論じなさい。
(2) 略取・誘拐罪にはさまざまなものがある。刑法が、略取・誘拐罪の目的や態様によって対応にどのような差異をもうけているかについて述べなさい。
(3) 性犯罪の実態を考慮して、強制わいせつ罪、強姦罪関係の規定をどのように解釈すべきかについて述べなさい。また、これらの規定を改正するとしたら、どのように改正するべきかについて述べなさい。

解答への手がかり
(1) たとえば、相手が就寝中にドアに施錠し、目が覚める前に錠をはずすとか、真実は強姦目的であるにもかかわらず、相手に「家までおくって行ってあげる」とうそをいって自動車に乗せて走行させるとかいった場合、監禁罪が成立するのだろうか。さまざまな観点から検討する必要がある。
(2) たとえば、身の代金目的の略取・誘拐罪に対しては、刑法は厳しい態度でのぞみ、被拐取者の生命・身体を保護するための手立てを講じている。他方、略取・誘拐罪の中には親告罪とされているものもある。このような差異があるのはなぜなのか、実態にそくして考える必要がある。
(3) たとえば、176条、177条の「暴行又は脅迫」の解釈や、178条の「抗拒不能にさせて」の解釈について、考えてみる必要がある。裁判例の事案をよく検討するとよい。法改正の動向については、インターネットなどを通じ、最新の情報を入手して、検討するとよい。

第 3 章 私的領域に関する罪

本章のポイント

1. 現代社会において他人に私的領域を侵されないという利益は、個人のプライバシーにかかわるものであり、極めて重要である。刑法典では、私的領域に関する罪として、住居を侵す罪（130条-132条）と秘密を侵す罪（133条-135条）を規定している。
2. これらの罪は、立法当時、社会的法益に対する罪として位置づけられていた。しかし、現在では、個人の私的領域を保護するものとして個人的法益に対する罪に位置づけられる。
3. 時代や社会の変化に合わせて、これらの罪を捉える必要がある。住居を侵す罪は、かつての家父長制度を前提としたものとは異なる。また、秘密を侵す罪においても、秘密の捉え方や、秘密の漏示の仕方にも変化がある。

1 住居を侵す罪

A 総説

住居を侵す罪としては、住居侵入罪（130条前段）と不退去罪（130条後段）とがある。前者は作為犯であるが、後者は不作為犯である。

未遂は罰する（132条）。しかし、住居侵入罪の未遂は考えられるが、不退去罪の未遂は理論上はともかく実際上は成立する余地はほとんどない。

住居を侵す罪の保護法益は何かということについては、住居の事実上の平穏と解する平穏説と、住居等を支配している者がそこに出入りさせることを認める自由とする住居権説が対立している。

判例では、平穏説に基づくもの（最判昭和51・3・4刑集30-2-79）もあるが、いわゆる大槌郵便局事件や立川反戦ビラ事件に対しては、「刑法130条前段にいう『侵入し』とは，他人の看守する邸宅等に管理権者の意思に反して立ち入ることをいうものである」とし、住居権説に基づいた判断を示している（最判昭和58・4・8刑集37-3-215、最判平成20・4・11刑集62-5-1217）。ここでは管理権者の意思を中心に、さらに事実上の平穏を侵害するものを住居侵入罪として捉えている。

B 各説
[1] 住居侵入罪

> 130条前段　正当な理由がないのに、人の住居若しくは人の看守する邸宅、建造物若しくは艦船に侵入し（中略）た者は、3年以下の懲役又は10万円以下の罰金に処する。

(1) 主体

現にそこに居住している者や、邸宅、建造物、艦船を看守する者以外の者である。自己所有の家屋であったとしても別居中の妻が居住している住宅に同女の意思に反して立ち入る場合には住居侵入罪が成立する（東京高判昭和58・1・20判時1088-147）。

(2) 客体

人の住居、人の看守する邸宅、建造物、艦船である。住居とは、人が起臥寝食の場として日常的に使用している場所である。人の看取する邸宅とは、人が事実上、管理・支配する建造物をいい、現に使用されていないものである。空き家やオフシーズンの別荘などがこれに該当する。建造物とは、住居、邸宅以外のもので人が中に出入りすることができるものをいう。艦船とは、軍艦および船舶をいう。

(3) 行為

正当な理由なく侵入することである。正当な理由なくとは、違法性阻却事由がないということである。侵入とは、居住者や管理権者の意思に反して立ち入ることである。したがって、居住者や管理権者の承諾がある場合には、正当な理由が認められる。ただし、一度承諾があったとしても、たとえば、承諾していない部屋への侵入などは住居侵入罪を構成する（東京高判昭和 39・9・22 高刑集 17-6-563）。また、承諾がなかったとしても捜査機関などが正当に発付された令状をもって捜索をする場合には、構成要件に該当しない。

(4) 実行の着手時期と既遂時期

実行の着手時期は、居住者や管理権者の意思に反して立ち入ろうとする時であり、立ち入った時点で既遂となる。なお、マンションの共用部分に立ち入ることも住居侵入罪となりうる（最判平成 21・11・30 刑集 63-9-1765）。

(5) 罪数

住居侵入罪は、その他の何らかの違法な目的を達成するために行われる場合が多い。たとえば、窃盗や強盗、強姦、殺人などである。これらの目的で侵入した場合、それと住居侵入罪とは牽連犯となる。

[2] 不退去罪

> 130 条後段　正当な理由がないのに、（中略）要求を受けたにもかかわらずこれらの場所から退去しなかった者は、3 年以下の懲役又は 10 万円以下の罰金に処する。

(1) 主体

住居侵入罪の客体となる場所に、適法に、または過失で立ち入った者である。つまり、適法に、または過失で立ち入った者には、住居侵入罪は成立しないが、そこで退去の要求を受ければ、不退去罪の主体となりうる。したがって、住居侵入罪が成立した者には不退去罪は成立しない（最決昭和31・8・22刑集10-8-1237）。

(2) 行為

退去の要求を受けたにもかかわらず、退去しないことであり、真正不作為犯である。

2 秘密を侵す罪

A 総説

秘密を侵す罪としては、信書開封罪（133条）、秘密漏示罪（134条1項・2項）がある。

親告罪である（135条）。

保護法益は、私生活上の秘密である。信書開封罪は、通信の秘密を保護し、秘密漏示罪は、秘密そのものを保護している。これらの保護法益はいわゆるプライバシーの保護を意味する。現在は、立法当時とは異なり、通信手段も電子的なものが主になってきている。しかし、私人間の特に重要な情報の伝達や、契約等の正式な文書のやりとりなどは書面で行われることが多く、本規定の役割はなお重要であるといえる。

B 各説
[1] 信書開封罪

> 133条　正当な理由がないのに、封をしてある信書を開けた者は、1年以下の懲役又は20万円以下の罰金に処する。

(1) 客体

封をしてある信書である。封をしてあるとは、外部から中の内容を認識できない状態になっていることである。信書とは、特定人から特定人に宛てた意思を伝達する文書である（大判明治40・9・26刑録13-1002）。したがって、外部から中の内容を認識できない状態にある特定人から特定人に宛てた意思を伝達する文書でなければ、本罪の客体にはならない。たとえば、葉書のようなものは客体にはならない。

(2) 行為

正当な理由がないのに開封することである。正当な理由とは、法令に基づく場合や、違法性阻却事由に該当するような場合、または親権者が、未成年の子に宛てられた信書を親権の範囲内で開封するような場合である。

(3) 抽象的危険犯

信書を開封すれば、たとえ、その中身を実際に認識しなくても犯罪が成立する。したがって、抽象的危険犯である。

[2] 秘密漏示罪

> 134条1項 医師、薬剤師、医薬品販売業者、助産師、弁護士、弁護人、公証人又はこれらの職にあった者が、正当な理由がないのに、その業務上取り扱ったことについて知り得た人の秘密を漏らしたときは、6月以下の懲役又は10万円以下の罰金に処する。
> 2項 宗教、祈禱若しくは祭祀の職にある者又はこれらの職にあった者が、正当な理由がないのに、その業務上取り扱ったことについて知り得た人の秘密を漏らしたときも、前項と同様とする。

(1) 主体

本罪の主体は、医師、薬剤師、医薬品販売業者、助産師、弁護士、弁護人、公証人またはこれらの職にあった者、および宗教、祈禱もしくは祭祀の職にある者またはこれらの職にあった者である。これは例示列挙ではなく、限定列挙である。なぜ、これらの者に限定されるかということについて、「医師の身分を有する者に対し、信頼に値する高い倫理を要求される存在であるという観念を基に、保護されるべき秘密（それは患者の秘密に限らな

い）を漏らすような倫理的に非難されるべき行為については、刑罰をもって禁止したものと解すべき」（最決平成 24・2・13 刑集 66-4-405）とされている。

(2) 行為

　秘密を漏らすことである。秘密とは、特定の者にしか知られていない事実で、他人に知られないことが本人の利益と認められる事実である。なお、この秘密について、前述の最高裁の判例において、「『人の秘密』には、鑑定対象者本人の秘密のほか、同鑑定を行う過程で知り得た鑑定対象者本人以外の者の秘密も含まれるというべきである」としている。このように医師の業務上知りえた秘密であれば、幅広く認められる。これらの秘密を漏らすとは、まだそのことを知らない第三者に知らせることである。これは、名誉毀損罪のような公然性が必要ではないので、たったひとりであってもその秘密を漏らし、その者が誰にも言わなかったとしても成立する。

(3) 正当な理由なく

　ここでいう正当な理由とは、たとえば、感染症予防法等の法令上の告知義務を負うような場合である。または、当該秘密の持ち主が同意したような場合である。

知識を確認しよう

問題

(1)　Aは、窃盗目的を隠して、裕福なBの家にトイレを貸してほしいと言い、上がり込んだ。そこで応接間に侵入しようとしたところ妻であるCに発見されたため、Cを殴って逃走した。Cは全治1週間の怪我を負った。Aの罪責を求めよ。

解答への手がかり

(1)　住居侵入罪の保護法益に対するそれぞれの見解を踏まえて、その成立範囲にどのような違いがあるかを確認する。

第4章 名誉に対する罪

本章のポイント

1. 名誉は、人が社会において生活する上で、個々人の人格的価値として存在しており、憲法13条の人格権の一態様である。名誉に対する罪は、この人格的価値を侵害する行為を処罰するものである。
2. 名誉毀損の罪として、刑法には、名誉毀損罪（230条）、侮辱罪（231条）が規定され、親告罪である（232条）。名誉毀損罪については、表現の自由との兼ね合いから、一定の場合には、不処罰とされる（230条の2）。
3. 名誉毀損罪は、犯罪の検挙人員に対する有罪人員が少なく、起訴率も低いが、インターネットの普及により、名誉毀損行為は、比較的容易となった。人格権の一態様である名誉を保護する230条と、表現の自由を保護する230条の2の解釈論がより重要となる。

1 総説

A 名誉に対する罪の概要——名誉の種類と名誉に対する罪の保護法益

名誉は、①外部の評価とは独立したその人個人の人格的価値（内部的名誉）、②外部としての社会が個人に与える評価（外部的名誉）、③本人が自分自身に対してもつ主観的な価値意識（名誉感情）に分類できる。

名誉に対する罪には、名誉毀損罪（230条1項）と侮辱罪（231条）があるが、いずれの罪においても、保護法益は、②の外部的名誉とするのが通説・判例（大判大正15・7・5刑集5-303）である。両罪の違いは、事実の摘示を伴うか否かにある。外部的名誉を保護するものが名誉毀損罪、名誉感情を保護するのが侮辱罪とする見解もある（小野清一郎『新訂刑法講義各論〔第3版〕』〔有斐閣、1950〕214、団藤512。以下、「主観的名誉説」という）。死者の名誉毀損罪（230条2項）の保護法益については、後述する。

B 親告罪

被害者の意思を無視して訴追するほど法益侵害の程度が大きくなく、訴追が二次被害をもたらしうるから、親告罪とされている（232条）。

2 名誉毀損罪

> 230条1項　公然と事実を摘示し、人の名誉を毀損した者は、その事実の有無にかかわらず、3年以下の懲役若しくは禁錮又は50万円以下の罰金に処する。
> 2項　死者の名誉を毀損した者は、虚偽の事実を摘示することによってした場合でなければ、罰しない。

A 名誉毀損罪 (1項)
[1] 客体

人の名誉が客体となる。保護法益は社会的評価としての外部的名誉であり、行為の客体も外部的名誉である。判例は、「名誉トハ人ノ社会的評価又ハ価値ヲ指称スル」（大判昭和8・9・6刑集12-1590）と、同趣旨を述べる。社会的評価の対象には、人の性格、能力、身分、家柄等の社会生活を営む上でなんらかの価値をもつものが含まれるが、支払能力については、「信用」として保護され（233条）、本罪の客体とはならない。

[2] 名誉の主体

名誉の主体である「人」には、自然人、法人（大判大正15・3・24刑集5-117）、組合、法人格なき社団も含まれるとするのが通説である（団藤516、大塚136、大谷159）。外部的名誉を保護するものなので、主観的な名誉感情をもたない幼児や精神病者も「人」に含まれる。行為者本人は本条の「人」に含まれない。

[3] 行為（公然と事実を摘示して人の名誉を毀損すること）
(1) 公然性

不特定または多数人が知りうる状態をいう。不特定・少人数でもよいし、特定・多数人でもよい。また、知りうる状態にあるかどうかは、一般人を基準にして判断され、現実に知られる必要はない。

公然性に関しては、特定少数が知りうる状態から伝播し、不特定または多数人が知りうる状態になった場合、公然性を充足しないかという問題がある（伝播可能性の理論）。名誉毀損表現が転々と伝わることまでも公然性に含めて考えれば、公然性を充たす可能性が広がる。しかし、当該行為それ自体により公然と名誉を毀損したと評価しうるほどの高度の伝播可能性を要求すべきであり、安易に公然性を肯定すべきではないだろう。摘示の直接の相手方が特定かつ少数の人でも、それらを通じて不特定または多数人へ広がるとして公然性を認めた例もある（大判大正8・4・18新聞1566-25、最判昭和35・5・7刑集13-5-641）。

(2) 事実を摘示

社会的評価を害する具体的な事実を摘示すればよい。周知のもの、将来に関する予測的なものも含む。虚偽の事実でも、人の名誉は害されうるから、摘示した事実が真実であるか否かを問わない。摘示は、特定の人または団体の名誉が侵害されたとわかる程度に具体的でなければならない。

(3) 人の名誉を毀損

抽象的危険犯であり、人の社会的評価を害するおそれのある状態を発生させれば足りる（大判昭和13・2・28刑集17-141）。

[4] 罪数

被害者の数を基準とする。1つの新聞に同時に3名の名誉を毀損する記事を掲載した場合は、3つの名誉毀損罪が成立し、観念的競合（54条1項前段）となる。名誉毀損罪と侮辱罪が併存する場合、両罪は法条競合の関係にあり、名誉毀損罪のみが成立する（主観的名誉説からも同様の結論になる。もっとも、同説からは侮辱罪も成立し観念的競合になると指摘するもの―大谷177、山口149―もある）。経済的側面における人の社会的評価を毀損した場合は、信用毀損罪のみ成立する。

B 死者の名誉毀損罪 (2項)

[1] 法益その他

死者の名誉が客体となる。死者の名誉の意義ないし本罪の保護法益について、①遺族の名誉とする説、②遺族の敬愛の情とする説、③死者自身の名誉とする説がある。多数説は③説であるが（団藤516、大谷174、西田111、山口148）、②説が最も疑問の少ないものとする見解もある（大コメ〔第2版〕(12) 36〔中森喜彦〕）。判例は、「真意に反して欺罔の主張をし公然虚偽の事実を摘示して死者であるAの名誉を毀損した」とのみ判示する（最判昭和27・3・7刑集6-3-441）。

[2] 構成要件

虚偽の事実を摘示することが必要である。「虚偽の事実を摘示することによって」とは、事実が虚偽であることの確定的認識を要するとの趣旨で

あり（大塚149、大谷175、山中229）、故意犯のみが処罰される。本条1項と同様に公然性が要求される。

3 公共の利害に関する場合の特例

> 230条の2　前条第1項の行為が公共の利害に関する事実に係り、かつ、その目的が専ら公益を図ることにあったと認める場合には、事実の真否を判断し、真実であることの証明があったときは、これを罰しない。
> 2　前項の規定の適用については、公訴が提起されるに至っていない人の犯罪行為に関する事実は、公共の利害に関する事実とみなす。
> 3　前条第1項の行為が公務員又は公選による公務員の候補者に関する事実に係る場合には、事実の真否を判断し、真実であることの証明があったときは、これを罰しない。

A　総説

　表現は、ときとして人の名誉を毀損することがある。そこで、名誉毀損罪（230条1項）については、表現の自由（憲21条1項）と名誉の保護との調和を図るため、真実性の証明による不処罰規定が定められている。

　不処罰の根拠については、①処罰阻却事由説（最判昭和34・5・7刑集13-5-641）と②違法性阻却事由説（通説）が存在し、真実性の証明と錯誤の点で差異が生じる。

B　不処罰の要件
[1]　事実の公共性
　多数一般の利害に関する事実をいう。公人の公的行動に関する事実がこれに含まれることは明らかであるが、私人の私生活上の事実であっても、その携わる社会的活動の性質、影響力の程度如何によっては事実の公共性

が認められる（最判昭和 56・4・16 刑集 35-3-84）。

[2] 目的の公益性

主たる目的が公益を図ることにあれば足りる。摘示の際の表現方法や事実調査の程度などは、公益目的の判断の一要素として考慮される（最判昭和 56・4・16 刑集 35-3-84）。

[3] 真実性の証明

合理的な疑いを容れない程度の証明を要する（最決昭和 51・3・23 刑集 30-2-229）。刑事訴訟においては、検察官が被告人の表現行為について「真実でない」ことを証明することが原則であるが、本条においては、被告人に挙証責任が転換されている。もっとも、摘示事実のうち、重要部分について真実であると証明されれば足りる（大阪高判昭和 25・12・23 高刑判特 15-95）。

C 真実性の証明と錯誤

名誉毀損が不処罰となるのは、真実性の証明がされた場合である。そこで問題となるのは、行為者は正当な表現行為と思って行動したが、真実性の証明に失敗した場合である。処罰阻却事由説からは、いかなる根拠にせよ、処罰阻却事由の錯誤は故意の成否に無関係であるから、真実性の証明に失敗すれば処罰は免れないとする。一方、違法性阻却事由説からは、真実性の錯誤は違法性阻却事由に該当する事実の錯誤であるから、軽信した場合も含めて故意が阻却され、故意責任を問いえないとする。前者は表現の自由を不当に軽視すると批判され、後者は名誉の保護を不当に軽視すると批判される。そこで、学説の多くは、真実だと誤信したことに相当な根拠がある場合に処罰を否定し、相当な根拠がなく軽信したような場合には処罰するという結論をとっている。

判例は、行為者がその事実を真実であると誤信し、その誤信したことについて、確実な資料、根拠に照らし相当の理由があるときは、犯罪の故意がなく、名誉毀損の罪は成立しないものと解するのが相当である（最大判昭和 44・6・25 刑集 23-7-975）として、行為者が証明可能な程度の客観的な資料に基づいて摘示した事実を真実と思った場合は故意が阻却されるという錯

誤論で処理している。もっとも、毀損された名誉の回復は困難であることから、相当の理由の認定は極めて慎重になされるべきであるし（香城敏麿「判解」最判解〔昭和51年度〕107参照）、相当の理由の挙証責任も230条の2と同様に、被告人にあると考えるべきである（東京高判昭和59・7・18高刑集37-2-360）。

4 侮辱罪

> 231条　事実を摘示しなくても、公然と人を侮辱した者は、拘留又は科料に処する。

A 総説

具体的事実を摘示せずに、公然と人に対して軽蔑の表示をする行為を処罰する犯罪である。判例・通説は、本罪の保護法益は名誉毀損罪と同じく外部的名誉であるとする。主観的名誉説は、主観的名誉（名誉感情）を保護法益とする。

B 構成要件
[1] 事実を摘示しなくても

判例・通説は、具体的事実を摘示しないで行われる名誉侵害行為であるとする。したがって、名誉毀損行為が230条の2によって不処罰となる場合は、真実性の証明がされていることになるので、保護法益を同じくする侮辱罪も成立しない。一方、主観的名誉説からは、「事実を摘示しなくても」とは、「事実を摘示しても摘示しなくても」の意味であるとして、事実を摘示してなされる侮辱罪もありうるとする。この説からは、真実性の証明があっても侮辱罪が成立することになる。

[2] 公然性

名誉毀損罪と同様に公然性が要求される。

[3] 人を侮辱し

判例・通説は、名誉毀損罪と同様に「人」には法人も含まれるとする（最決昭和58・11・1刑集37-9-1341）。主観的名誉説からは、名誉感情を有しえない幼児・高度の精神障害者、法人や人の団体等は含まれない。なお、死者は「人」に含まれない（大コメ〔第2版〕(12)〔中森喜彦〕参照）。

侮辱とは、相手方が得ている社会的評価、あるいは、およそその者が社会の一員足りうることに対して危険を含む軽蔑の表示をいい、作為、不作為の態様を問わない。抽象的危険犯である。

> **コラム　ネット書き込みと名誉毀損罪**
>
> インターネットの発達により、ネットでの発言は容易に、かつ、即座に世界中に広まるようになりました。安易に人の名誉を毀損する事実をネット上に書き込めば、名誉毀損罪の刑事責任や不法行為の民事責任を追及されるおそれもあります。しかし、いざ自分がこれらの被害者となった場合に、書き込んだ者に対して責任を追及するのは、書き込んだ者を特定するという面で、非常に難しい問題があります。そのためには、仮処分を活用して、IPアドレス等の開示を求め、そこからインターネット接続事業者に契約者情報を開示させるという煩雑な手続きを経なければなりません。
>
> ただし、責任追及ができても、一度書き込まれた記事内容は拡散し、事実上削除できません。最決平成29・1・31（LLI/DB判例番号L07210004—なお、LLIは判例・論文・評釈を相互にリンクさせたデータベース）は、検索結果に表示された犯罪歴の削除について、厳格な要件を示しました。名誉毀損罪は立件数こそ少ないものの、深刻な被害をもたらしかねないのです。近年、「忘れられる権利」も唱えられるなど、インターネットの発展とともに、それを巡る法律問題は多様性を極めています。

知識を確認しよう

問題

(1) 名誉毀損罪が不処罰となる場合について、説明しなさい。
(2) インターネットの普及は名誉に対する罪にどのような影響を及ぼすと考えられるか。

解答への手がかり

(1) 刑230条の2は、真実性の証明ができた場合に不処罰とされる。一方、行為者が真実だと思ったが、真実でなかった場合は、刑230条の2は適用されないが、合理的な理由に基づき真実と信じたところ、誤信であったような場合は、故意が阻却される。
(2) インターネットで名誉を毀損する書き込みをすれば、公然性を充たすため、インターネットの世界では名誉毀損罪が成立しやすい環境にある。インターネット上の名誉毀損については、構成要件該当性を慎重に検討していく必要があろう。

第 5 章 信用および業務に対する罪

本章のポイント

1. 本章の罪は人の経済生活を保護するための規定である。したがって、人の社会的評価ないし社会的活動の自由を保護することに加えて、人の財産を保護しようとする性格をあわせてもつ。
2. 信用に対する罪は、経済的側面から見た人の社会的評価を害するものである。その意味では名誉に対する罪と同様の性質をもつが、他方では財産に対する侵害を伴うことが多いことから、財産罪の性質をあわせてもつものといえる。
3. 業務に対する罪は、人の社会的活動の自由を保護するものである。ここでいう業務には、経済的な活動の側面を有するものだけでなく、人格的な活動の自由としての性質をもつものも多く含まれている。

1 信用毀損罪

A 総説
本罪は、人に対する社会的評価のうち経済的信用という側面を保護しようとするものである。したがって社会的評価の保護を図るという点で名誉に対する罪と同じ性質を有しているが、同時に人の経済的な評価を低下させることは財産の侵害を伴うことが多いため、財産に対する罪としての性質を合わせてもつ（大判大正5・6・26刑録22-1153）犯罪とされてきた。

B 信用毀損罪

> 233条（前段）虚偽の風説を流布し、又は偽計を用いて、人の信用を毀損した者は、3年以下の懲役又は50万円以下の罰金に処する。

[1] 客体
人の「信用」である。ここでいう「人」には自然人だけではなく法人などの団体も含まれる。

信用について、判例はこれまで経済的信用（大判明治44・2・9刑録17-52）すなわち人の支払能力または支払意思に関する他人の信頼（大判大正5・6・26刑録22-854）をいうものとしてきた。しかし近年になって最高裁は、信用には「人の支払能力又は支払意思に対する社会的な信頼に限定されるべきものではなく、販売される商品の品質に対する社会的な信頼」も含まれる（最判平成15・3・11刑集57-3-293）とした。

[2] 行為
「虚偽の風説を流布し」、または「偽計を用いて」「信用を毀損」することである。

(1) 虚偽の風説の流布
虚偽の風説とは、客観的事実とは異なる内容の事項をいう（大判明治44・

12・25刑録17-2317)。行為者が真実と信じた場合であっても、客観的事実に反する事項は虚偽にあたるとするのが通説である。流布とは、不特定または多数の者に伝播させることである。伝播することを認識しているならば特定または少数の者に告げても流布となる（大判大正5・12・18刑録22-1909）。

(2) 偽計

偽計については業務妨害罪の項目で述べる。なお、偽計による信用毀損が認められたものとして、駅弁が不潔・非衛生的でハエの卵が入っているとの不実の事項を鉄道当局に葉書で知らせたという事案がある。ただしこの行為は偽計業務妨害罪にもあたるとした（大判昭和3・7・14刑集7-8-490）。

(3) 毀損

毀損とは、人の経済的信用を低下させることをいう。ただし現実に低下したことは必要なく、本罪を抽象的危険犯ととらえるのが多数説であり、判例も具体的危険や侵害結果の発生を要しないとしている（大判大正2・1・27刑録19-85）。

2 業務妨害罪

A 総説

業務妨害罪の罪質は、主として経済生活の保護を図るところにあるという点で、基本的に信用毀損罪と同じものとしてとらえられている。しかし学説の中には、業務妨害罪は広く社会的活動の自由の保護にあるとして、社会的評価のうちの経済的側面を保護する信用毀損罪とは明確に区別しようとする見解もある（大谷141、中森71）。

B 業務妨害罪

> 233条（後段）虚偽の風説を流布し、又は偽計を用いて、人の業務を妨害した者は、3年以下の懲役又は50万円以下の罰金に処する。
> 234条　威力を用いて人の業務を妨害した者も、前条の例による。

[1] 客体
(1) 業務

人の「業務」である。業務とは、人が職業その他の社会的地位に基づき継続的に行う事務をいう（大判大正10・10・24刑録27-643）。営利活動や経済的活動に限られるのではなく政治的・文化的活動なども含まれる。一方、本罪は社会的活動の保護を図るものであるゆえに日常家庭生活上の行為は業務とはならない。

適法でない業務であっても本罪は成立しうる。最高裁は、東京都が行政代執行の手続をとらないホームレスが住居として使用する段ボールを強制撤去した事案について、「やむをえない事情に基づくものであって、業務妨害罪としての要保護性を失わせるような法的瑕疵があったとは認められない」として、刑法上の保護に値するとした（最決平成14・9・30刑集56-7-395〔新宿ホームレス退去妨害事件〕）。

(2) 業務と公務

公務員の行う業務は公務でもあるため、これを妨害した場合には公務執行妨害罪となるか業務妨害罪となるか検討する必要がある。そこで業務と公務の関係については、①無限定積極説、②消極説、③限定積極説、④公務振分け説に分かれるが、判例は③によっている。たとえば、国鉄職員が行う業務は民間鉄道会社と同じものであるとして、威力による妨害行為についても業務妨害罪の成立を認め（最大判昭和41・11・30刑集20-9-1076）、さらに妨害の対象が「強制力を行使する権力的公務」にあたるか否かを判断の基準とし（最決昭和62・3・12刑集41-2-140）、その後も維持されている[1]（最決平成12・2・17刑集54-2-38）。

[2] 行為

業務妨害罪の手段は、①虚偽の風説の流布、②偽計、③威力である。なお、①については信用毀損罪で前述した。

(1) 偽計

偽計には、人を欺き、または人の錯誤や不知を利用することだけではなく、相手方を不当に困惑させるものや、機械などに対して働きかける行為も含まれる。たとえば、店の営業中に多数回にわたって無言電話をかけ続

けること（東京高判昭和 48・8・7 刑月 6-2-118）も偽計であり、公衆電話機にマジックホンという機器を取り付けて電話料金が掛からないようにすることも偽計となる（最決昭和 59・4・29 刑集 38-6-2584）。

(2) 威力

威力とは、「人の意思を制圧するような勢力」を用いることをいう（最判昭和 28・1・30 刑集 7-1-128）。暴行や脅迫だけでなく、地位や権勢を利用することも含まれる。卒業式の国歌斉唱の際に起立しないように大声で呼びかけて場内を喧噪状態に陥れたこと（最判平成 23・7・7 刑集 65-5-619）等が威力である。また、直接人に向けられたものでない場合、労働争議中に業務を阻止するため貨車の石炭を落下放散させたこと（最判昭和 32・2・21 刑集 11-2-877）や店舗の前の道路上に多数の家具等を置くこと（最決昭和 40・9・3 裁判集刑事 156-311）等も威力となる。

C 電子計算機損壊等業務妨害罪

> 234 条の 2　1 項　人の業務に使用する電子計算機若しくはその用に供する電磁的記録を損壊し、若しくは人の業務に使用する電子計算機に虚偽の情報若しくは不正な指令を与え、又はその他の方法により、電子計算機に使用目的に沿うべき動作をさせず、又は使用目的に反する動作をさせて、人の業務を妨害した者は、5 年以下の懲役又は 100 万円以下の罰金に処する。
> 2 項　前項の罪の未遂は、罰する。

[1] 客体

「人の業務に使用する電子計算機」である。刑法典には「電子計算機」の定義規定はないが、独立して情報の処理等を広汎にできる機器を指す。機器の一部のみを制禦する機能しかないもの、たとえばパチンコ台のロム（福岡高判平成 12・9・21 判時 1731-131）等は含まれない。

「電磁的記録」については定義規定があり（7 条の 2）、データ等のことをいう。

[2] 行為

妨害の手段は、①電子計算機・電磁的記録の損壊、②電子計算機への虚偽の情報もしくは不正な指令の入力、③その他の方法による行為、である。

損壊には、物理的な破壊だけでなく、ホームページ上のデータを消去すること（大阪地判平成9・10・3判タ980-285）等も含まれる。虚偽の情報もしくは不正な指令を与えるものしては、虚偽のデータを入力させることやプログラムを改竄することなどが挙げられる。その他の方法には、ケーブルの切断やコンピュータが機能しない温度等に置くこと、処理しきれないデータを入力等すること（前田143、山口167）がある。

[3] 妨害の結果

立案当局は、妨害のおそれが生じた状態であれば本罪は成立するとしている[2]が、コンピュータによる業務の遂行に多少とも支障が生じたことが必要であるとする見解もある（西田133）。他人のパスワードを不正に入手して利用する行為は、コンピュータの動作の阻害を生じさせるものでなければ妨害とはならず、不正アクセス禁止法に触れるにとどまる（前田144注21）と考えるべきであろう。

注）

1) ネットで虚偽の殺人予告があったために警察が捜査・警邏等を行なった事案についても、威力業務妨害罪が成立するとしたものがある（東京高判平成21・3・12高刑集61-1-21）。
2) 米沢慶治編『刑法等一部改正法の解説』（立花書房、1988年）103。

知識を確認しよう

問題
(1) 信用毀損罪、業務妨害罪、電子計算機損壊等業務妨害罪のそれぞれの罪質を述べなさい。
(2) 業務妨害罪と公務執行妨害罪について、その客体や手段の違いなどを挙げつつ両罪の関係を説明しなさい。

解答への手がかり
(1) 学説を整理することは多少困難ではあるが、自由に対する罪、名誉に対する罪、財産に対する罪、さらには社会的法益に対する罪などの保護法益と比較しながら検討する必要がある。また、本章の犯罪が規定された経緯や社会的状況などもあわせて考えることも重要であろう。
(2) 業務と公務の関係についての諸説を検討するにあたっては、法条競合や観念的競合等の罪数に関する知識がなければ理解しにくいので注意すべきである。

第6章 財産に対する罪

本章のポイント

1. 財産は人間の生存、生活を支える重要なものである。それを害する犯罪も頻発する。そこで、財産に対する罪（財産罪）は、刑法各論の中で重要な地位を占めることになる。
2. 刑法典には、いろいろなタイプの財産罪とその関連事項が規定されている（235-264条）。まず、これらの罪の共通点と相違点、相互の関係を理解する必要がある。その意味で、財産罪の分類は重要である。つぎに、財産罪の基本概念を理解する必要がある。
3. 財産罪を理解するためには、民法を理解することが不可欠である。また、財産罪の規定を解釈するについて民法の解釈をどこまで考慮すべきかは、重要な問題である。

1 総説

A 財産に対する罪（財産罪）の概要
[1] 財産保護の必要性
　財産は、人間の生存、生活、あるいは経済活動に必要不可欠で、かつ、人間に支配可能なものである。生存に必要なものとしては、飲食物、衣類、住居といったものが挙げられる。こうしたものを入手するための争いは古来絶えない。生存に必要なものが確保され、ある程度余裕ができると、より快適な暮らしに必要なものが求められるようになる。また、財産を取得し増やす経済活動に必要なもの（金銭、債権など）も財産としての重要性を帯びることになる。保護を必要とする財産の範囲は社会の発展にしたがって拡張される。

　現代社会においては、たとえば、著作権や営業秘密も特別刑法によって保護されている（著作権法119条、不正競争防止法21条参照）。刑法典では、比較的基本的な財産を保護するために、235条以下に財産に対する罪—財産罪（財産犯ともいう）に関する規定が設けられている。

[2] 刑法235条以下の財産罪の概観
　他人の物を盗み取る窃盗は原初的な財産罪といえる。暴力を用いて奪い取る強盗も同様である。こうした犯罪に対処するために、窃盗の罪、強盗の罪に関する規定が置かれている（235条・236条など）。

　財産を持っている者が他人と取引をする場面では、取引の過程において財産をだまし取ったり脅し取ったりすることを規制しなければならない。そこで、詐欺の罪、恐喝の罪に関する規定が置かれている（246条・249条など）。

　財産を持っている者が他人に財産を預けたり、他人を使って財産を運用したりする場面では、他人の裏切りによって財産が害されないようにする必要がある。そこで、横領罪、背任罪の規定が置かれている（252条・253条・247条）。

　盗品を買い取って転売し利益をあげるといった行為は、本来の権利者に

よる盗品の取戻を困難にし、また、窃盗などを助長するという点で、財産に対する脅威となる。そこで、盗品関与罪の規定が置かれている（256条）。

　他人の財産を使えなくする行為（毀棄、隠匿）は、自分のものにする意図がなくても財産を害する行為であることにかわりはない。そこで、法定刑は比較的軽いものの、毀棄の罪、隠匿の罪に関する規定が置かれている（258条以下）。

[3] 民法との関係の考慮

　財産罪の規定の解釈・適用にあたっては、民事法――とりわけ民法（の解釈）との関係を考慮する必要がある。所有権、抵当権、債権などの内容と帰属は、基本的に民法によって定められる。民法の理解なくして財産罪の規定の適切な解釈・適用をすることはできない。

　また、民法上認められない「財産」を事実上害した場合に財産罪の成立を肯定してよいか、という問題はしばしば登場する[1]。判例にはこれを肯定する傾向がみられる（たとえば、不法原因給付と横領罪の成否に関する最判昭和23・6・5刑集2-7-641）。それでも、民法との整合性をはかり、刑法的保護の必要な範囲を確定する努力を怠るべきではない。民法に対する「刑法の独立性」（あるいは「刑法の独自性」）を唱えるだけでは問題の解決にはならない。

B　財産に対する罪の分類

[1] 財物罪と利益罪

　財物罪は、財物（条文上は「物」と表記されることもある。たとえば、252条）を客体とする罪である。利益罪（利得罪）は財産上の利益を客体とする罪である。財物、財産上の利益の意義については後述する。

　強盗罪、詐欺罪、恐喝罪の条文（236条・246条・249条）を見ると、1項が財物罪の規定、2項が利益罪の規定になっている。このような2項の罪（2項犯罪）を2項強盗罪、2項詐欺罪、2項恐喝罪とよぶ（強盗利得罪、詐欺利得罪、恐喝利得罪といったよび方もある）。

[2] 個別財産に対する罪と全体財産に対する罪

　個別財産に対する罪は、個々の財産を害する罪である。窃盗罪（235条）

など多くの犯罪がこれにあたる。全体財産に対する罪は、全体としての財産を害する罪である。背任罪（247条）がこれにあたる。

両者の違いは、個々の財産を失わせても相当な対価を提供するなどして全体財産を害していないような場合に犯罪の成立を肯定するか、にかかわる。他人の宝石を盗む際に時価相当額の現金を置いていっても窃盗罪は成立する。これに対し、融資担当者が他人の資金を融通しても、十分な担保の提供など他人への反対給付があるときは、背任罪における「財産上の損害」（247条）が認められないということがある。

[3] 毀棄罪と領得罪

毀棄罪は、財産を毀損する罪である。器物損壊罪（261条）などがこれにあたる。

領得罪は、財産を取得する罪である。財産によって得られる利益を享受する罪であるともいえる。窃盗罪（235条）や横領罪（252条）などがこれにあたる[2]。領得罪については、毀棄罪との区別のために、主観的構成要件要素として不法領得の意思が要求される。不法領得の意思については後述する。

[4] 奪取罪―盗取罪と交付罪

領得罪のうち、占有移転をともなうものを奪取罪（占有移転罪）という。奪取罪には、①相手方の意思に反して占有を移転する盗取罪（窃盗罪、不動産侵奪罪、強盗罪）と②相手方の（瑕疵ある）意思に基づく交付行為によって占有を移転する交付罪（詐欺罪、恐喝罪）とがある。

奪取罪と異なる領得罪として、横領の罪がある。横領の罪の客体は相手方（他人）の占有していない物である。そうなると、その物は、①自己の占有に属しているか、②誰の占有にも属していないか、のどちらかである。そのうち、委託に基づいて自己の占有に属する物を領得する罪が横領罪（252条）、業務上横領罪（253条）であり、委託に基づかずに自己の占有に属する物（たとえば、誤配達された郵便物）か、誰の占有にも属していない物（たとえば、公道上に落ちている財布）を領得する罪が遺失物等横領罪（254条）である。図示すると図6-1のようになる。占有については後述する。

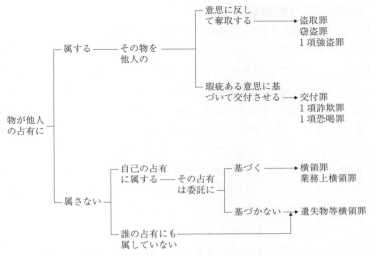

図 6-1　財物の占有と盗取罪等との関係

2　窃盗および強盗の罪

A　総説
[1]　窃盗および強盗の罪の性質
　窃盗罪、強盗罪は、盗取罪である。窃盗事犯の件数は極めて多いものの、万引きなどの比較的軽微なものが含まれることもあって、直ちに厳罰に処すというわけには行かない。235条は罰金刑に処することもできるようにしている。これに対し、強盗は、相手方の反抗を抑圧するに足りる暴行・脅迫を用いることから、財産的法益にとって脅威となり、人の生命・身体・自由といった法益をも害するので、違法性が高く、強い責任非難が向けられてしかるべき犯罪行為である。そこで、刑法は、重い法定刑をもってのぞみ（236条参照）、強盗行為にともなって人を死傷させたような場合には、240条、241条によって、さらに重い刑を科するようにしている。

[2] 財産的法益——本権説と所持説

　窃盗罪、強盗罪（さらに、詐欺罪や恐喝罪）の財産的法益について、本権説と所持説とが対立する。

　本権説は、占有の基礎となっている本権（占有を正当化する権利——たとえば、所有権や賃借権）が究極的には保護法益であるとする。したがって、本権説からは、①たとえば、235条の「他人の」とは、他人が本権に基づいて財物を占有していることを意味し、②242条の「他人が占有し」とは、他人が本権に基づいて占有していることを意味する、ということになる。

　所持説は、事実上の占有（所持）が保護法益であるとする。したがって、所持説からは、①たとえば、235条の「他人の」とは、他人が財物を所持していることを意味し、②242条の「他人が占有し」とは、他人が所持していることを意味する、ということになる。

　財物を盗み出して所持している者（盗人）から（被害者または第三者が）当該財物を窃取した場合、窃盗罪の構成要件に該当するか。本権説によれば否定され、（ただし、第三者が窃取した場合には窃盗罪の成立を認める見解〔団藤568〕もある）、所持説によれば肯定されることになる（ただし、被害者が財物を取り戻すために実行したような場合は、事案により違法性が阻却されることがありうる）。

　判例は、所持説的な考えを示している（最決昭和35・4・26刑集14-6-748、最決平成1・7・7刑集43-7-607）。学説においては、「平穏な占有」（平野206）、「一見不法な占有とみられない占有」（大塚182）、「合理的理由のある占有」（西田155）といったものが保護法益であるとする中間説が有力である。

[3] 客体——財物と財産上の利益

(1) 財物

　窃盗罪など財物罪の客体は、財産的価値のある物である。条文では、「財物」（235条・236条1項・246条1項・249条1項）あるいは「物」（252条1項・253条・256条・261条）と表記されている。

　財産的価値には、客観的価値のほかに主観的価値が含まれる。客観的な交換価値がなくても主観的な使用価値があればよい。また、積極的な使用価値がなくても、他人の手に渡らないようにするといった消極的価値があれば、財産的価値はあるといえる。使用済みの印紙も財物にあたる（最決昭

和30・8・9刑集9-9-2008)。

　所有・所持が法律上禁止されている禁制品であっても、事実上所持して利益を得られるものである以上、財物にあたる(私人の所持が禁じられている隠匿物資の詐取につき、最判昭和24・2・15刑集3-2-175)。

　生きている人間の肉体は財物ではない。しかし、人体から分離した物(毛髪、血液、臓器など)は財物足りうる。もっとも、人になりうる受精卵などについては問題がある。また、人間の死体、遺骨、遺髪や棺内収納物については、190条の罪、191条の罪との関係もあって、財物性を肯定できるか問題がある。裁判例には、戦災死亡者仮墳墓の死体から脱落した金歯の財物性を肯定したものがある(東京高判昭和27・6・3高刑集5-6-938)。

　財物は、有体物(有体性のあるもの―固体、液体、気体)のみを意味するのか(有体物説、あるいは有体性説)、有体物に限らず管理可能なものを意味するのか(管理可能性説)、について争いがある。古い判例には、有体物にあたらない電流について、五官の作用により存在を認識でき、容器に蓄積して移動する等任意に支配できるといったことから、旧刑法366条の「所有物」にあたる旨判示したものがある(大判明治36・5・21刑録9-874)。旧刑法には電気を財物とみなすといった規定(現行刑法245条にあたるもの)はなかった。現行刑法は、窃盗および強盗の罪について245条を置き、これを詐欺および恐喝の罪についても準用している(251条)。しかし、横領の罪などについては準用規定がなく、電流を横領する行為が横領罪にあたるか、については議論の余地がある。近時は、①電気を財物とみなす規定を置いているということは電気は本来は財物ではないということを意味している、②罪刑法定主義の見地から厳格解釈が要請される、といったことから、有体物説が有力になっている(大谷184、西田140、山口173)。なお、情報について、裁判例は、情報が記載・入力された媒体を財物としており、情報自体を財物としてはいない(東京地判昭和59・6・28刑月16-5＝6-476、札幌地判平成5・6・28判タ838-268)。

(2) 財産上の利益

　2項強盗罪(236条2項)をはじめとする2項犯罪(246条2項・249条2項)の客体である「財産上の利益」の範囲は、財物のそれに比して極めて不明確である。近時は、財産上の利益を得たといえるためには、1項の財物の

移転と同視できるような財産的利益の移転の具体性、確実性を必要とする、といったこともいわれている（西田 174）。そうなると、そのような具体性、確実性のある移転の認められないものは財産上の利益にあたらないということにもなる。

　裁判例には、キャッシュカードを窃取した者が暴行・脅迫を加えて被害者から暗証番号を聞き出した場合につき、ATM を通して預貯金の払戻を受けうる地位という財産的利益を得たものといえるとして、2項強盗罪の成立を肯定したものがある（東京高判平成 21・11・16 判時 2103-158）。しかし、相続開始による財産の承継や（東京高判平成元・2・27 高刑集 42-1-87）企業経営者の「経営上の権益」は（神戸地判平成 17・4・26 判時 1904-152）財産上の利益にはあたらず、取得するために被相続人や企業経営者を殺害しても2項強盗殺人罪は成立しないとされている。

　債務の履行免脱の場合について、判例には、タクシー運転手に暴行を加えて料金支払を免れた場合につき2項強盗罪となるとしたもの（大判昭和6・5・8 刑集 10-205）、借金返済の督促を受けた者が貸主の殺害をはかった場合につき2項強盗殺人未遂罪となるとしたもの（最判昭和 32・9・13 刑集 11-9-2263）がある。裁判例には、債権者側による債権行使を不可能もしくは著しく困難にしたときのほかに、履行期の到来または切迫等のために速やかな債権行使を相当期間不可能にしたときにも財産上の利益を得たと認められるとしたものがある（大阪高判昭和 59・11・28 高刑集 37-3-438）。もっとも、家賃等の滞納を理由にアパートからの退去を迫る家主を刺殺した場合につき、「明日退去せずに済むことになる」という程度の考えでは得られる利益の内容が抽象的にすぎ、236条1項における「他人の財物」と同視できる程度に具体的な利益を意識していたとはいえないとして、（2項強盗殺人罪ではなく）殺人罪が成立するとしたものもある（鹿児島地判平成 24・3・18 判タ 1374-242)[3]。

　なお、2項詐欺罪関係の判例には、欺罔により何らかの具体的措置をともなう督促、要求をしなかったような場合に財産上の利益を得たといえるとするものや（最判昭和 30・4・8 刑集 9-4-827）、取得した財産上不法の利益が債務の支払を免れたことであるとするには欺罔により債務免除の意思表示をさせることを要するとしたものがある（最決昭和 30・7・7 刑集 9-9-1856）。

覚せい剤取引の際の覚せい剤引渡債務や代金支払債務のような「不法債務」（民法上無効な債務）の履行を免脱することは財産上の利益を得たことになるのか。

2項強盗罪関係の判例はこれを肯定し、麻薬購入資金の委託者を殺害して委託された金員の返還を免れた場合は2項強盗殺人罪となり（最判昭和35・8・30刑集14-10-1418）、覚せい剤の返還ないし代金の支払を免れるために売主を射殺しようとした場合は2項強盗殺人未遂罪となる（最決昭和61・11・18刑集40-7-523）とする。

不法債務の履行免脱の場合、2項強盗罪が成立するかについて、学説には、a説：本罪の客体は私法上保護されるものに限らないとして肯定するもの（前田196）、b説：一応適法とみられる利益であれば保護に値するとして肯定するもの（大谷190）、c説：債務の無効または不存在が明らかであるような場合にまで成立を肯定するのは不当であるとするもの（西田176）などがある。

なお、裁判例には、売淫料の支払を免れた場合（札幌高判昭和27・11・20高刑集5-11-2018、福岡高判昭和29・3・9高刑判特26-70）や賭金の支払を免れた場合（東京地判昭和37・7・17判タ136-59）について、2項詐欺罪の成立を否定したものがある。この問題については不法原因給付と詐欺罪・恐喝罪のところで述べる。

[4] 占有

(1) 総説

刑法上の占有とは、客体を事実的に支配・管理している状態をいう。占有の有無・帰属は、占有の事実（客観的な支配状態）と占有の意思を総合的に考慮して、社会通念により決することになる（最判昭和32・11・8刑集11-12-3061参照）。

(2) 占有の有無

物を現に手に持っているとか監視しているとかいうことがなくても、事実的支配領域内にあれば、占有しているといえる。この事実的支配領域の範囲はかなり広い。裁判例によれば、震災の際に避難者が道路に搬出した物の占有は避難者にあり（大判大正13・6・10刑集3-473）、海中に落とした物

の占有は、落し主が落下場所のだいたいの位置を人に指示してこれを引き揚げられるときは落し主にあり（最決昭和32・1・24刑集11-1-270）、習性として所有者の下に帰るのを常としている飼犬の占有は所有者にあり（最判昭和32・7・16刑集11-7-1829）、事実上自転車置場になっている橋の上に置いた自転車の占有は14時間経過した後でも置いた者にある（福岡高判昭和58・2・28判時1083-156）。もっとも、河川の砂利について河川管理者である地方行政庁（職員）が占有しているとはいえないとしたものもある（最判昭和32・10・15刑集11-10-2579）。

　物の位置を失念していても事実的支配領域内にあれば占有しているといえる。裁判例によれば、物を見失っても、それが実力支配を及ぼすことのできる屋内にあるときは占有しているといえ（大判大正15・10・8刑集5-440）、被害者の雇人が屋内に取り入れることを失念して自宅から1.55メートル離れた地点に立てかけたままにしておいた自転車の占有は被害者にあり（福岡高判昭和30・4・25高刑集8-3-148）、写真機を置き忘れた被害者が約5分後に約19.58メートル離れた地点で気づいて引き返したという場合、写真機はなお被害者の実力支配内にあったといえ（最判昭和32・11・8刑集11-12-3061）、ポシェットを置き忘れた被害者が約2分後に約27メートル離れた地点で気づいて引き返したという場合も、ポシェットの占有はなお被害者にあるといえる（最決平成16・8・25刑集58-6-515）。もっとも、スーパーマーケットの6階に札入れを置き忘れて地下1階まで移動した被害者が約10分余り経過した後に気づいて引き返したという場合について、被害者の占有を否定したものもある（東京高判平成3・4・1判時1400-128）。

　ある者の占有が失われてもその物の所在場所の管理者などの占有が認められることがある。裁判例によれば、宿泊者が旅館内で遺失した財布は旅館主の占有に属し（大判大正8・4・4刑録25-382）、銀行員が事務室内に遺留した金銭は銀行建物の管理者の占有に属し（大判大正11・9・15刑集1-450）、ゴルファーがゴルフ場内の人工池に打ち込んだロストボールはゴルフ場の管理者の占有に属し（最決昭和62・4・10刑集41-3-221）、公衆電話機内に遺留された硬貨は電話局長等の占有に属する（東京高判昭和33・3・10高刑裁特5-3-89）。もっとも、列車内に遺留された物につき当然に鉄道係員の占有に属するとは認められないとしたものもある（大判大正15・11・2刑集5-491）。

占有者の死亡後も占有は継続するか——とくに、（財物奪取の意図なく）占有者を殺害した者が占有者の死亡後に領得意思を生じて財物を奪取した場合、窃盗罪が成立するか、遺失物等横領罪が成立するか、という問題がある（「死者の占有」の問題）。判例には、人を殺害した後、領得の意思を生じて犯行直後その現場において腕時計を奪取した行為は窃盗罪を構成するとしたものがある（最判昭和41・4・8刑集20-4-207）。ただし、裁判例には、当該事案においては占有が失われているとしたものもみられる（東京地判昭和37・12・3判時323-33、新潟地判昭和60・7・2刑月17-7＝8-663）。学説には、a説：被害者の生前の占有を侵害したと考えて窃盗罪が成立するとするもの（団藤572、大塚187、板倉101）、b説：被害者の死亡によりその占有は失われたと考えて遺失物等横領罪が成立するとするもの（大谷208、西田146）などがある。なお、被害者の殺害に関与していない第三者が財物を領得した場合は、a説をとるものも遺失物等横領罪が成立するにすぎないとする（団藤572、大塚187、板倉101）。

(3) 占有の帰属

　物を直接支配・管理している者とは別の者に占有が帰属しているということがある。たとえば、大学の教室内の備品の占有は学生や教員にではなく備品の管理権者にある。したがって、備品を管理権者の意思に反して領得すると（横領罪ではなく）窃盗罪が成立することになる（なお、管理権者でない者の承諾があっても犯罪の成否に影響しない）。

　裁判例によれば、店頭にある商品の占有は主人にあって雇人にはなく（大判大正3・3・6新聞929-28）、農業会の保管する政府管理米の占有は保管業務の補助者である倉庫係にはなく（大判昭和21・11・26刑集25-50）、旅館が客に提供した丹前、浴衣の占有は（着用している客にではなく）所有者（旅館主）にあり（最決昭和31・1・19刑集10-1-67）、被害者が近くの店に弁当を買いに行く際に同僚に預けた鞄の中の現金の占有は被害者にあり（東京高判昭和59・10・30刑月16-9＝10-679）、区役所内の所定の場所でのみ閲覧が許される住民基本台帳閲覧用マイクロフィルムの占有は（閲覧者にではなく）区役所側の者にある（札幌地判平成5・6・28判タ838-268）。もっとも、郵便集配人が配達のために携行する郵便物の占有は郵便集配人にあって郵便局長にはないとされている（大判大正7・11・19刑録24-1365）。なお、銀行支店内の現金自動支払

機内の現金の占有は（キャッシュカードを所持する預金者にではなく）銀行（支店長）にあり、正当な払戻権限のない預金者が現金を引き出した場合は窃盗罪が成立するとしたものがある（東京高判平成6・9・12判時1545-113）。

　包装・封緘されて預けられた物の占有は誰に帰属するのか——たとえば、Aが鞄に入れて甲に預けた現金を甲が鞄を開けて領得したという場合、現金の占有は、①Aに帰属しているので窃盗罪が成立するのか、②甲に帰属しているので横領罪が成立するのか（包装物・封緘物の占有の問題）。判例は、鞄の錠を開いて中の衣類を盗った場合（大判明治41・11・19刑録14-1023）、行嚢の封印を破棄して中の郵便物を盗った場合（大判明治44・12・15刑録17-2190）、郵便集配人が封書を開いて中の小為替証書を取り出し奪取した場合（大判明治45・4・26刑録18-536）、縄掛け梱包した行李から梱包を解いて中の衣類を盗った場合（最決昭和32・4・25刑集11-4-1427）につき、窃盗罪が成立するとしているので、①のような考えであるといえる。もっとも、判例は、郵便集配人が郵便物自体を領得した場合、業務上横領罪になるとしているので（前掲、大判大正7・11・19刑録24-1365）、判例の考えによると、甲が鞄ごと現金を領得した場合は横領罪に問われることになるのではないか（それでは、鞄ごと領得した方が法定刑の軽い横領罪に問われることになって不合理ではないか）という疑問が生じる。学説には、a説：鞄ごと領得した場合は横領罪、中の現金を領得した場合は窃盗罪が成立するとするもの（大谷211）、b説：いずれの場合も窃盗罪が成立するとするもの（団藤570、大塚190、板倉100）、c説：いずれの場合も横領罪が成立するとするもの（林189）がある。

　なお、共同占有の場合、占有者の1人が他の占有者の同意を得ることなく財物を単独占有に移して領得する行為は窃盗罪を構成する（大判大正8・4・5刑録25-489）。他の占有者の占有を害していることには変わりがないからである。

[5] 不法領得の意思

　毀棄罪の法定刑よりも領得罪のそれが概して重いのは、不法に他人の物を自己のものにするところに高い可罰性が認められるからである。そこで、領得罪においては、不法領得の意思が主観的構成要件要素とされる。そして、不法領得の意思によって、①無断一時使用（窃盗罪なら「使用窃盗」とよば

れるもの）の処罰を否定したり、②毀棄罪と領得罪のどちらの行為にあたるかを区別したりすることになる（たとえば、甲がAの手から時計を取ったという場合、甲が窃盗罪の実行に着手したのか器物損壊罪の実行に着手したのかは、不法領得の意思の有無によって決定されることになる）。

　もっとも、不法領得の意思の内容をどのようなものにするかは、犯罪によって異なり（窃盗罪と横領罪とでは異なる）、論者によって異なる。ここでは、主に窃盗罪の不法領得の意思について述べることにする（横領罪のそれについては同罪のところで述べる）。

　窃盗罪に関し、判例は、不法領得の意思の内容を「権利者を排除して他人の物を自己の所有物と同等にその経済的用法にしたがいこれを利用しまたは処分する意思」であるとしている（大判大正4・5・21刑録21-663、最判昭和26・7・13刑集5-8-1437）。

　窃盗罪にあたらない無断一時使用か否かが問題になった事案で、裁判例の多くは不法領得の意思を認めて窃盗罪の成立を肯定している（自動車等の無断使用に関し、最判昭和26・7・13刑集5-8-1437、最決昭和43・9・17裁判集刑事168-691、最決昭和55・10・30刑集34-5-357、景品と交換するためのパチンコ玉取得に関し、最決昭和31・8・22刑集10-8-1260）。自転車の無断使用につき否定した裁判例もある（京都地判昭和51・12・17判時847-112）。

　無断一時使用の場合に比して、毀棄・隠匿の意思があるような場合に不法領得の意思を認めなかった裁判例は多い（窃盗罪に関し、大判大正4・5・21刑録21-663、大判昭和9・12・22刑集13-1789、最判昭和28・4・7刑集7-4-762、広島地判昭和50・6・24刑月7-6-692、詐欺罪に関し、最決平成16・11・30刑集58-8-1005）。もっとも、得票数を増加させるために投票用紙を持ち出した場合や（最判昭和33・4・17刑集12-6-1079）フェチシズム嗜好を満足させるために下着を盗取した場合では（最決昭和37・6・26裁判集刑事143-201）、不法領得の意思が認められている。なお、物取りの犯行にみせかける等のために財物を奪った場合については、不法領得の意思を認めた裁判例（東京高判平成12・5・15判時1741-157）と認めなかった裁判例（大阪高判昭和61・7・17判タ624-234、東京地判昭和62・10・6判時1259-137）とがある。不法領得の意思が認められるか否かは、最終的には当該事案における事実認定によることになるのである。

B 窃盗の罪

[1] 総説

窃盗の罪としては、窃盗罪(235条)と不動産侵奪罪(235条の2)とがある。いずれも相手方の意思に反して客体の占有を取得する罪である。

未遂を罰する(243条)。親族間の犯罪に関する特例(244条)がある。

[2] 窃盗罪

> 235条 他人の財物を窃取した者は、窃盗の罪とし、10年以下の懲役又は50万円以下の罰金に処する。

(1) 客体

他人の財物である。不動産は、不動産侵奪罪の規定(235条の2)があることから、窃盗罪の客体から除外され、もっぱら不動産侵奪罪の客体になる。

(2) 行為

窃取である。窃取とは、相手方(財物の占有者)の意思に反して、財物を自己または第三者の占有(事実的支配)の下に移すことである。

相手方の反抗を抑圧する暴行・脅迫を用いて財物の占有を移転するなど強盗の罪(236条1項・238条・239条)に該当する行為をした場合は、強盗の罪が成立する(法条競合)。

(3) 着手時期

本罪の実行の着手は、判例によると、財物に対する他人の事実上の支配を害するにつき密接な行為をしたときに認められる(大判大正9・10・19刑集13-1473)。住居侵入窃盗の場合は、他人の家に侵入しただけでは着手は認められないものの(東京高判昭和24・12・10高刑集2-3-292)、物色行為を開始すれば、これを認めることができるとされる(最判昭和23・4・17刑集2-4-399、最決昭和40・3・9刑集19-2-69)。中にある物が財物だけで人がいない建物であるような場合は、建物に侵入しただけで着手が認められることがある(土蔵に侵入した事案について名古屋高判昭和25・11・14高刑集3-4-748)。駐車中の自動車内の金品を窃取するため自動車のドアを開けられる状態にしたときや(東京高判昭和45・9・8東高時報21-9-303)、駅の乗車券自動販売機から払い出される釣銭を窃取するために釣銭払出口に接着剤を塗ったときにも、着手

が認められている（東京高判平成 22・4・20 判タ 1371-251）[4]。

(4) 既遂時期

本罪は、他人の占有を害して財物を自己または第三者の占有（事実的支配）の下に移したときに既遂となる。他人の占有を完全に排除しなくても既遂に達しうる。判例によれば、店頭にある靴下を懐に入れたとき（大判大正 12・4・9 刑集 2-330）、他人の浴場内で指輪を発見し、後で取りに来ようと思って、浴室内の隙間に隠したとき（大判大正 12・7・3 刑集 2-624）は既遂となる。スーパーマーケット内の万引きについては、商品をポケットや袋に入れる、脇の下に挟むなど何らかの方法で隠せば、その時点で既遂である。商品を買物かごに入れて持ち出す場合は、レジの外側に持ち出した時点で既遂であるとした裁判例がある（東京高判平成 4・10・28 判タ 823-252）。パチスロ機からメダルを窃取するとかパチンコ玉遊技機からパチンコ玉を窃取する場合は、機械から排出させた時点で既遂である（東京地判平成 3・9・17 判時 1417-141、東京高判昭和 31・1・30 判タ 56-76）。自動販売機から現金を窃取する場合は販売機の扉を開けてコインホルダーを取り出した時点で既遂である（東京高判平成 5・2・25 判タ 823-254）。

[3] 不動産侵奪罪

> 235 条の 2　他人の不動を侵奪した者は、10 年以下の懲役に処する。

(1) 客体

他人の不動産（土地およびその定着物—民 86 条 1 項参照）である。

(2) 行為

侵奪である。侵奪とは、他人の占有を排除して自己または第三者の占有（事実的支配）の下に移すことをいう。もっとも、他人の占有を全面的に排除する必要はない。

判例によれば、「侵奪」にあたるかどうかは、具体的事案に応じ、不動産の種類、占有侵害の方法、態様、占有期間の長短、原状回復の難易、占有排除及び占有設定の意思の強弱、相手方に与えた損害の有無などを総合的に判断して、社会通念にしたがって決定される（最判平成 12・12・15 刑集 54-9-923）。不動産を適法に占有している者であっても、所有者に無断で建物

を建て直したりすると、侵奪したと評価されることがある。判例は、従来からある仮設店舗（鉄パイプの骨組みをビニールシートで覆って壁にしているもの）の骨組みを利用してシャワーや便器の設置された個室を8室持つ店舗を建築したという場合（最決平成12・12・15刑集54-9-1049）、板塀ないしトタン塀で囲まれていた土地を利用していた者がコンクリートブロック塀で囲まれた倉庫を築造した場合（最決昭和42・11・2刑集21-9-1179）、土地上に大量の廃棄物を堆積させた場合（最決平成11・12・9刑集53-9-117）につき本罪の成立を肯定している（否定した裁判例として、大阪高判昭和41・8・9高刑集19-5-535、東京高判昭和53・3・29高刑集31-1-48がある）。

［4］親族間の犯罪に関する特例（親族相盗例）

> 244条1項　配偶者、直系血族又は同居の親族との間で第235条の罪、第235条の2の罪又はこれらの罪の未遂罪を犯した者は、その刑を免除する。
> 2項　前項に規定する親族以外の親族との間で犯した同項に規定する罪は、告訴がなければ公訴を提起することができない。
> 3項　前2項の規定は、親族でない共犯については、適用しない。

(1) 本条の性質

本条は、窃盗罪、不動産侵奪罪（未遂罪を含む）についての規定である。詐欺および恐喝の罪や横領の罪に準用される（251条・255条）。

本条1項は、親族間の一定の財産罪については刑罰権行使を差し控え、親族間の自律に委ねる方が望ましいという政策的な考慮に基づいて規定されたものである（最決平成20・2・18刑集62-2-37）。「法は家庭に入らない」という思想に基づくものともいわれる。

(2) 本条の適用範囲

本条の親族関係は民法の定めるところによる（民725条参照）。

判例は、内縁の配偶者について本条の適用を否定している（最決平成18・8・30刑集60-6-479）。また、詐欺の手段として婚姻届を出した場合、婚姻は無効であって本条は適用されないとした裁判例がある（東京高判昭和49・6・27高刑集27-3-291）。

判例は、窃盗に関し、本条1項が適用されるためには、親族関係は、財物の占有者との間のみならず、所有者との間にも存しなければならないとする（最決平成6・7・19刑集48-5-190）。

判例は、横領に関し、家庭裁判所から選任された未成年・成年後見人と被後見人との間に親族関係があっても、本条1項は（255条により）準用されないとする（未成年後見人に関し最決平成20・2・18刑集62-2-37、成年後見人に関し最決平成24・10・9刑集66-10-981）[5]。

(3) 本条の親族関係に関する錯誤

親族関係に関する錯誤がある場合（たとえば、父親の物だと誤信して親族関係にない者の物を窃取したような場合）、38条2項によって刑を免除できるか。裁判例には、肯定したもの（広島高岡山支判昭和28・2・17高刑判特31-67）と否定したもの（大阪高判昭和28・11・18高刑集6-11-1603）とがある。学説としては、本条1項を政策的に一身的刑罰阻却事由を定めたものと解する立場から、親族関係に関する錯誤は故意に影響しないとするものが有力である（大谷225、前田182）。

C　強盗の罪

[1] 総説

強盗の罪としては、基本となる強盗罪（236条）のほかに、準強盗罪として、事後強盗罪（238条）、昏睡強盗罪（239条）、加重類型として、強盗致死傷罪（240条）、強盗強姦罪および強盗強姦致死罪（241条）がある。

未遂を罰する（243条）。また、予備を罰する（237条）。

[2] 強盗罪

> 236条1項　暴行又は脅迫を用いて他人の財物を強取した者は、強盗の罪とし、5年以上の有期懲役に処する。
> 2項　前項の方法により、財産上不法の利益を得、又は他人にこれを得させた者も、同項と同様とする。

(1) 客体

他人の財物（1項）または財産上の利益（2項）である。

(2) 行為

　暴行または脅迫を用いて、財物を強取するか（1項）、財産上の利益を得る（または他人に得させる）こと（2項）である。

　暴行・脅迫は、相手方の反抗を抑圧する程度のものであることを要する。強度の暴行・脅迫を用いて相手の意思に反し財産を奪うところに、窃盗罪や恐喝罪と異なる高度の違法性が認められ強い責任非難が加えられる（したがって、法定刑も重い）と考えられるからである。

　反抗を抑圧する程度の暴行・脅迫にあたるか否かは、行為者や被害者の状況、犯行現場の状況、暴行・脅迫の態様などを総合的に考慮して社会通念にしたがい、（被害者の主観によらないという意味で）客観的基準により判断される（最判昭和24・2・8刑集3-2-75）。典型例は銃器や刃物を使用して行う暴行・脅迫である。素手で暴行を加えた場合でも状況によっては本罪の暴行にあたるとされる（東京高判昭和29・10・7東高時報5-9-380）。ひったくり行為も同様である（最決昭和45・12・22刑集24-13-1882参照）。

　通常は反抗を抑圧する程度のものではないと認められる暴行・脅迫を「臆病」な被害者に（「臆病」であることを知りつつ）加えて反抗を抑圧し財物を奪取した場合につき、学説は、a説：強盗罪が成立するとするもの（大塚213、大谷229、板倉110）、b説：恐喝罪が成立するとするもの（西田169、前田186）に分かれている。

　暴行・脅迫の相手方は財物の占有者に限らず、占有移転の障害になる者であればよい。

　強取とは、暴行・脅迫により相手方の意思に反して財物を移転することをいう。暴行・脅迫により反抗を抑圧して財物を奪うというのが典型例である。刃物を突きつけてポケットから財布を出させるなど、相手方に財物を提供させる場合や相手方の知らないうちに財物を取るといった場合（最判昭和23・12・24刑集2-14-1883）も強取にあたる。相手方を殴りつけて気絶させ財物を奪うのも強取である。

　財物を奪ってから暴行・脅迫を加えてこれを確保する場合も強取にあたる（最判昭和24・2・15刑集40-7-523）。しかし、財物の占有を確保した後で暴行・脅迫を加えた場合は財物を強取したとはいえない（最決昭和61・11・18刑集40-7-523参照）。

反抗を抑圧する程度の暴行・脅迫を加えられた被害者が反抗を抑圧されることなく、畏怖して（あるいは憐憫の情などにより任意に）財物を渡した場合、強盗罪は既遂となるか。判例は、暴行・脅迫を加えることによって財物を移転すれば、被害者が精神、身体の自由を完全に制圧されなくても強盗罪（既遂）は成立するとする（最判昭和23・11・18刑集2-12-1614）。このような考えによるなら、既遂ということになる。学説には、a説：瑕疵ある意思に基づく財物の交付（または任意の交付）という結果を生じたにすぎないので未遂にとどまるとするもの（団藤588、大塚215）、b説：因果関係が否定されるから未遂にとどまるとするもの（大谷231、西田169）、c説：畏怖して財物を交付した場合は因果関係が肯定されるから既遂になるとするもの（板倉110、前田188）がある。

　強盗以外の目的で暴行・脅迫を加え、被害者の反抗を抑圧した後で財物を領得する意思を生じて財物を奪った場合、強盗罪になるか。裁判例は、領得意思を生じた後に（とりわけ、被害者が気絶したり死亡したりしていることから）新たな暴行・脅迫があったと認められないときは窃盗罪が成立するに過ぎないとしつつ（大判昭和16・11・11刑集20-598、最判昭和41・4・8刑集20-4-207、旭川地判昭和36・10・14下刑集3-9＝10-936、札幌高判平成7・6・29判時1551-142）、先の暴行・脅迫による反抗抑圧状態ないし畏怖状態が継続している状態で財物を奪った場合は強盗罪の成立を肯定できるとしている（大判昭和19・11・24刑集23-352、東京高判昭和37・8・30高刑集15-6-488、東京高判昭和48・3・26高刑集26-1-85、大阪高判昭和61・10・7判時1217-143、大阪高判平成元・3・3判タ712-248、東京高判平成20・3・18東高時報59-1〜12-15）。このような結論は学説によってもおおむね支持されている[6]。

　2項強盗罪における財産上の利益の取得があったといえるためには被害者の財産的処分行為を要するか。これを不要とするのが判例であり（最判昭和32・9・13刑集11-9-2263）、学説も判例を支持している。既に述べたように、近時は、具体性、確実性のある利益の移転が認められるか否かが問題にされるようになっている。

[3] 事後強盗罪

> 238条　窃盗が、財物を得てこれを取り返されることを防ぎ、逮捕を免れ、又は罪跡を隠滅するために、暴行又は脅迫をしたときは、強盗として論ずる。

(1) 趣旨

　窃盗犯人が、財物を取り返されることを防ぐため（あるいは、逮捕を免れたり、罪跡を隠滅したりするため）、暴行・脅迫を加える場合、その行為の実質的違法性は、通常の強盗罪（236条）の場合と大差がない。そこで、本条は、このような行為を強盗として取り扱うことにしている。

　なお、窃盗犯人が人に発見されて、通常の強盗罪の故意を生じて暴行・脅迫を加えた場合（「居直り強盗」とよばれる場合）は、通常の強盗罪として評価される。事後強盗は、通常の強盗罪にあたらないとはいえ同罪に匹敵する可罰性があると認められた犯行形態である。

(2) 主体

　「窃盗」すなわち窃盗犯人である。大阪高判昭和62・7・17判時1253-141は、本罪は真正身分犯であるとする。

　窃盗犯人の身分は、窃盗の実行に着手したときに獲得され（東京高判昭和24・12・10高刑集2-3-292）、窃盗の機会の継続中維持される。事後強盗が強盗として取り扱われるのは窃盗の際の暴行・脅迫が本来の強盗の場合と大差がないためであるところ、窃盗の機会であれば、行為者の暴行・脅迫を通常の強盗罪の暴行・脅迫と大差がないと評価しうるのである。したがって、窃盗の機会とは、窃盗の実行に着手した者が被害者等から容易に発見されて財物を取り返され、あるいは逮捕されうる（または罪跡を隠滅しうる）状況をいうものと解される（最決平成14・2・14刑集56-2-86、最判平成16・12・10刑集58-9-1047参照）。窃盗の機会の継続中か否かは、窃盗の実行の着手と暴行・脅迫との時間的・場所的接着性や追跡されているかなどの事情を考慮して判断される。なお、いったん追跡から逃れたとか（福岡高判昭和42・6・22下刑集9-6-784）逮捕されたとかいったことがあっても（最決昭和33・10・31刑集12-14-3421、最決昭和34・3・23刑集13-3-391、最決昭和34・6・12刑集13-6-960）、必ずしも窃盗の機会でなくなるわけではない。

(3) 行為

相手方の反抗を抑圧するに足りる暴行・脅迫を加えることである（大判昭和 19・2・8 刑集 23-1）。本罪は目的犯であり、暴行・脅迫は本条所定のいずれかの目的をもって加えられなければならない。

(4) 着手時期、既遂時期

本罪の実行の着手は、本条所定の目的をもって暴行・脅迫を開始した時点で認められる。

既遂になるのは、目的を達成した時点ではない。①窃盗が既遂になっていれば、目的を達成したか否かにはかかわりなく、暴行・脅迫がなされた時点で、事後強盗罪は既遂に達し、②窃盗が未遂であれば、逮捕を免れるなどの目的を達成したとしても、事後強盗罪は未遂になる、と解されている。財物を取得しなかった場合、通常の強盗罪の未遂の場合（暴行・脅迫を加えても財物を取得できなかった場合）と同一に評価されるべきだというのが、そのように解する理由である（最判昭和 24・7・9 刑集 3-8-1188）。結局、事後強盗罪が既遂になるか否かは、財物を取得したか否か、すなわち窃盗が既遂に達しているか否かにより決まることになる。

[4] 昏睡強盗罪

> 239 条　人を昏睡させてその財物を盗取した者は、強盗として論ずる。

(1) 趣旨

薬物を用いるなどして相手方を昏睡させて反抗を抑圧し財物を奪取する行為には、通常の強盗罪（236 条）と同程度の実質的違法性が認められる。そこで、本条はこのような行為を強盗として取り扱うことにしている。

(2) 行為

人を昏睡させてその財物を盗取することである。昏睡させるとは、薬物や酒を用いるなどして、被害者の意識作用に一時的または継続的障害を生じさせて財物に対する有効な支配を及ぼせない状態にすることをいう（東京高判昭和 49・5・10 東高時報 25-5-37）。もっとも、クロロホルムを染み込ませた布で顔を覆うとか、スプレーで催涙液を浴びせるとかいった行為は、236 条の暴行として評価されよう。

本条には 178 条のような「心神喪失若しくは抗拒不能に乗じ」といった文言はない。したがって、他人が昏睡させた場合や、被害者が自ら昏睡状態になった場合に、財物を奪ったとしても、窃盗罪になるに過ぎないし（名古屋高判昭和 28・10・28 高刑集 7-11-1655）、強盗罪の故意をもつことなく暴行を加え被害者を失神させてから、財物を奪う意思を生じて奪った場合、財物奪取については窃盗罪が問題になるに過ぎない（旭川地判昭和 36・10・14 下刑集 3-9=10-936）。

[5] 強盗致死傷罪（強盗致死罪、強盗致傷罪、強盗傷人罪、強盗殺人罪）

> 249 条　強盗が、人を負傷させたときは無期又は 6 年以上の懲役に処し、死亡させたときは死刑又は無期懲役に処する。

(1) 本条の趣旨

強盗の際には強盗犯人が被害者等の生命・身体に危害を加える行為を行い、死傷結果を発生させることが少なくない。そのような所為は、より違法性が高く、強い責任非難に値する。そこで、本条は、刑を加重しているのである。本条には、結果的加重犯としての強盗致死罪、強盗致傷罪のほかに、重い結果について故意のある強盗傷人罪、強盗殺人罪が含まれている〔後述(4)参照〕。

(2) 主体

「強盗」すなわち強盗犯人である。238 条の「窃盗」と同様、強盗の実行に着手した時点で強盗犯人の身分が獲得され、強盗の機会の継続中は、財物を取得したとしても、強盗犯人の身分は失われない。

判例は、強盗の機会において強盗犯人の行為から死傷結果が発生すれば本罪にあたるとしている（最判昭和 24・5・28 刑集 3-6-873、最判昭和 25・12・14 刑集 4-12-2548）。そして、本条の趣旨から、強盗の機会とは、通常、強盗に付随して行われる強盗犯人の行為によって死傷結果が発生しうる状況をいうものと解される（東京地判平成 15・3・6 判タ 1152-296 参照）。裁判例をみると、被害者宅に強盗に入った後、逃走する際に入口付近で追跡してきた者を日本刀で刺殺した場合（最判昭和 24・5・28 刑集 3-6-873）、逃走中に巡査に発見されて逮捕されようとした際に巡査に包丁で切りつけて死亡させた場合（最

判昭和 26・3・27 刑集 5-4-686)、財物強取から時間的に約 6 時間、場所的に約 50 キロメートル離れた所で連行していた被害者に覚せい剤を注射し、山中に放置して死亡させた場合(東京高判平成 23・1・25 高刑集 64-1-1)[7]、いずれも強盗の機会に被害者を死亡させたものとして、本条にあたるとされている。もっとも、いったん強盗殺人の行為を終了した後、犯跡隠蔽のため、新たな決意に基づいて別の機会に他人を殺害した場合につき、通常の殺人罪を構成するとしたものもある(最判昭和 23・3・9 刑集 2-3-140)。

(3) 行為

強盗の機会に、通常、強盗に付随して行われる強盗犯人の行為によって死傷結果を発生させることである。暴行によって死傷結果を発生させた場合はもとより、脅迫によって死傷結果を発生させた場合も、本罪に該当する(大阪高判昭和 60・2・6 高刑集 38-1-50)。強盗犯人が店の従業員らに脅迫を開始した後、経営者が、強盗犯人に発見される前に逃げようとして窓から飛び降りて負傷したという場合であっても、強盗致傷罪の成立を肯定した裁判例もある(東京地判平成 15・3・6 判タ 1152-296)。

(4) 死傷結果につき故意のある場合

通説・判例は、本条は、結果的加重犯(強盗致死、強盗致傷)のほかに故意に人を死傷させた場合(強盗殺人、強盗傷人)をも処罰する規定であると解する(故意に死亡させた場合について大判大 11・12・22 刑集 1-815)。刑の不均衡や結果の二重評価の回避を理由とする。

(5) 未遂、既遂

本罪は生命・身体を害することを重視して刑を加重したものであるから、死傷結果が発生すれば、財物を得たか否かにかかわりなく既遂となる(大判昭和 4・5・16 刑集 8-251、最判昭和 23・6・12 刑集 2-7-676)。通説は、強盗犯人が傷害の故意をもって暴行を加えたものの傷害するに至らなかった場合は(強盗傷人未遂ではなく)強盗罪の罪責を負うにとどまるとして、本罪の未遂としては、強盗犯人が殺意をもって加害行為を行ったものの殺害にいたらなかった、強盗殺人未遂の場合のみが考えられるとする(大谷 249、西田 187、前田 213)。もっとも、強盗傷人未遂罪を認める見解もある(大塚 233)。

[6] 強盗強姦罪、強盗強姦致死罪

> 241条　強盗が女子を強姦したときは、無期又は7年以上の懲役に処する。よって女子を死亡させたときは、死刑又は無期懲役に処する。

(1) 趣旨
　強盗犯人が強盗の機会に反抗を抑圧された女子を強姦することは、女子の性的自由を害するとともに被害者の羞恥感情を利用して捜査機関への届出を妨害することにもなる行為であって、極めて違法性が高く、強い責任非難に値するものである。そこで、本条は、このような行為を重く処罰し、女子を死亡させた場合は結果的加重犯としてさらに重く処罰することにしている。

(2) 強盗強姦罪
　主体は強盗犯人である。行為は強盗の機会に強姦することである。強姦行為を終了した後で財物奪取の意思を生じた場合は、本罪にはあたらない（最判昭和24・12・24刑集3-12-2114）。犯人が強姦を実行する途中で強盗行為を行い、強姦を継続したときは、本罪にあたる。

　本罪は性的自由の保護を重視した強盗罪の加重類型であるから、未遂・既遂は、強姦が完成したか否かによって判断される。

(3) 強盗強姦致死罪
　強盗強姦罪の結果的加重犯である。

　強盗犯人が殺意をもって強姦し女子を死亡させた場合、強盗強姦罪（本条前段）と強盗殺人罪（240条後段）の2罪が成立し観念的競合になる（大判大10・5・13刑集14-514）。本罪は、241条後段に「よって」という文言のあることから、もっぱら結果的加重犯の規定であると解され、また、このように解しても、刑の不均衡や結果の二重評価の問題は生じないからである。

　本罪の未遂について、学説には、a説：本罪が結果的加重犯であることから未遂罪を論じる余地はないとするもの（大谷253、前田216）、b説：241条後段には殺意のある場合も含まれるとして殺人が未遂に終わった場合は本罪の未遂となるとするもの（団藤597、板倉120）、c説：強姦が未遂の場合に本罪は未遂となるとするもの（大塚237）がある。

(4) 負傷させた場合

本条には「よって女子を負傷させたときは」といった文言がない。そこで、強盗犯人が強姦をして女子を負傷させた場合、どう対応するかが問題になる。裁判例には、①強盗強姦罪（241条前段）の成立のみを認めるもの（大判昭和8・6・29刑集12-1269、東京地判平成元・10・31判時1363-158）と②強盗強姦罪（241条前段）と強盗致傷罪（240条前段）の2罪が成立し観念的競合になるとするもの（浦和地判昭和32・9・27判時131-43）がある。学説は、①の裁判例と同様のもの（大谷252、前田217）と②の裁判例と同様のもの（大塚236、板倉120、西田188）とに分かれている。

[7] 強盗予備罪

> 237条　強盗の罪を犯す目的で、その予備をした者は、2年以下の懲役に処する。

強盗の罪は重大犯罪であるので予備段階で処罰する。判例は、「強盗の罪を犯す目的」には事後強盗を犯す目的も含まれ、窃盗の際に財物の取返しを防ぐなどするためにナイフ等を用意する行為は本罪にあたるとしている（最判昭和54・11・19刑集33-7-710）。

3 詐欺および恐喝の罪

A　総説

刑法典の「詐欺及び恐喝の罪」の章には、いわば詐欺罪の特殊類型として背任罪の規定が置かれている（247条）。しかし、背任罪は信任関係にある他人を裏切って財産を害する罪である点で委託物横領罪（252条・253条）に類似する。そこで、背任罪については、横領罪とあわせて考察することにする。

詐欺および恐喝の罪は、基本的に交付罪である。盗取罪と異なり、取引行為において問題になることが多い。とりわけ詐欺罪は正常な取引との区

別がときとして困難であり、可罰性の認められる範囲はあいまいである。

客体は、財物または財産上の利益である。預金通帳やキャッシュカード（最決平成14・10・21刑集56-8-670、最決平成19・7・17刑集61-5-521）、航空機の搭乗券（最決平成22・7・29刑集64-5-829）といったものも財物にあたる。

詐欺罪や恐喝罪においても不法領得の意思が必要とされる。詐欺罪に関し、裁判所から送達されてきた書類を、廃棄する目的で、送達を受けるべき者であるかのように装って受領した事案につき、不法領得の意思を認めなかった判例がある（最決平成16・11・30刑集58-8-1005）。

未遂を罰する（250条）。他人の占有等に関する自己の財物の規定（242条）、親族間の犯罪に関する特例の規定（244条）、電気を財物とみなす規定（245条）が準用される（251条）。

B 詐欺の罪
[1] 総説
(1) 保護法益

詐欺の罪の保護法益は、個人の財産である。判例は、財物について、その（事実上の）所持が保護法益になるとする（最判昭和24・2・15刑集3-2-175）。

取引上の信義誠実の維持も法益に含まれるのではないかということがいわれ、判例にも、詐欺罪が処罰されるのは財産権の保護のみではなく違法な手段による行為に社会秩序を乱す危険があるからである旨を述べるものがある（最判昭和25・7・4刑集4-7-1168）。しかし、学説は、個人の財産以外のものを保護法益に含めることに対し批判的である（大塚240、大谷256、林224）。

(2) 国家的法益に向けられた行為と詐欺罪

国家的法益に向けられた行為は詐欺罪の定型性を欠き、税法違反の行為、国や地方公共団体の係員を欺罔して証明文書の交付を受ける行為、あるいは統制法規に違反して物品を購入する行為は詐欺罪にはあたらないのではないか、ということがいわれている（団藤607-609参照）。

前提として、国や地方公共団体も財産権の主体となりうるから、国有地をだまし取ったような場合は、詐欺罪に問われることになる（最決昭和51・4・1刑集30-3-425）。

証明自体は財物とはいえないものの、証明文書は悪用されないという意

味で財産的価値を有し、財物にあたるといえる。したがって、係員を欺罔して証明文書の交付を受ける行為も詐欺罪にあたるということになる。判例は、欺罔により、簡易生命保険証書（最決平成 12・3・27 刑集 54-3-402、なお、事件当時、簡易生命保険事業は国営事業であった）や国民健康保険被保険者証（最決平成 18・8・21 判タ 1227-184）の交付を受けた場合について詐欺罪の成立を肯定している（もっとも、大判大正 12・7・14 刑集 2-650 は、証明願書に証明文句を記載させる行為は詐欺罪を構成せず、これと役場備付の用紙に証明文句を記載させる行為は性質を異にしないとして、偽造書類を用いて印鑑証明書の交付を受ける行為は詐欺罪に該当しないとする）。

　ただし、他の法令によって詐欺罪の規定の適用が排除されていると解されるときは、詐欺罪は成立しない。たとえば、脱税がもっぱら税法違反の罪として処罰されるのは、各種税法によって刑法 246 条 2 項の適用が排除されるからである。虚偽内容の証明書を用いて旅券（パスポート）の下付を申請した場合について、最判昭和 27・12・25 刑集 6-12-1387 は、157 条 2 項の旅券不実記載罪の構成要件は不実記載されたものの下付を受ける事実をも包含すると解され、同条項の刑罰が軽いことを考えるなら、公務員に虚偽の申立てをして旅券の下付を受ける行為には 157 条 2 項のみが適用され、246 条 1 項の詐欺罪の規定は適用されないとしている。これは刑法典の中の他の条項が詐欺罪の適用を排除すると解した判例といえる。他に、係員を欺罔して国民健康保険被保険者証の交付を受けた場合につき、関係行政法規がその規定中に欺罔行為等による不正行為を処罰する罰則規定を設けるなどして詐欺罪の適用を排除する趣旨のものと認められない限りは詐欺罪の成立を認めるべきであるとして、国民健康保険法等に詐欺罪の適用を排除する趣旨の規定が存しないことから詐欺罪の成立を肯定した裁判例もある（大阪高判昭和 59・5・23 高刑集 37-2-328）。

　他に、配給詐欺―すなわち、統制法規上の資格を偽って取引をして物資を取得した場合、詐欺罪になるか、という問題がある。たとえば、鉄鋼配給統制規則によって割当制にされている鋳物用銑鉄を、偽造した割当証明書によって、代金を支払って購入したという場合、国の経済秩序維持等を目的にした統制法規には違反する（その意味で、国家的法益は害する）ものの、売主に所定の代金を支払っている以上、個人的法益としての財産の侵害は

なく、詐欺罪は成立しないとも考えられるのである。しかし、大判昭和17・2・2刑集21-77は、このような場合でも、詐欺罪の成立は妨げられないとしている。最大判昭和23・6・9刑集2-7-653も、配給統制されている酒類を、偽造した特配指令書によって公定代金を支払って購入したという場合、詐欺罪が成立するとしている。もっとも、偽・変造にかかる医師の証明書により薬局から劇薬を買い入れたという場合、東京地判昭和37・11・29判タ140-117は、本犯行は「薬事行政上の規制をくぐったに止まり何ら個人的財産上の法益を侵害するものでないから」詐欺の罪にあたらないとしている。財物が交付されてその所持が失われたことが財産的法益（所持）の侵害であると考えるなら、これらの場合にも詐欺罪の成立を肯定できることになる。

> **コラム　未成年者事例と詐欺罪**
>
> 　詐欺罪における財産的法益について考えるための事例として「未成年者事例」というものがあります。たとえば、書店主Aが未成年者に売ることが条例によって禁止されている書籍を書店に置いていたとします。その書籍がどうしても欲しくなった未成年者甲が、成人である兄の健康保険証をAに示し、自分は成人だと偽って、Aからその書籍を（もちろん代金を支払って）買ったとします。甲は書籍を詐取したということで詐欺罪（246条1項）に問われるのでしょうか。
>
> 　Aは、甲が未成年者であることを知っていたなら書籍を渡さなかったにもかかわらず、欺罔されたから書籍を渡してその占有を失っています。これが法益侵害になるということでしたら詐欺罪の成立は肯定されることになりそうです。しかし、警察官がAに「あなたは詐欺の被害者です。事情を聴かせてください」といったらAは何というでしょうか。「え、あの男は未成年者だったのですか！　それはだまされてしまいましたね。でもウチは損していませんよ。あの書籍が売れなくて困っていたんですから。むしろ買ってもらえて助かってるんです。詐欺の被害者とかいわれて、いまさらあの書籍を返してもらっても、はっきりいって迷惑なのですが」というのではないでしょうか。

もっとも、「代金を支払って財物を買い取った場合はどのようなときにも売主に財産的損失はない」というわけではありません。たとえば、弁当販売店の主人Bが「X大学の学生には定価700円のスペシャル弁当を300円で売る」というように値段を設定していたので、乙が偽の学生証を示して自分はX大学の学生だと偽り、300円を支払ってスペシャル弁当を購入したという場合、Bは乙に騙されて400円分損をしているのですから財産的損失があると考えることもできなくはありません。配給詐欺の場合について、価格が低く設定されているところに財産的被害を認めうる（さらに限られた資源を公平または効率的に配分するという利益自体も経済的価値を有する）とする見解があります。しかし、このような見解からも、未成年者事例においては、年齢制限が書籍の使用により未成年者に有害な影響が及ぶのを防止するためのものであることから、詐欺罪の成立が否定されます（西田205参照）。

　詐欺罪の成否に関し、「だまされて取引に応じたとはいえるけれど財産的な損はしていないのではないか」と思える事案に遭遇することはしばしばあります。どのようにして財産的法益の侵害がある場合に詐欺罪の成立範囲を限定して行くか、は難しい課題です。

[2] 詐欺罪

> 246条1項　人を欺いて財物を交付させた者は、10年以下の懲役に処する。
> 2項　前項の方法により、財産上不法の利益を得、又は他人にこれを得させた者も、同項と同様とする。

(1) 総説

　詐欺罪の構造は、欺罔行為（詐欺行為）によって相手方を錯誤に陥れて処分行為（交付行為）をさせ、これによって財物・財産的利益を移転させる、というものになる。そして、移転により財物・財産的利益を失うことが財産上の損害であるといわれる（形式的個別財産説）。図式化すると図6-2のようなものになる。

欺罔行為 ⇒ 錯誤 ⇒ 処分行為 ⇒ 財物・財産的利益の移転
　　　　　　　　　　　　　　　　↑
　　　　　　　　　　　　財物・財産的利益の喪失＝損害

図 6-2　詐欺罪の構造

(2) 欺罔行為（詐欺行為）

　欺罔行為は、人を錯誤に陥らせて処分行為をさせる行為である。人を錯誤に陥らせる行為であっても、処分行為と関係のないものは欺罔行為ではない。たとえば、「社長がすぐに社長室に来るようにと言っている」と嘘を言って、相手方が席を離れたすきに財物を盗る場合は、窃盗罪になる。判例には、事実を告知するときは相手方が財物を交付しない場合において真実に反する事実を告知することが詐欺行為になるとしたものや（大判昭和17・2・2 刑集 21-77、最決昭和 34・9・28 刑集 13-11-2993）、交付の判断の基礎となる重要な事項を偽ることが欺罔行為であるとしたものがある（最決平成 22・7・29 刑集 64-5-829）。

　欺罔行為は挙動によっても行える（挙動による欺罔）。たとえば、レストランに入って料理を注文する行為は、「代金は必ず支払う」といった言葉を発しなくても、「自分には代金を支払う意思も能力もある」ということを表示しているといえる。裁判例には、機械装置により客の入室状況を把握するシステムになっているホテルの客室に入り同室を利用する行為が欺罔行為にあたるとしたものがある（東京高判平成 15・1・29 判時 1838-155）。

　欺罔行為は不作為によっても行える（不作為による欺罔）。もとより事実を告知する法的義務（作為義務）が必要である。判例は、借金をする者には自己が準禁治産者（現在の被保佐人―民 12 条参照）であることを告知する義務があり（大判大 7・7・17 刑録 24-939）、不動産の売主には当該不動産に抵当権が設定され登記されている事実を買主に告知する義務があり（大判昭和 4・3・7 刑集 8-107）、預金者には自己の口座に誤振込みがあったことを銀行に告知する信義則上の義務がある（最決平成 15・3・12 刑集 57-3-322）としている（否定した裁判例として、大判昭和 8・5・4 刑集 12-538、最判昭和 31・8・30 判時 90-26、福岡高判昭和 27・3・20 高刑判特 19-72、東京高判平成元・3・14 判タ 700-266）。なお、釣銭が多いことに気づいたのにこれを告知せず領得する行為（釣銭詐欺）に

ついて、学説の多くは詐欺罪になるとする（大塚244、板倉126、大谷261、前田230）。

(3) 処分行為（交付行為）

処分行為は、錯誤による瑕疵ある意思に基づいて財物・財産的利益を移転する行為である。ちなみに、「交付」ないし「交付行為」という言葉は財物の処分行為を指すものとして使われることがある（大谷267参照）。

なお、欺罔行為により財物を放棄させて直ちに拾得する行為について、学説の多くは占有移転があったと評価して詐欺罪の成立を肯定する（大塚252、大谷268、西田195、前田242）。

処分行為は、財物については、その占有を移転する行為でなければならない。たとえば、洋服店の店長に「この服を試着室で着てみたい」と嘘を言って衣服を受け取り持ち逃げした場合、店長は店内の試着室まで持って行くということで衣服を渡したに過ぎず、その占有を移転する処分行為は認められないので、窃盗罪が成立することになる。裁判例には、自動車販売店で、試乗を装って自動車に単独乗車し乗り逃げした場合、自動車を走行させた時点でその占有が行為者に移転しているので、処分行為が認められるとしたもの（東京地八王子支判平成3・8・28判タ768-249）、行為者の自由に支配できる状態に置く意思で玄関上り口に現金を置く行為は処分行為になるとしたもの（最判昭和26・12・14刑集5-13-2518）がある。

処分行為は、財物・財産的利益を移転する意思に基づくものでなければならない。前述の洋服店の事例では、店長に衣服の占有を移転する意思はなく、処分行為は認められない。また、およそ財産が移転することを意識していないときには処分行為があるとはいえない。たとえば、前述の洋服店の事例で、5,000円の衣服のポケットに店内にあった8,000円のネクタイを隠してレジに持って行き、5,000円支払って衣服を購入しネクタイとともに受け取った場合、ネクタイについては窃盗罪が成立するとすべきであろう[8]。これに対して、財産の内容や量・質について正確に意識している必要はないので（林238参照）、50,000円の衣服の値札を5,000円のものと取り換えてレジに持って行き、5,000円支払って衣類を受け取った場合は詐欺罪が成立するといえる。

処分行為が認められないときは2項詐欺罪も成立しない。たとえば、旅

館等において飲食等をした後で、代金の支払を免れるべく秘かに逃走した場合は、旅館主等が処分行為をしているわけではないので、2項詐欺罪は成立しない。「知人を見送る」と言って店外に出て逃走した場合も、代金支払を免れたという財産上の利益を得たとは認められず、これを認めるためには債権者を欺罔して債務免除の意思表示をさせることが必要であるとした判例がある（最決昭和 30・7・7 刑集 9-9-1856）。「映画を見に行ってくる」と言って出て行った場合も処分行為を認めることはできない（東京高判昭和 31・12・5 東高時報 7-12-460）。これに対して、「夕方帰ってくるまで支払を待ってくれ」と言ったような場合は、支払請求を一時猶予する意思が被害者に認められることから処分行為を認める余地がある（大判大正 15・10・23 新聞 2637-9、東京高判昭和 33・7・7 高刑裁特 5-8-313）。また、電気計量器の針を逆回転させて料金の支払を免れた場合は、債権者は供給した電気の量や料金の額を正確に認識している必要はないので、詐欺罪が成立する（大判昭和 9・3・29 刑集 13-335）。

　処分意思の内容に関し、具体的に財産を移転させることを意識していることをを要するとする意識的処分行為説（曽根 149）とそのような意識を要しないとする無意識的処分行為説（大谷 275）が主張されている。もっとも、「財産上の利益が…事実上移転する事態にあることの一般的な認識」（大塚 262）、「財産移転について自由に意思決定をしたという意識」（林 238）、「利益の終局的移転の認識」（西田 198）、「詐欺罪で保護に値するだけの財産的利益を危険にさらすことの認識」（前田 237）など、ある程度の意識ないし認識が必要であるとする見解が多く、両説の差異は必ずしも明確ではない。

　処分行為は、それをなす権限ないし地位を有する者の行為でなければならない（最判昭和 45・3・26 刑集 24-3-55 参照）。たとえば、甲が、A 教授の研究室にある書籍を入手しようと考え、A 教授から書籍の処分権限を与えられている B 助手に対し、「研究室にあるこういう書籍を受け取って来週までに家で読んでくるようにと A 先生に言われました」と嘘を言って B に研究室から書籍を持って来させた場合は詐欺罪になりうる。これに対し、甲が、書籍について何の権限もない警備員 C に同じことを言って研究室から書籍を持って来させた場合は窃盗罪（間接正犯）になる。

　なお、被欺罔者と処分行為者とは一致することが必要である。もとより、

前述の例で、甲がCに嘘を言ってこれをBに伝えさせ、BがCを介して甲に書籍を渡した場合は、Bは被欺罔者であるとともに処分行為者であるから詐欺罪が成立する。被欺罔者＝処分行為者と被害者（前述の例ではA）が一致する必要はない。被欺罔者と被害者が異なる場合を三角詐欺とよんでいる。

(4) 財産上の損害（財産的損害）

　背任罪の条文（247条）に、「財産上の損害を加えたときは」という文言があるのに対して、詐欺罪の条文（246条）にはそのような文言はない。そうなると、財産上の損害（財産的損害）は詐欺罪の要件ではないと考えることもできなくはない（財産的損害不要説）。あるいは、詐欺罪が窃盗罪、強盗罪と同様に個々の財物・財産上の利益を奪う犯罪（奪取罪）であることから、財物・財産上の利益が移転により失われたことが財産的損害であるとする形式的個別財産説が支持されることになる（団藤619、大塚256、板倉129、大谷270）。これに対し、詐欺罪も財産罪であるから実質的な財産的損害が要件となるとする実質的個別財産説が唱えられている（西田203）。

　相当対価を提供した場合、──たとえば、コラムに出てきた未成年者事例のような場合も書籍代金相当額の現金という相当対価が提供されているといえる──、実質的個別財産説からは財産的損害が認められないから詐欺罪は成立しないということになる（西田205）。形式的個別財産説からは、個別財産が失われている以上、財産的損害は認められることになる。それでも詐欺罪の成立を否定するというのであれば、年齢の偽りは「財物の交付に向けた詐欺行為とはいえない」（大谷270）とするなど、財産的損害以外のところで工夫しなければならないことになる。

　判例は、全体として、財産的損害不要説、あるいは形式的個別財産説と同じ結論をとっている。

　財産的損害を考慮して詐欺罪の成立を否定する判断を示した判例としては、医師と称して患者を診察し定価で薬を売った事案についての大決昭和3・12・21刑集7-722と府営住宅新築くい工事の現場から出た汚泥を正規に処理したかのように偽って工事完成払金の支払をさせた事案についての最判平成13・7・19刑集55-5-371が著名である（下級審の裁判例としては、偽・変造にかかる医師の証明書を用いて薬を買い受けた事案についての東京地判昭和37・

11・29判タ140-117がある)。また、難病に効果があると偽って実際には効果のない電気あんま器（ドル・バイブレーター）を売りつけた事案についての最決昭和34・9・28刑集13-11-2993は、実質的な財産的損害が発生しているとして詐欺罪の成立を肯定したものともいえる（これに対して、前述の大決昭和3・12・21の事案では病気に効果のある薬が提供されているので実質的な財産的損害が認められない）。

前述の最判平成13・7・19より後の最高裁判例は、財産的損害を軽視する方向に傾いている。①他人名義で口座開設を申し込んで通帳の交付を受けた事案（最決平成14・10・21刑集56-8-670)、②自己の口座に誤振込みされた金があることを知りながら預金の払戻しを受けた事案（最決平成15・3・12刑集57-3-322)、③利用代金が名義人において決済されるものと誤信して他人名義のクレジットカードでガソリンを購入した事案（最決平成16・2・9刑集58-2-89)、④相当な金額の弁済をして根抵当権を放棄させた事案（最決平成16・7・7刑集58-5-309)、⑤譲渡する意図を秘して自己名義の口座開設を申し込んで通帳等の交付を受けた事案（最決平成19・7・17刑集61-5-521)、⑥航空機に他人を搭乗させる意図を秘し、購入した自己に対する航空券等を提示して搭乗券の交付を受けた事案（最決平成22・7・29刑集64-5-829）[9]、⑦暴力団員であることを秘し、料金を支払う意思をもってゴルフ場施設を利用した事案（最決平成26・3・28刑集68-3-646）について、判例は詐欺罪の成立を肯定している。これらの判例の結論は形式的個別財産説による方が支持しやすいであろう。もっとも、実質的個別財産説も①⑤⑥では、詐欺罪の成立を肯定する（西田210-211）。

(5) キセル乗車と詐欺罪の成否

キセル乗車とは、たとえば、A-B駅間の乗車券をA駅の改札係Xに提示して改札口を通過し、C-D駅間の定期券をD駅の集札係Yに提示して改札口を出て、B-C駅間の運賃の支払を免れる行為をいう。この場合、2項詐欺罪が成立するか。

大阪高判昭和44・8・7刑月1-8-795は、A駅でXに乗車券を提示した行為が欺罔行為であり、これによりXが改札口を通過させて列車に乗車させ、職員がD駅まで輸送したことが輸送の有償的役務を提供する処分行為をしたことになるとして、2項詐欺罪が成立するとする。

学説には、a説：A駅での乗車券提示行為が欺罔行為であり、Xが改札口を通過させる行為が処分行為であるとして列車がA駅を発車したときに2項詐欺罪が既遂に達するとするもの（大塚264、大谷279）、b説：D駅で正規の運賃の支払が済んでいるかのように装ってYを欺罔し、改札口を通過させて、差額運賃の支払を免れたことが2項詐欺罪になるとするもの（佐久間220）、c説：2項詐欺罪は成立せず、鉄道営業法違反の罪に問われることになるとするもの（曽根152、山中392）がある。

なお、有料道路のキセル利用に関する福井地判昭和56・8・31刑月13-8＝9-547は、有料道路を出る際に、料金徴収所の係員を欺罔して過少の料金の支払を請求するにとどめさせたことが2項詐欺罪になるとしている。

(6) クレジットカードの不正利用と詐欺罪の成否

たとえば、甲が、A信販と会員契約を締結してクレジットカードを受領した後、A信販の取立てに応じる意思または能力がないにもかかわらず、加盟店Bにおいてクレジットカードで鞄を買い、Bから鞄を受け取った場合、詐欺罪が成立するか。

下級審の裁判例（福岡高判昭和56・9・21刑月13-8＝9-527、東京高判昭和59・11・19判タ544-251）の考えによれば、甲が取立てに応じる意思および能力があるように装ったことがBに対する欺罔行為であり、これによりBは鞄を交付しているので、甲が鞄の占有を取得した時点で1項詐欺罪が既遂に達する、ということになる（なお、最決平成16・2・9刑集58-2-89は、名義人以外の者がクレジットカードを示してガソリンの給油を受けた場合、従業員を誤信させてガソリンの交付を受けたことについて1項詐欺罪の成立を肯定した原判断を是認している）。

学説には、a説：Bが被欺罔者、処分行為者、被害者であるとして1項詐欺罪の成立を肯定するもの（大塚250、大谷265、前田240）、b説：Aが被欺罔者、処分行為者、被害者であるとして2項詐欺罪の成立を肯定するもの（藤木[10]）、c説：Bが被欺罔者、処分行為者、Aが被害者であるとして2項詐欺罪の成立を肯定するもの（西田203）などがある。

なお、最決平成15・12・9刑集57-11-1088は、甲が、「釜焚き」儀式料としてAらから現金を詐取するにあたり、Aらに、信販業者Bとクレジット契約を締結した上、甲らの経営する薬局から商品を購入したように仮装して、Bに立替払をさせる方法により支払うよう勧めて実行させたとい

う事案について、甲は、Aらを欺き、釜焚き料名下に金員をだまし取るため、Aらにクレジット契約に基づき信販業者をして立替払をさせて金員を交付させたものとして、1項詐欺罪の成立を肯定している。この決定は、本件では被欺罔者（Aら）と被害者（B）が異なり（三角詐欺）、被欺罔者は被害者の財産を処分しうる地位にないという主張に対し、被害者はAらであるとして上告を棄却したものと理解できる（前田238参照）。

(7) 訴訟詐欺と詐欺罪の成否

　訴訟詐欺とは、虚偽の訴訟により裁判所（裁判官）を欺いて裁判（判決等）をさせ、それによって訴訟の相手方から財物・財産上の利益を取得することをいう。たとえば、甲が、Aの所有する絵画の売買契約をしてもいないのに、「代金を支払ったのにAは絵画を渡してくれない」という虚偽内容の訴状を裁判所に提出して、「被告（A）は原告（甲）に対し本件絵画を引渡せ」という内容の判決言渡しをしてもらい、強制執行により絵画の引渡しをさせる、といった場合である。

　判例は、虚偽の証書に基づいて支払命令の申請をした場合につき詐欺未遂罪の成立を肯定するなど（大判大正5・5・2刑録22-681）、訴訟詐欺が詐欺罪を構成することを認めている。もっとも、①最決昭和42・12・21刑集21-10-1453は、起訴前の和解の申立てをして得た和解調書により宅地の所有権移転登記手続きをさせた場合につき、裁判官の処分行為や登記官吏の処分権限・地位が認められないとして詐欺罪成立を否定し、②最判昭和45・3・26刑集24-3-55は、裁判所書記官補を欺いて、失効している和解調書に執行文を付与させ、これによる強制執行によって家屋の占有を移転させた場合につき、裁判所書記官補および執行吏には家屋を処分する権能も地位もないとして詐欺罪成立を否定している。

　学説には、a説：訴訟詐欺においては、裁判所に対する欺罔行為や敗訴者による交付があるといえるか疑問であるとするもの（団藤614）、b説：裁判所を被欺罔者、処分行為者として詐欺罪成立を肯定するもの（大塚250、前田238）、c説：判決手続きにおいては裁判所を被欺罔者、処分行為者とする詐欺罪の成立を肯定するものの、強制執行の段階では裁判所に処分権限がないので詐欺罪成立は否定されるとするもの（西田201）などがある。

(8) 誤振込みと詐欺罪の成否

　たとえば、甲が、自己の口座に 10 万円誤振込みがあったことを知りながら銀行員 A に対し払戻請求し、10 万円を受け取ったという場合、1 項詐欺罪が成立するか。誤振込みされた分についても甲が預金債権を取得するのなら（最判平成 8・4・6 民集 50-5-1267 参照。払戻しを受けることが権利の濫用にあたるとするものとして、最判平成 20・10・10 民集 62-9-2361）、甲は銀行に対し払戻請求権があることになり、A は事情を知っていたとしても払戻しに応じなければならないのであるから、欺罔行為は存在せず詐欺罪は成立しない、ということになるはずである。

　しかし、最決平成 15・3・12 刑集 57-3-322 は、銀行にとって、払戻請求を受けた預金が誤振込みによるものか否かは、直ちにその支払に応じるか否かを決する上で重要な事柄であり、受取人には誤振込みがあることを知った場合にはその旨を銀行に告知すべき信義則上の義務があると解することが社会生活上の条理からも当然といえるとして、詐欺罪の成立を肯定している。学説の多くも詐欺罪の成立を肯定する（大谷 300、西田 236、前田 154）。

　なお、誤振込みされた分を、①キャッシュカードで引き出した場合は窃盗罪が成立し（東京高判平成 6・9・12 判時 1545-113）、② ATM 機で他の口座に送金した場合は電子計算機使用詐欺罪が成立する。

(9) 詐欺罪と強盗罪

　1 項詐欺罪にあたる行為をした後、暴行・脅迫を用いて、被害品の取戻を妨げたり、代金の支払を免れたりした場合、1 項詐欺罪とは別に 2 項強盗罪が成立するか。たとえば、甲が、代金を支払う意思も能力もないのに、A の食堂に行ってステーキなどを飲食し、その後、A に代金 8,000 円を請求されるや、ナイフを示して脅迫し、支払を免れた場合、甲の罪責はどうなるか。

　これについては、① 1 項詐欺罪と脅迫罪の併合罪とする考え（同旨、神戸地判昭和 34・9・25 下刑集 1-9-2069）、② 1 項詐欺罪と 2 項強盗罪の併合罪とする考え（同旨、大分地判昭和 52・9・26 判時 679-161）、③ 1 項詐欺罪と 2 項強盗罪にあたり 2 項強盗罪の包括一罪になるとする考え（同旨、最決昭和 61・11・18 刑集 40-7-523）がある。学説の多くは③の考えを支持している（大谷 239、西田 176、前田 227）。

[3] 電子計算機使用詐欺罪

> 246条の2　前条に規定するもののほか、人の事務処理に使用する電子計算機に虚偽の情報若しくは不正の指令を与えて財産権の得喪若しくは変更に係る不実の電磁的記録を作り、又は財産権の得喪若しくは変更に係る虚偽の電磁的記録を人の事務処理の用に供して、財産上不法の利益を得、又は他人にこれを得させた者は、10年以下の懲役に処する。

(1) 趣旨

現代社会では、多くの取引において財産権の得喪・変更に係る事務が電子計算機（コンピュータ）によって処理されている。このような電子計算機に虚偽の情報を与えるなどして2項詐欺に相当する財産上の利益の取得をすることには、高度の違法性が認められる。しかし、このような行為を、人に対する欺罔行為を予定している246条2項で処罰することには無理がある。そこで、電子計算機使用詐欺罪の規定が設けられることになった。

(2) 行為

①「人の事務処理に使用する電子計算機に虚偽の情報若しくは不正な指令を与えて財産権の得喪若しくは変更に係る不実の電磁的記録を作」るか、②「財産権の得喪若しくは変更に係る虚偽の電磁的記録を人の事務処理の用に供して」、財産上不法の利益を得る（または他人に得させる）ことである。

①による行為の具体例としては、窃取したクレジットカードの名義人氏名等を業者の電子計算機に入力して、電子マネーを購入し、その利用権を取得する行為（最決平成18・2・14刑集60-2-165）、金融機関に勤務する者が、オンラインシステムの端末機の操作により、電子計算機に自己または第三者の口座に実体をともなわない送金があった旨の通知をさせて口座の残高を変更し、入金額相当の財産的利益を得る行為（東京高判平成5・6・29高刑集46-2-189、大阪地判昭和63・10・7判時1295-151、東京地八王子支判平成2・4・23判時1351-158）、KDDの電話交換システムに不正の指令を与え、電話料金課金システムに料金着信払等の通話サービスを利用した通話である旨の不実のファイルを作出させて、通話料の支払を免れる行為（東京地判平成7・2・13判時1529-158）などが考えられる。

②による行為の具体例としては、偽造・変造（残度数変更）したテレホンカードで公衆電話を利用する行為、偽造したスイカカードでJRの電車を利用する行為などが考えられる。

[4] 準詐欺罪

> 248条　未成年者の知慮浅薄又は人の心神耗弱に乗じて、その財物を交付させ、又は財産上不法の利益を得、若しくは他人にこれを得させた者は、10年以下の懲役に処する。

(1) 趣旨

本条は、相手方が未成年者で知慮浅薄であること（知識が乏しく思慮の足りないこと）や心神耗弱状態（精神の健全を欠き、事物の判断をするのに十分な普通人の知能を備えていない状態—39条2項の心神耗弱と同義ではない）にあることを利用して、財物を交付させたり財産上不法の利益を得たりする行為には詐欺罪と同様の可罰性があるので、246条と同じ法定刑で処罰することにした規定である。

(2) 行為

未成年者の知慮浅薄または人の心神耗弱に乗じて財物を交付させるか財産上不法の利益を得る（または他人に得させる）ことである。

19歳の大学生に対し、通常の詐欺行為を行って金銭をだまし取るといった場合は、未成年者の知慮浅薄に乗じたとはいえず、通常の詐欺罪（246条1項）が成立する。逆に、意思能力を欠く幼児や心神喪失状態の者に財物を渡させる行為は、処分行為を欠き、窃盗罪になる。

C 恐喝の罪

[1] 総説

恐喝の罪として刑法典には恐喝罪（249条）のみが規定されている。恐喝罪は、交付罪である点では詐欺罪（246条）に似ている。また、暴行・脅迫を手段とする点では強盗罪（236条）に似ている。強盗罪が成立するためは実際に反抗を抑圧することは必要ではない（畏怖させることで足りる）と解するときは、恐喝罪と強盗罪との区別は、事実上、暴行・脅迫が反抗を抑圧

する程度のものか否かによるということになる。この認定は、両罪の法定刑等が著しく異なることから、実務上重要なものになる。

恐喝罪の客体は、詐欺罪、強盗罪と同様、財物・財産上の利益である。財産上の損害につき、詐欺罪と同様の問題がある。

[2] 恐喝罪

> 249条1項　人を恐喝して財物を交付させた者は、10年以下の懲役に処する。
> 2項　前項の方法により、財産上不法の利益を得、又は他人にこれを得させた者も、同項と同様とする。

(1) 総説

保護法益は、詐欺罪と同様、個別財産であり、財物についてはその所持である。もっとも、暴行・脅迫を手段とすることから、身体の安全も保護法益に含めるべきであるともいわれている。

恐喝罪の構造は、恐喝行為によって相手方を畏怖させることにより処分行為（交付行為）をさせ、これによって財物・財産的利益を移転させるというものになる。そして、移転により財物・財産的利益を失うことが財産上の損害となる（形式的個別財産説）。図式化すると図6-3のようなものになる。

　　恐喝行為 ⇒ 畏怖 ⇒ 処分行為 ⇒ 財物・財産的利益の移転
　　　　　　　　　　　　　　　　　　　　　　↑
　　　　　　　　　　　　　　　　　財物・財産的利益の喪失＝損害

　　　　　　　図6-3　恐喝罪の構造

(2) 行為

恐喝行為、すなわち、反抗を抑圧する程度に達しない暴行・脅迫により、相手方に（畏怖による）処分行為をさせて財産を移転させることである。

恐喝行為となる暴行・脅迫の範囲はかなり広い。相手方を困惑させる程度の脅迫でも恐喝行為となりうる（医師の人気投票を行って連日その結果を新聞に掲載し、中止を申し入れた医師らに対し、損害金を提供しないと中止しない態度を示して困惑させた事案について、大判昭和8・10・16刑集12-1807は、恐喝罪の成立を肯

定している)。

　害悪の実現自体が違法ではないときでも、相手方を畏怖ないし困惑させて処分行為を行わせうるものであるときは、恐喝行為にあたるとされることがある。たとえば、犯罪をしたことを警察に知らせるとか、訴訟を提起し、マスコミに情報を流して報道させるといったことを告げて金銭を要求する行為をした場合、恐喝罪に問われることがある（ユーザーユニオン事件に関する東京高判昭和57・6・28刑月14-5＝6-324参照）。

D　詐欺罪・恐喝罪に共通する諸問題
[1]　不法原因給付と詐欺罪・恐喝罪

　不法原因給付と詐欺罪・恐喝罪の成否の問題は、不法原因給付（民708条）となる財産移転により財産を取得する財産取得型の事例と不法な債務の履行を免れる不法債務履行免脱型の事例に分けて考えることができる[11]。財産取得型の事例は、甲がAに対し覚せい剤を売ると嘘を言って代金50万円を詐取するといったものになり、不法債務履行免脱型の事例は、甲とAとが覚せい剤の売買契約をした後、欺罔行為により、甲が覚せい剤引渡債務の履行を免れるとか、Aが代金支払債務の履行を免れるといったものになる。財産取得型の事例は詐欺・恐喝によって不法原因給付をさせる場合であり、不法債務履行免脱型の事例は詐欺・恐喝によって不法原因給付を免れる場合であるともいえる。

　財産取得型の事例の場合、判例は、詐欺罪の成立を肯定している（1項詐欺罪に関し、大判明治43・5・23刑録16-906、最判昭和25・7・4刑集4-7-1168、最判昭和25・12・5刑集4-12-2475、2項詐欺罪に関し、最決昭和43・10・24刑集22-10-946）。その理由として、①詐欺によって不法に他人の財産権を侵害した行為が刑法の罰条に該当する以上、不法原因給付として民法上の救済（返還請求）ができない場合であっても詐欺罪の成立は妨げられない（前掲、大判明治43・5・23参照）、②詐欺罪が処罰されるのは財産権の保護のみではなく行為が社会の秩序を乱す危険があるからであり、不法な取引においても詐欺行為が社会の秩序を乱すことに変わりはない（前掲、最判昭和25・7・4参照）といったことが述べられている。学説の多くも、判例の結論を支持している（団藤559、大塚253、板倉129、大谷282、西田213、前田155）。

不法債務履行免脱型の事例の場合、下級審裁判例の結論は分かれている。売淫料の支払を免れた場合について、2項恐喝罪の成立を肯定したもの（名古屋高判昭和 25・7・17 高刑判特 11-88）があるほか、2項詐欺罪の成立を肯定したもの（名古屋高判昭和 30・12・13 高刑裁特 26-70）と否定したもの（札幌高判昭和 27・11・20 高刑集 5-11-2018、福岡高判昭和 29・3・9 高刑判特 26-70）がある。賭金の支払を免れた場合について2項詐欺罪の成立を否定したものもある（東京地判昭和 37・7・17 判例タ 136-59）。

もっとも、2項強盗罪に関し、判例が不法債務の履行を免脱する場合でも2項強盗罪の成立を肯定していることからすると（最判昭和 35・8・30 刑集 14-10-1418、最決昭和 61・11・18 刑集 40-7-523）、不法債務履行免脱型の場合についても、判例は2項犯罪の成立を肯定する傾向にあるといえなくはない。

不法債務履行免脱型の事例における2項詐欺罪の成立に関し、学説は、肯定説（団藤 618、板倉 129、大谷 282、前田 234）と否定説（大塚 254、西田 213）とに分かれている。

[2] 権利行使と詐欺罪・恐喝罪

たとえば、甲が、自分から3万円を借りたAが期限が到来しても支払わないので、3万円を喝取（または詐取）した場合、甲は、1項恐喝罪（または1項詐欺罪）の罪責を負うことになるか。恐喝罪や詐欺罪は個別財産に対する罪であり、3万円の占有（所持）が失われている以上、法益侵害ないし財産上の損害は認められる（形式的個別財産説）。そうなると、後は、主に、35条により違法性が阻却されるかという問題になる。

最判昭和 30・10・14 刑集 9-11-2173 は、甲が、Aが甲に支払うべき 18 万円の内 15 万円を支払い、残金3万円を支払わないので、乙ら3名と共謀の上、要求に応じないときは身体に危害を加えるような態度を示してAを畏怖させ、6万円を交付させた事案について、甲らが債権取立のためにとった手段は、権利行使の手段として「社会通念上、一般に忍容すべきものと認められる程度」を逸脱しているとして、原判決が6万円全額について恐喝罪の成立を認めたのは正当である旨述べている。

学説の多くは判例を支持している（団藤 556、大塚 277、板倉 135、大谷 295、前田 259）。もっとも、実質的個別財産説の立場から財産上の損害を否定し、

暴行罪・脅迫罪について違法性阻却が問題になるにすぎないとするものもある（西田 228）。

[3] 詐欺と恐喝の競合

　処分行為をさせるにつき欺罔行為と恐喝行為の双方が用いられた場合、詐欺罪と恐喝罪のどちらが成立するのか（あるいは両罪とも成立して観念的競合になるのか）。

　相手方を畏怖させるために詐欺的手段を用いる場合は、相手方は、畏怖して処分行為をしたものと考えられるから、恐喝罪のみが成立することになる。たとえば、警察官でないのに「俺は警察官だ。その物を差し出さないと署に連行するぞ」と脅かし、財物を交付させた場合は、警察官と誤信したからではなく、連行すると脅かされたから支払ったのであり、恐喝罪のみが成立する。このような事案について、最判昭和24・2・8刑集3-2-83は、用いた手段の中に虚偽の部分（警察官と称した部分）があっても、その部分は相手方に畏怖の念を生じさせる一材料であり、その畏怖の結果として相手方が財物を交付したのであるから、詐欺罪ではなく恐喝罪となる旨述べている。

　欺罔行為と恐喝行為の双方が併用された場合はどうか。たとえば、債権者でないのに債権者であると偽り、「支払わないとただではすまないぞ」と脅かして、現金を交付させたような場合は、債権者であるからこの人に支払わなければならないと誤信し、「ただではすまないぞ」と脅かされて畏怖したから、支払ったといえる。大判昭和5・5・17刑集9-303は、欺罔及び恐喝の両手段を併せ施して目的物を交付せしめた場合は、その欺罔手段の方面よりみれば詐欺の罪名に触れ、恐喝手段の側よりみれば恐喝の罪名に触れる1個の行為に過ぎないので、54条1項前段（観念的競合の規定）を適用すべきであるとしている。学説には、a説：詐欺罪と恐喝罪が成立し観念的競合になるとするもの（団藤623、大塚275、大谷291、前田258）、b説：1個の財産を侵害しているのであるから、詐欺罪と恐喝罪の包括一罪となるとするもの（林265）などがある。

[4] 錯誤・畏怖によらずに財物を交付した場合

　欺罔行為（または恐喝行為）を行ったところ、相手方が錯誤（または畏怖）によらずに財物を交付した場合、詐欺罪（または恐喝罪）は、未遂にとどまるのか。

　大判大正 11・12・22 刑集 1-821 は、甲が、保証人に貸金を全額弁済してもらった後、貸金証書を利用して A から金員を詐取しようと考え、A に対し返済を請求したところ、A が、保証人に問い合わせて既に弁済したとの回答を得たことなどから錯誤に陥らなかったにもかかわらず、弁済の証拠を探すまでに差押をされては世間体が悪いので一応支払っておこうと思って支払をした事案について、甲の欺罔行為と A の支払との間には因果関係がないとして、詐欺未遂罪が成立するとしている。また、処分行為が畏怖（あるいは困惑）に基づかない場合につき恐喝未遂になるとした裁判例もある（東京地判昭和 59・8・6 判時 1132-176、浦和地判平成 4・3・19 判タ 801-264）。もっとも、事案によっては畏怖や困惑、錯誤による交付行為があったと認定されて、既遂罪の成立が肯定されることがある（東京地八王子支判昭和 42・3・29 下刑集 9-3-354）。

　学説も未遂にとどまるとする（団藤 613、大塚 254、板倉 130、大谷 269、西田 195、前田 231）。

4　横領・背任の罪

A　総説

　横領・背任の罪は、窃盗、強盗、詐欺、恐喝の罪のような他人の占有を害する罪ではない。その意味で平和的な形態の犯罪ともいえ、法定刑は、業務上横領罪（253 条）を除いて比較的軽く、委託関係のない遺失物等横領罪（254 条）になるとさらに軽くなる。

　委託物横領罪（252 条・253 条）と背任罪（247 条）とは、他人の信頼を裏切って財産を害する罪である点で共通する。もっとも、委託物横領罪が物を客体とする個別財産に対する罪であるのに対し、背任罪は全体財産に対す

る罪である。前者と後者とは法条競合の関係にあるといえる。

B 横領の罪
[1] 総説
(1) 保護法益
　横領の罪の保護法益は、所有権その他の本権である。横領の罪の客体は、行為者の占有に属しているか、誰の占有にも属していないかのどちらかであるので、占有は保護法益になりえない。もっとも、自己の物であっても公務所から保管を命じられた場合は横領罪の客体になり（252条2項）、この場合の保護法益は、公務所の命令に基づく物の保管の安全ということになる。

(2) 委託関係
　委託物横領罪―単純横領罪（252条）、業務上横領罪（253条）―の他人の物の占有は、委託に基づくものでなければならない。252条、253条の条文には「委託に基づき」という文言はない。しかし、254条の遺失物等横領罪の規定とあわせて読んでみると、254条の場合に比べて252条の場合の法定刑が著しく重いのは、委託に基づいて自己の占有する他人の物を横領する場合は、単に本権を害するのみではなく、委託者との信頼関係を裏切っているので、高度の違法性が認められ、強い責任非難に値するからだと考えられる。そこから、252条、253条の「自己の占有する他人の物」は「委託に基づき自己の占有する他人の物」を意味する、と解釈することになる。およそ委託関係に基づかずに自己の占有する他人の物を横領する行為は遺失物等横領罪を構成するに過ぎない（たとえば、自宅に誤配達された郵便物を領得する行為は遺失物等横領罪となる。大判大正6・10・15刑録23-1113参照）。また、窃取したキャッシュカードを所持する者は、暗証番号を知って事実上預金を引き出せるようになっても、委託関係に基づいて預金を占有しているとはいえないので、キャッシュカードで現金を引き出せば窃盗罪に問われることになる。

　委託関係は、契約（たとえば、委任、寄託、賃貸借、使用貸借）のほか、法人の代表者、後見人等の地位や事務管理、慣習、条理、信義則に基づいて認められる。不動産の売主は、不動産の所有権を買主に移転した後も、所有権

移転登記手続きが済んでいないときは、委託に基づいて不動産を占有しているといえる（最判昭和30・12・26刑集9-14-3053参照）。債権を譲渡した者が債務者に債権譲渡通知をする前に債務者から弁済として受領し保管している金員は、委託関係に基づいて譲渡人が占有しているものといえる（最決昭和33・5・1刑集12-7-1286参照）。

集金担当者が集金した金員は、委託に基づいて集金担当者が占有する本人の物であり、これは、集金担当者が当初から領得する意思で集金した場合でも同様である（東京高判昭和28・6・12高刑集6-6-789）。

委託権限のある者からの委託でなければ委託関係とはいえないか。たとえば、①窃盗犯人Xから預かった盗品を甲が領得した場合、②盗品の売却を窃盗犯人Yから依頼された乙がこれをZに売却し受け取った代金を領得した場合、甲乙は横領罪に問われるか。判例は、これを肯定する（①の場合について大判昭和13・9・1刑集17-648、②の場合について、最判昭和36・10・10刑集15-9-1580）。学説には、肯定説（窃盗犯人との委託関係も保護に値するとするもの―大谷308、前田267）と否定説（横領罪は所有権に対する罪であり窃盗犯人に所有権がない以上成立しないとするもの―西田243、窃盗犯人との委託関係は保護に値しないとするもの―高橋365）がある。

[2] 横領罪（単純横領罪）

> 252条1項　自己の占有する他人の物を横領した者は、5年以下の懲役に処する。
> 2項　自己の物であっても、公務所から保管を命ぜられた場合において、これを横領した者も、前項と同様とする。

(1)「自己の占有する」

「自己の占有する」とは、委託に基づいて、事実上または法律上、物に対する支配力を有する状態をいう。

占有は、「濫用のおそれがある支配力」（団藤635）といわれるように、委託の趣旨に反して他人の物を処分できる支配関係であれば足りるから、法律的支配があるときにも肯定される。したがって、登記されている不動産については、登記簿上所有名義人になっている（最判昭和30・12・26刑集9-14-

3053)、登記済証、白紙委任状等を所持している（福岡高判昭和53・4・24判時905-123）、といった場合には占有しているといえる。ちなみに、未登記の不動産については事実上支配・管理する者が占有していることになる（最決昭和32・12・19刑集11-13-3316参照）。

倉荷証券・船荷証券（商法627条・767条参照）の所持人は寄託物を占有するものであるといえる（倉荷証券につき大判大正7・10・19刑録24-1274）。これらの証券の所持者は寄託物を任意に処分できるからである。

預金者は預金（あるいは、預金した金銭）を占有しているといえる（預金の占有、大判大正元・10・8刑録18-1231）。小切手の振出権限を有する者は当座預金を占有しているといえる（東京高判昭和51・7・13東高時報27-7-83、広島高判昭和56・6・15判時1009-140）。

もっとも、預金についての事実上または法律上の支配力は銀行（の管理者）にあるのではないかという疑問がないわけではない（大谷299参照）。

また、「預金による金銭の占有」を肯定する学説も、預金通帳、印鑑、キャッシュカード等を単に保管のために預かっているに過ぎない者については、このような占有は認められないとする（前田263、高橋353）。さらに、誤振込みされた金銭が口座名義人の占有するものになるのなら、これを名義人がキャッシュカードで引き出して領得すると遺失物等横領罪になるように思えるのに（これを肯定するものとして林281、最終的に遺失物等横領罪も成立しないとするものとして高橋357）、東京高判平成6・9・12判時1545-113や学説（西田236、前田168、佐久間185など）は窃盗罪が成立するとしていることにも注意を要する。

(2) 「他人の物」

「他人の」とは、他人に所有権その他の本権が帰属していることをいう。「物」とは、財物をいう。

所有権などの本権の内容と帰属は、基本的には民法の解釈により定まる。民法上、物権の設定・移転は当事者の意思表示によって効力を生じるとされており（民176条）、「他人の物」か否かは、本来は当事者の意思によって決定されることになる。したがって、代金完済まで売主に所有権を留保する特約の付いた割賦売買契約に基づいて自動車を購入した者が、代金完済前に売主に無断で（まだ売主の所有物である）同自動車を担保として第三者に

提供した場合は、横領罪が成立する（最決昭和55・7・15判時972-129）。これに対して、譲渡担保として土地の所有権を譲渡された債権者が同土地につき根抵当権設定契約および停止条件付代物弁済契約を締結して登記を了した場合は、背任罪が成立することになる（大阪高判昭和55・7・29刑月12-7-529）。

なお、共有物は、他の共有者の所有物でもあるから、「他人の物」にあたる（大判明治44・4・17刑録17-587）。

金銭については、受領し占有した者の所有物になり、「他人の物」にあたらないのではないか。判例は、使途を限定して寄託された金銭につき、特別の事情がない限り、受託者は「他人の物」を占有する者にあたるとし（最判昭和26・5・25刑集5-6-1186）、売却を依頼された委託物とその売買代金は特約等がなければ委託者の物であるとする（最決昭和28・4・16刑集7-5-915）。したがって、判例によれば、金銭も特約等がない限り「他人の物」にあたりうるということになる。

もっとも、東京高判昭和31・8・9高刑裁特3-17-826は、金銭の一時使用につき、委託の趣旨がこれを許さないものとは認められず、一時使用者に遅滞なく補填する意思と能力（十分な資力）がある場合には、違法性を欠き横領罪が成立しないこともある旨（傍論ながら）述べている。学説としても、このような場合には、可罰的違法性、不法領得の意思、領得行為が欠如するといった理由で横領罪の成立を否定する見解が有力である（大谷304、西田246、前田266）。

不法原因給付物は「他人の物」か。たとえば、甲がAから贈賄資金として預かった金員を費消した場合、横領罪が成立するか。A-甲間の贈賄契約は民法90条により無効となるものの、Aの甲に対する金員の返還請求は民法708条によって認容されないことになる。それでも甲は横領罪に問われるのか。最判昭和23・6・5刑集2-7-641は、①横領罪の目的物は単に犯人の占有する他人の物であることを要件としているのであって、必ずしも物の給付者に民法上その返還を請求しうべきものであることを要件としていない、②贈賄目的で受け取り保管していた金員が甲の物であるともいえない、③金銭のような代替物であっても直ちにこれを甲の財物であると断定することはできない、といった理由から横領罪の成立を肯定している。この判決は、金員の所有権がAにあると考えているように読める（林150

参照)。その後、民事判例は、不法原因給付物の所有権は受給者に帰属すると解するようになっているので (最大判昭和 45・10・21 民集 24-11-1560)、このような金員は甲の物であって「他人の物」ではないのではないかという疑問が生じることになる。横領罪の成立につき、学説には、a 説：民法において保護されないものを横領罪の客体とすることは法秩序の統一の見地から疑問である等の理由で否定するもの (団藤 637、大塚 291、高橋 364)、b 説：民法において保護されないものも刑法の観点からは保護に値するとして肯定するもの (藤木 340、板倉 140、前田 267)、c 説：不法原因給付は終局的な利益を移転する場合であり、そこまでにはいたらない不法原因寄託の場合 (前述の贈賄資金を預けた場合など) は、民法 708 条は適用されないとして肯定するもの (林 152、大谷 307、西田 242) などがある。

(3) 横領

横領とは、物を不法に領得することをいう。横領罪が利欲犯であることから、このように解するのが領得行為説である (通説・判例)。領得行為説によるなら、横領行為とは、不法領得の意思の発現行為を意味することになる。これに対し、越権行為説は、物に対する権限を逸脱する行為 (委託の趣旨に反する行為) が横領であるとする。

越権行為説によれば、権限を逸脱して物を毀棄・隠匿する行為は横領行為になる。しかし、領得行為説でも不法領得の意思のとらえ方によって、毀棄・隠匿する行為を横領行為にすることができる。

横領行為 (不法領得の意思の発現行為) の範囲はかなり広い。着服 (自分のものとして占有すること)、拐帯 (持ち逃げすること)、費消といった事実行為のほか、売買、贈与、貸与といった法律行為もこれにあたる。抵当権設定や原質権の範囲を超えた転質 (民 348 条参照) をする (最決昭和 45・3・27 刑集 24-3-76) といった担保に供する行為も含まれる。

登記されている不動産が客体の場合、自分が所有者だと主張して民事訴訟を提起することが横領行為になるとした判例がある (大判昭和 8・10・19 刑集 12-1828)。しかし、不動産の二重譲渡の場合 (最判昭和 30・12・26 刑集 9-14-3053) のように登記が被害者への対抗要件になる場合には登記完了により横領行為が完成する (既遂に達する) と解する見解が有力である (大塚 300、大谷 311、前田 271、高橋 372)。ちなみに、不実の抵当権設定仮登記を了した場

合に横領行為を認めた判例もある（最決平成21・3・26刑集63-3-291）。

なお、不作為による横領も可能である（大判昭和10・3・25刑集14-325参照）。

(4) 不法領得の意思

本罪における不法領得の意思は、「他人の物の占有者が委託の任務に背いて、その物につき権限がないのに所有者でなければできないような処分をする意思」であると解されている（最判昭和24・3・8刑集3-3-276）。

毀棄・隠匿の意思があっても不法領得の意思が認められないわけではない。大判大正2・12・16刑録19-1440は、市立小学校の設計図面の隠匿行為につき、「自己領得の意思」(不法領得の意思)を外形に表示したものであるとして、横領罪の成立を肯定している。学説には反対するものもある（大谷313、西田244、林293）。

一時使用の場合は不法領得の意思が認められることが多い。東京地判昭和60・2・13刑月17-1=2-22は、会社の所有する秘密資料のファイルを保管している者が、別の会社で利用するためにコピーを取ろうと考え、無断で社外に持ち出した場合、使用後返還する意思があったとしても不法領得の意思が認められるとしている。

第三者に領得させる場合でも不法領徳の意思が認められることがある（自分が代表者をしている合資会社に領得させた場合につき大判大正12・12・1刑集2-895）。学説には、行為者と無関係な第三者に領得させるような場合などは不法領得の意思は認められないとするものがある（大谷313、西田245、林295）。

本人（被害者）のためにする意思がある場合、不法領得の意思が認められないとされることがある（大判大正15・4・20刑集5-136、最判昭和28・12・25刑集7-13-2721、最判昭和33・9・19刑集12-13-3047）。もとより、事案によっては、もっぱら本人のためにする意思であったとは認められないとして、不法領得の意思が認定されることもある。最決平成13・11・5刑集55-6-546は、株式買占めに対抗する工作の資金として会社資金を使用したという事案について、不法領得の意思を認めている。この決定は、行為ないしその目的が違法であることなどの理由から委託者たる会社として行いえないものであることは、不法領得の意思を推認させる1つの事情とはなりうるものの、法令に反する行為であっても行為者の主観においては、それをもっぱら会社のためにするとの意識の下に行うことは、ありえないことではなく、そ

の行為が法令に違反するという一事から直ちに不法領得の意思を認めることはできないというべきであるとしつつ、当該事案においては不法領得の意思が認められるとしたものである。

使い込んだ金銭の補塡（穴埋め）のために自己が占有する金銭を順次充当した場合（穴埋め横領）も不法領得の意思は認められる（大判大正6・12・17刑集10-789）。

(5) 横領後の横領

甲が、A所有の土地を委託されて占有している間に、①Aに無断でBのために土地に抵当権を設定して抵当権設定登記を了し、その後、②Aに無断でCに土地を売却して所有権移転登記を了したという場合、②の行為について横領罪が成立するか、それとも①の横領の不可罰的事後行為となるのか。最大判平成15・4・23刑集57-4-467は、横領罪の成立を肯定した。

2つの横領の罪数関係については、同一の法益に対する侵害であるから、包括一罪と考える学説が有力である（林281、高橋375）。

(6) 横領と詐欺

自己の占有する他人の物を欺罔行為により横領しても横領罪が成立するのみであり、1項詐欺罪は成立しない（大判明治44・4・17刑録17-587参照）。これに対し、甲がAから委託された物を横領しようと考え、返還を求めてきたAに対し「泥棒に盗まれてしまった」と嘘を言って返還請求を免れたような場合は、2項詐欺罪の成否が問題になる。学説には、a説：横領罪のみが成立するとするもの（大谷322、西田248、山口313）、b説：2項詐欺罪の包括一罪になるとするもの（林304）、c説：2項詐欺罪と横領罪が成立し観念的競合になるとするもの（藤木342）がある。

[3] 業務上横領罪

> 253条　業務上自己の占有する他人の物を横領した者は、10年以下の懲役に処する。

(1) 趣旨

本条は、業務上、委託に基づいて占有する他人の物を横領する行為を加重処罰した規定である。刑を加重するのは、本罪の行為が、多数の者との

委託関係を破壊することから違法性が高く、責任非難も増大すると考えられるからである。

(2) 業務

一般に、業務とは社会生活上の地位に基づいて反復継続する事務をいう。本罪の業務は、、加重処罰の趣旨から考えて、他人の委託に基づいてその財物を占有、保管する事務であることを要する。倉庫業者、質屋、運送業者などはこれにあたる。もっとも、本来の職務が財物の占有、保管である必要はない。たとえば、弁護士が訴訟の相手方と交渉して得た金銭（依頼者の所有となる）を横領すれば本罪に問われる（大判昭和6・11・18刑集10-609参照）。

業務の根拠としては、法令、契約のほか、慣例が考えられる。なお、無免許で行う業務であっても、本罪の業務足りうる（大判大正9・4・13刑録26-307）。

(3) 共犯

本罪は、業務者、占有者という身分を要する二重の身分犯である。業務者でも占有者でもない者が加功した場合、判例は、65条1項により本罪の共同正犯にはなるものの、65条2項により単純横領罪の刑を科すとしている（最判昭和32・11・19刑集11-12-3073）。

[4] 遺失物等横領罪（占有離脱物横領罪）

> 254条　遺失物、漂流物その他占有を離れた他人の物を横領した者は、1年以下の懲役又は10万円以下の罰金若しくは科料に処する。

(1) 客体

本罪の客体は、本来の占有者の意思に基づかずにその占有を離れた他人の物である。遺失物、漂流物は例示である。公道上に落ちている財布のように誰の占有にも属していないもののほか、誤って渡された現金（大判明治43・12・2刑録16-2129）、誤配達された郵便物（大判大正6・10・15刑録23-1113）、逃げ出して網にかかった鯉（最決昭和56・2・20刑集35-1-15）、間違えて持ち帰った傘など、行為者の占有に属しているものでもよい。また、窃取した者が放置した自転車なども本罪の客体となる。

(2) 行為

本罪の行為は、領得行為、すなわち、不法領得の意思をもって客体を自己の事実上の支配下に置くことであるといわれる（大判大6・9・17刑録23-1016参照）。もっとも、委託に基づき占有する物を領得するわけではないので、その性質には委託物横領とは異なるものがある。

(3) 罪数

本罪を実行した後、客体を損壊した場合、器物損壊罪が成立するか。肯定説もあるものの（林298）、本罪の法定刑が軽いのは誘惑的要素が大きく有責性が軽いからであると考え、損壊行為を不可罰的事後行為（あるいは共罰的事後行為）と解する否定説が有力である（大谷324、西田252、山口317、高橋380）。また、拾得した乗車券の払戻しを受ける行為についても、不可罰的事後行為として詐欺罪を構成しないとした裁判例があり（浦和地判昭和37・9・24下刑集4-9＝10-879）、この判決に対する学説の評価は分かれている（支持するものとして大塚315、大谷324、新たな法益侵害があると考えて反対するものとして西田252、山口317、高橋381）。

C 背任の罪

[1] 総説

背任の罪は、他人の事務を処理する者が（一定の目的をもって）任務に背く行為をして他人の財産（全体財産）の価値を低下させる罪である。刑法典には背任罪（247条）のみが規定されている。実際に問題になることが多いのは会社法上の特別背任罪（会社法960条・961条）である。その法定刑は、刑法典の背任罪より重くなっている。

背任罪の本質については、これを、他人（本人）との信任関係（あるいは誠実義務）に違背した財産侵害であるとする背信説と、他人によって与えられた代理権（法的処分権限）の濫用による財産侵害であるとする権限濫用説との対立がある。権限濫用説によると、第三者に対して法律行為をなすにつき代理権を与えられた者がこれを濫用した場合にのみ背任罪が成立することになるので、事実行為や権限逸脱行為が背任罪になることはない、ということになる。そうなると、企業秘密の漏洩などの事実行為や本人のために抵当権を設定した後で第三者のために抵当権を設定して登記を了する二

重抵当などの権限逸脱行為は、横領罪に問われないのみならず背任罪にも問われないことになって不都合である。そこで、背信説が通説となっている。判例も、虚偽の事実の帳簿への記入（大判大正3・6・20刑録20-1313）や二重抵当（最判昭和31・12・7刑集10-12-1592）の場合に背任罪が成立するとしているので、同様の考えであるといえる。

背任罪は全体財産に対する罪であるから、個別財産を害しなくても全体財産を害したとして背任罪が成立するということがある。たとえば、A（本人）から連帯保証契約締結につき代理権を授与されている甲が、Bが返せる見込みのない多額の借財をCからする際に、Aの代理人として、AをBの連帯保証人とする保証契約をCと締結した、とする。この場合、Aはとくに財物や債権を失ったわけではないし、BがCに返済する可能性も皆無ではないので、返済期がきてCがAに請求してくるまでAはとくに損害を被らないともいえる。しかし、このような場合でも背任罪に問われることはありうる。判例によれば、247条の「財産上の損害を加えた」ときには、財産上の実害発生の危険を生じさせた場合も含まれ（最判昭和37・2・13刑集16-2-68）、多額の債務を抱えた者が借財をする際に本人に保証をさせたときは、保証した債務が不履行の段階になくても、経済的見地からは財産上の損害を加えたと認められるとされるのである（最決昭和58・5・24刑集37-4-437）。

なお、背任罪の保護法益は全体財産（本人の経済的な財産状態）であり、背任罪は危険犯ではなく侵害犯であると解されている。しかし、前述のような解釈によるなら、危険犯と解するのと大差がないことになろう。

[2] 背任罪

> 247条　他人のためにその事務を処理する者が、自己若しくは第三者の利益を図り又は本人に損害を加える目的で、その任務に背く行為をし、本人に財産上の損害を加えたときは、5年以下の懲役又は50万円以下の罰金に処する。

(1) 主体

本罪の主体は「他人のためにその事務を処理する者」である（真正身分犯）。

その意義について、通説的立場は、本人に対する内部関係として一定の注意をもって事務を処理するべき法的任務（法的誠実義務）を負う者であるとする（団藤651、板倉144）。この見解は、対向的に本人に対し義務を負うにすぎない者は背任罪の主体ではないとする。これに対し、近時の有力説は、背任罪の主体は、本人固有の事務（あるいは本人がなしうる事務）を本人に代わって行う者であるとする（西田256、山口322）。この見解によるなら、たとえば、二重抵当の場合、本人のために抵当権を設定した者は他人の事務の処理者にはあたらないのではないかという疑問が生じることにもなる（林271参照。実際、山口323は、二重抵当の事例で背任罪の成立を肯定するのは疑問であるとする）。

判例は、二重抵当事案の抵当権設定者（最判昭和31・12・7刑集10-12-1592）、県知事の許可を条件として農地を売り渡した者（最決昭和38・7・9刑集17-6-608）、株式を目的とする質権の設定者（最決平成15・3・18刑集57-3-356）が背任罪の主体となることを認めている。

事務は財産上の事務に限られる（団藤653、大塚321、板倉144など）。

事務処理の根拠としては、法令、契約、慣習、事務管理といったものが考えられる。

(2) 目的

本罪の目的（図利・加害目的）は、財産的な目的に限定されないとするのが通説・判例である（大判大正3・10・16刑録20-1867）。自己の面目信用が失墜するのを防止するためにした場合（最決昭和63・11・21刑集42-9-1251）や、本人の利益を図る目的が併存している場合（最決平成10・11・25刑集52-8-570）でも、本罪の目的が認められている。

(3) 任務違背行為

任務に背く行為（任務違背行為）とは、事務処理者としての信義誠実義務に違反する行為をいう（背信説）。すでに出てきたもののほかに、裁判例は、実質的に倒産状態にある会社に実質的に無担保で融資する行為（最決平成21・11・9刑集63-9-117）、商法上の利益相反行為にあたる、本人の定期預金債権に担保権を設定する行為（大阪高判昭和45・6・12刑月2-6-626）、会社の機密資料を写真撮影して複製を作り他社に売却する行為（神戸地判昭和56・3・27判時1012-35）、会社の開発したコンピュータ・プログラムを無関係なコンピ

ュータに入力する行為（東京地判昭和 60・3・6 判時 1147-162）などを任務違背行為にあたるとしている。。

(4) 財産上の損害

財産上の損害とは、経済的見地において財産状態を評価し、財産の価値が減少したこと、または、増加すべかりし価値が増加しなかったことをいう（最決昭和 58・5・24 刑集 37-4-437）。

本罪は全体財産に対する罪であるから、財産の減少があっても反対給付などによって補われるときは、財産上の損害が否定されることがある。もっとも、判例には、本人である銀行に手形保証をさせた場合、手形金額が同銀行の当座預金口座に入金されても、手形保証に見合う経済的利益が同銀行に確定したということはできず、財産上の損害を加えたといえるとしたものがある（最決平成 8・2・6 刑集 50-2-129）。

(5) 共犯

不良貸付（不正融資）の相手方が背任罪（ないし特別背任罪）の共同正犯となるのはどのような場合か。身分を有しない者でも 65 条 1 項によって共同正犯となりうるものの、融資の相手方となると、融資条件や担保の価値について金融機関の担当者とは異なった認識をもちがちであるし、単に融資内容を認識しつつ通常の形態で融資を受けただけで共同正犯になるとするのでは、経済活動に対する不当な制約になるおそれもある。そこで、融資担当者に支配的な影響力を行使したとか、社会通念上許されないような方法によって融資に協力したとか、融資担当者の任務違背や財産的損害について高度の認識を有していたとかいう場合に限定すべきではないか、ということがいわれる。

融資の相手方が特別背任罪の共同正犯となるとした判例をみても、融資担当者らの任務違背や財産上の損害について高度の認識を有していたこと、融資担当者らが融資に応じざるをえない状況にあることを利用しつつ迂回融資の手順を採ることに協力するなどして、融資の実現に加担したこと（最決平成 15・2・18 刑集 57-2-161）や、融資担当者（銀行頭取）らの任務違背や財産上の損害などを認識しつつ、融資の前提となる再生スキームを提案したり、担保に供するゴルフ場の担保価値を大幅に水増しする不動産鑑定評価書を不動産鑑定士に作らせたり、ゴルフ場の譲渡先かつ融資先になる会社を設

立するなど、融資の実現に積極的に加担したこと（最決平成 20・5・19 刑集 62-6-1623）が認定されている。
(6) 背任と詐欺
　背任罪の身分者が本人を欺いて財物を交付させた場合（たとえば、保険会社の代理人が被保険者は健康体であると欺いて保険契約を締結させ、保険証券を交付させたような場合）、判例は詐欺罪のみが成立するとしている（大判昭和 7・6・29 刑集 11-974、最判昭和 28・5・8 刑集 7-5-965）。学説には、a 説：詐欺罪のみ成立するとするもの（前田 293、山口 332）や b 説：詐欺罪と背任罪の観念的競合になるとするもの（大塚 330、藤木 353、大谷 338）がある。
　電子計算機使用詐欺罪が成立するときは、背任罪は成立しない（東京高判平成 5・6・29 高刑集 46-2-189 参照）。もっとも、学説は、不良貸付をコンピュータ端末を操作する振替入金によって行う場合には、貸付が一応民事上有効であれば「虚偽の情報」（246 条の 2）とはいえないから電子計算機使用詐欺罪は成立しないともいう（大谷 338、西田 265）。

D　横領罪・背任罪に共通する諸問題
[1]　横領罪と背任罪の区別
　他人のために事務を処理する者が自己の占有する他人の物を不法に処分した場合、（委託物）横領罪と背任罪の双方にあたるようにみえるものの、両罪は法条競合の関係に立ち、横領罪のみが成立するとするのが通説・判例（大判明治 43・12・5 刑録 16-2135）である。となると、横領罪の要件を充たさない行為についてのみ背任罪が成立しうるということになる。
　このように考えると、横領罪と背任罪の区別基準は、①財物についての領得行為が横領罪、その他の背信行為が背任罪というものになってくる（平野 231、西田 266、山口 334、高橋 400）。学説には、他に、②権限濫用説の立場から、法律上の処分権限のある者の権限濫用が背任であり、横領は法律上の処分権限の濫用とはいえない行為による特定物または特定利益の侵害であるとする見解（瀧川[12]）、③財物を客体とするのが横領罪、財物以外の財産上の利益に関するものが背任罪になるとする見解（小野[13]、板倉 144）、④一般的権限（または抽象的権限）の逸脱が横領罪、濫用が背任罪であるとする見解（大塚 320、佐久間 251、藤木 354、前田 291）がある。②の見解に対しては、権

限濫用説自体が背任罪の成立範囲を限定しすぎることから採用できないとの批判があり、③の見解に対しては、客体が財物である場合、(不法領得の意思が認められないなどの理由で) 横領罪が成立しないとき、背任罪でも処罰できないとすることは妥当ではないとの批判があり、④の見解に対しては、二重抵当のような場合、(利益を客体とする) 権限逸脱であるのに背任罪になるというのでは基準として一般的妥当性を有するとはいえないといった批判がある (西田266、山口334、高橋400)。

判例には、金員貸付のケースで、本人の名義・計算で貸し付けた場合は背任 (大判昭和9・7・19刑集13-983)、自己の名義・計算で貸し付けた場合は横領 (大判昭和10・7・3刑集14-745、最判昭和33・10・10刑集12-14-3246) とするものがある。学説には、これらの判例を、自己の名義・計算で貸し付けた場合は領得行為が認められるとしたものとして、支持するものがある (たとえば、西田267参照)。また、最判昭和34・2・13刑集13-2-101は、森林組合の組合長らが、造林資金以外の用途に使えない政府貸付金を、個人の計算において第三者に貸し付けたという事案について、貸付が組合名義をもって処理されているとしても、不法領得の意思を認めて妨げなく、背任罪の成否を論じる余地も存しないとしている。この判決からも、判例は不法領得の意思の実現行為 (領得行為) が認定できるかどうかを基準としているといえる。

[2] 不動産の二重処分と横領・背任等
(1) 問題点

不動産の二重処分の場合、たとえば、甲が、その所有する土地について、Aに対し第1の処分 (譲渡＝所有権移転、あるいは、抵当権設定など) をした後、登記を了する前に、Bに対し第2の処分をして登記を了すると、民法上、Aは土地についての第1の処分による物権取得をBに対抗できないことになる (民177条参照)。この場合、①甲はAを被害者とする横領罪・背任罪の罪責を負うか、②甲が横領罪・背任罪の罪責を負う場合、Bはその共犯となるか、③第2の処分をする際に甲がBに第1の処分をしたことを告知せずに対価を交付させた場合、甲はBを被害者とする詐欺罪の罪責を負うか、が問題になる。

(2) 甲はAを被害者とする横領罪・背任罪の罪責を負うか

　横領罪が成立する場合、背任罪は成立しないから、まず横領罪の方から検討することになる。

　横領罪の客体は「自己の占有する他人の物」であるから、第1の処分により土地の所有権がAに移転していなければ、横領罪は問題にならない。第1の処分が抵当権設定であればもとより、当事者の意思にしたがってまだ所有権が移転したと認められない場合、農地移転についての県知事の許可のような条件が成就していないので所有権が移転したと認められない場合（最決昭和38・7・9刑集17-6-608）は横領罪ではなく背任罪が問題になる。この場合は、まず甲が背任罪の主体としての身分を有するか否かから検討することになる（二重抵当に関する最判昭和31・12・7刑集10-12-1592参照）。

　第1の処分により土地が他人（A）の物になっているなら、第2の処分が譲渡（売却など）であれ抵当権設定であれ、甲は横領罪の罪責を負うことになりうる（二重譲渡に関する最判昭和30・12・26刑集9-14-3053参照）。

(3) 甲が横領罪・背任罪の罪責を負う場合、Bはその共犯となるか

　Bが第1の処分がされたことを知っていたにとどまるときは、民法177条の「第三者」として、第2の処分による物権取得をAに対抗できる。民法上許容される権利取得をした者が横領罪・背任罪の共犯になるとするのは妥当ではないから、Bが背信的悪意者に相当する場合に限って横領罪・背任罪の共犯になると解するべきである（横領罪に関し、最判昭和31・6・26刑集10-6-874、福岡高判昭和47・11・22刑月4-11-1803参照）。

(4) 第2の処分をする際に甲がBに第1の処分をしたことを告知せずに対価を交付させた場合、甲はBを被害者とする詐欺罪の罪責を負うか

　第1の処分がされていても、第2の処分につきBが登記を備えれば、Bは自己の物権取得をAに対抗でき、何ら不利益を受けない。とすれば、第1の処分がされたことは、財物交付の判断の基礎となる重要な事項（最決平成22・7・29刑集64-5-829）にはあたらず、欺罔行為が認められないということになるであろう。もっとも、先に土地がAに譲渡されていたことを知っていれば代金を交付することはなかったといえるような特段の事情があるような場合は、1項詐欺罪の成立が肯定されることがある（東京高判昭和48・11・20高刑集26-5-548）。

5 盗品等に関する罪

A 総説

> 256条1項　盗品その他財産に対する罪に当たる行為によって領得された物を無償で譲り受けた者は、3年以下の懲役に処する。
> 2項　前項に規定する物を運搬し、保管し、若しくは有償で譲り受け、又はその有償の処分のあっせんをした者は、10年以下の懲役及び50万円以下の罰金に処する。

[1] 罪質

　盗品等に関する罪（盗品関与罪）は、「盗品その他財産に対する罪にあたる行為によって領得された物」（256条1項）―盗品等、旧表記では「贓物」（「賍物」とも表記）―に関わる罪である。その罪質を、財産罪の被害者が被害品である財物について有する回復請求権（追求権）を害する罪であると解するのが追求権説である（通説・判例―たとえば、最決昭和23・11・9刑集2-12-1504）。盗品等の占有や本権は、財産罪を犯した者（本犯）によって侵害されているので、盗品関与罪の財産的な保護法益として考えられるものは追求権ということになるわけである。もっとも、256条の1項と2項とで法定刑に著しい差異があることを追求権だけで説明することは難しい（1項の無償譲受けであろうと2項の有償譲受けであろうと、追求権を害する程度に差異はないともいえる）。そこで、このような差異のある理由は、2項の行為が本犯助長性（事後従犯的性格）を有し営業犯として常習的に行われるところ（利益関与性）に求められることになる（本犯助長性につき、たとえば、最決平成14・7・1刑集56-6-265参照）。

　追求権説と対比される考えとして、盗品関与罪は違法な財産状態を維持する罪であるとする見解（新しい違法状態維持説）がある。この見解によれば、不法原因給付物や禁制品といった、民事法上返還請求を認めにくい物を客体とする場合も盗品関与罪の成立を肯定することが容易になる。また、前

述したような 256 条 1 項と 2 項の法定刑の差異や、追求を最も困難にする盗品等の毀棄行為を盗品関与罪として処罰していないといった、追求権説では説明しにくい諸点を考えるなら、新しい違法状態維持説が支持されるべきであるともいわれる（前田 295-297 参照）。もっとも、この見解に対しては、「違法な財産状態」の内容が明確ではなく侵害対象として位置づけられないとか（高橋 405 参照）、本罪の財産犯としての法益侵害の内容を実体として空虚にするものであるとかいった批判が加えられている（山口 339 参照）。

[2] 主体

本犯は盗品関与罪の主体（盗品犯）にはなりえない。盗品等が本犯の下にある限り、追求権行使がより困難になるとは認められず、また、本犯が盗品等に関与する行為は、不可罰的事後行為となると考えられるからである。さらに、無償譲受け、有償譲受けについては、「譲り受けた」という文言から考えて、本犯が行いえない行為と考えられる。

共同正犯についても同様である。ただし、本犯の犯罪行為を実行していない教唆犯、従犯は主体足りえよう。

[3] 客体（盗品等）

(1) 総説

客体（盗品等）は、財産罪によって領得された財物で、被害者が法律上追求できるものである。民法 192 条で即時取得された物であっても、民法 193 条により回復請求が可能なら、盗品等にあたる（最決昭和 34・2・9 刑集 13-1-76）。詐欺の被害品は、民法 96 条 1 項により意思表示を取り消さなくても盗品等にあたるとされる（大判大正 12・4・14 刑集 2-336）。

(2) 不法原因給付物

不法原因給付物は盗品等にあたるか。学説には、大別して、事実上の所有状態に刑法上の保護が及ぶ場合には盗品等にあたるとする積極説（大塚 336、藤木 359、前田 295）と民法 708 条により返還請求が認容されないときは追求権が否定されるので盗品等にあたらないとする消極説（西田 272、山口 342、高橋 408）とがある。

(3) 付合、加工

被害者の被害品についての所有権が付合（民243条）、加工（民246条1項）により、失われた場合、盗品等ではなくなる（大塚336、西田272、山口342、高橋408）。

判例には、盗品等の原形を変じただけであって、工作を加えた（加工した）とまではいえないとか、分離することができなくなったとはいえないから付合したとはいえないとかいった理由で、当該動産はなお盗品等にあたる旨判示したものがある（大判大正4・6・2刑録21-721、最判昭和24・10・20刑集3-10-1660）。

(4) 代替物

たとえば、窃取した現金で購入した時計や詐取した指輪を売却して得た現金は、窃盗・詐欺の被害者の所有物ではなく、追求権は及ばない。したがって、これらの物は盗品等にはあたらない。

しかし、被害品である紙幣を両替して得た金員は、なお盗品等にあたると解される（大判大正2・3・25刑録19-374）。金銭は高度の代替物であって、物質的な同一性が失われても、なお返還請求しうると考えられるからである。また、判例には、他人を欺罔して小切手を振り出させ、これを支払人に提示して額面金額を支払わせた事案について、支払を受けた現金は詐欺罪により領得した物件にほかならず、盗品等にあたる旨判示したものがある（大判大正11・2・28刑集2-336）。欺罔して小切手を交付させることは現金を交付させることと同一であると評価して、このような結論にいたったのであろう。

[4] 被害者の下に戻す行為

盗品等を、被害者の下に運搬するとか、被害者を相手として買戻しをあっせんするとか、被害者の下に戻すために買い取るとかいった行為は、それぞれ、盗品等運搬罪、盗品等有償処分あっせん罪、盗品等有償譲受け罪にあたるか。被害者の下に戻すために盗品等に関与する行為は、追求権を害するものではないので、盗品関与罪にはあたらない、ということになるようにも思える。

しかし、判例は、盗品等の正常な回復を困難にし、本犯助長性のある行

為については、盗品関与罪にあたるとしている（盗品等運搬罪に関し最決昭和27・7・10刑集6-7-876、盗品等有償処分あっせん罪に関し最決平成14・7・1刑集56-6-265）。もっとも、窃盗の被害品を買い取り、数日後に被害者に引き渡した事案について盗品等有償譲受け罪にあたらないとした裁判例もある（東京高判昭和28・1・31東高時報3-2-57）。

学説には、追求権行使を困難にするとはいえないことから消極に解する見解（大谷345・347、林306、高橋412）、本犯の利益のための行為とみられることや「正常な回復」を害していることから積極に解する見解（西田275・277、佐久間258、山口346）がある。

B 盗品等無償譲受け罪

「無償で」とは、代価を支払わないことをいう。「譲り受けた」とは、相手方との合意に基づき盗品等の現実の引渡を受けたことをいう。

盗品等を詐取したとか喝取したという場合も、「譲り受けた」にあたるであろう（喝取した場合につき大判昭和6・3・18刑集10-109）。これに対して、相手方の意思に基づかずに盗品等を取得した場合（強取、窃取、拾得）は、「譲り受けた」にはあたらない。

C 盗品等運搬罪

「運搬」とは、委託を受けて盗品等を場所的に移転することをいう。委託を受けることなく移転する行為は、本犯助長性がなく、「運搬」にあたらない。また、場所的に移転しない行為は、「運搬」という文言にそぐわず、追求権を害するともいえないので、「運搬」にあたらない。

なお、本犯と共同して運搬した場合は、本犯が運んだ分を含め、全部について本罪が成立する（最判昭和30・7・12刑集9-9-1866）。

D 盗品等保管罪

「保管」とは、委託を受けて本犯のために盗品等の占有（所持）を得て管理することをいう。委託を受けることなく盗品等を持ち出して管理する行為は、本犯助長性がなく、「保管」にあたらない。また、盗品犯が占有を得て管理するのでなければ、追求権を害するとはいえないから、「保管」にあた

らない。

　盗品等であることを知らずに預かって管理を開始し、途中で盗品等であることを知った場合はどうか。最決昭和50・6・12刑集29-6-365は、その後、「なおも本犯のために保管を継続するとき」は、本罪の成立を肯定する旨判示している。学説には、このような行為にも追求権行使を困難にし本犯を助長する性質があるとして積極に解する見解（西田275、大谷346）と、追求権を害する占有移転時に盗品等であることの認識が必要であるとか本犯助長性が弱いとかいったことから消極に解する見解（平野235、山口347、林311、高橋413）とがある。

E　盗品等有償譲受け罪

　「有償で」とは、代価を提供することをいう。「譲り受けた」の意義は、盗品等無償譲受け罪のそれと同様である。たとえば、代金を支払って盗品を買い取る行為がこれにあたる。

F　盗品等有償処分あっせん罪

　「有償の処分のあっせん」とは、有償の処分を媒介、周旋することをいう。たとえば、盗品の買取先をあっせんする行為がこれにあたる。あっせん自体は無償でもよい（最判昭和25・8・9刑集4-8-1556）。

　判例は、本罪が成立するには、あっせん行為（周旋行為）がなされれば足りるとする（最判昭和23・11・9刑集2-12-1504、最判昭和26・1・30刑集5-1-117）。学説には、a説：本犯助長性を考慮してあっせん行為がなされれば足りるとするもの（前田301）、b説：追求権の観点から盗品等が相手方に移転したことを要するとするもの（西田276、高橋411）、c説：あっせん行為だけでは追求権を害するとはいえないものの、契約（合意）が成立した後はあっせんをした者は引渡しに関与しないのが一般であるから盗品等が移転することまでは必要ではないとして、契約成立時に本罪が成立するとするもの（大塚339、大谷347、佐久間257）がある。

G　親族等の間の犯罪に関する特例

> 257条1項　配偶者との間又は直系血族、同居の親族若しくはこれらの者の配偶者との間で前条の罪を犯した者は、その刑を免除する。
> 2項　前項の規定は、親族でない共犯については、適用しない。

　通説は、本条1項を、本犯と一定の親族関係にある者が本犯を庇護するなどのために盗品等に関与することは無理もないことであって、適法行為の期待可能性が乏しいことから、刑を免除した規定であると解している（団藤669、大塚343、西田279、前田303）。したがって、親族関係は、本犯と盗品犯との間にあることが必要であり、判例もそのように解している（大判大正3・1・21刑録20-41）。

　盗品犯の間に親族関係のある場合、本条1項は適用されるか。判例は、本条1項は本犯と盗品犯との間に親族関係がある場合の規定であるとして、これを否定する（妻が譲り受けた贓物を夫が運搬した事案につき最決昭和38・11・8刑集17-11-2357）。学説には、判例を支持するもの（大谷350、西田279）と、期待可能性が減少するのは同様であるから刑の免除を認めるべきだとするもの（前田303、山口351）とがある。

6　毀棄および隠匿の罪

A　総説
[1] 保護法益等

　毀棄および隠匿の罪の基本的な保護法益は、個別財産の効用である。効用とは、その財産を利用して利益を得られること、あるいは、その財産の価値をいうと考えられる。それは、物理的破壊のほかに、棄てるとか隠匿するなどの方法によっても害されうる。

　そのほか、公用文書等毀棄罪（258条）には公務を妨害する罪の性質があり、公務（ないしその執行）も同罪の保護法益であると解する余地がある。境界損壊罪（262条の2）の保護法益は、土地の権利関係の明確性であると主張

する学説もある（西田286、山口362）。また、建造物等損壊罪（260条）については、結果的加重犯が規定されていることから、人の生命・身体も保護法益であると解される。

毀棄および隠匿の罪の法定刑は領得罪のそれと比較して軽い。これは、他人の物を不法に領得する行為に比べて責任非難が軽く、また、毀棄罪は領得罪ほど頻発しないので一般予防の必要性が低いからであると考えられている。

[2] 毀棄、損壊、傷害、隠匿の関係

「毀棄」（258条、259条）、「損壊」（260条、261条、262条の2）、「傷害」（261条）、「隠匿」（263条）は、文言は異なるものの、いずれも効用を害する行為を意味すると解されている。「毀棄」「損壊」といっても、物理的な破壊行為に限定されず、隠匿にあたるような行為であっても、「毀棄」「損壊」にあたると解される傾向があるのである。そのように解される理由は、①物理的に破壊しなくても効用を害する行為であれば処罰する必要があると考えられ、②文言にしたがって厳格に解すると処罰の間隙（ないし不均衡）を生じると考えられるからであろう。②について具体的に述べると、たとえば、「隠匿」と「毀棄」は異なり、客体を隠す行為は「隠匿」であって「毀棄」ではないと解すると、信書を隠せば信書隠匿罪（263条）で処罰されるのに対し、重要な契約書を隠すと、契約書は「信書」ではないから信書隠匿罪では処罰できず、私用文書等毀棄罪（259条）は、「毀棄」した場合のみ処罰しているので、同罪でも処罰できない（信書を隠した場合は処罰されるのに、より重要な契約書を隠した場合は処罰されない）、という不合理なことになるのである。

もっとも、①②の理由があるからといって、文言に反するような解釈をすれば罪刑法定主義違反の誹りを免れない。たとえば、鯉を池から流出させる行為が「傷害」（261条）にあたるといった解釈（大判明治44・2・27刑録17-197）は問題があるということになろう。

[3] 自己の物の損壊、親告罪

私用文書等毀棄罪、建造物等損壊罪、器物損壊罪については、「自己の物」

であっても、差押えを受けたり、物権を負担したり、賃貸したものは、権利者の権利を保護するために、客体になるとされている (262条)。なお、262条は「損壊し、又は傷害したとき」と規定しているものの、私用文書等毀棄罪の客体も含まれる以上、「毀棄」も「損壊」に含まれると解される。

私用文書等毀棄罪、器物損壊罪、信書隠匿罪は、親告罪とされている (264条)。これらの罪の客体は比較的財産的価値が低いものであることもあり、処罰の必要があるか否かは被害者の判断に任せた方がよいと考えられるからである。

B 毀棄の罪
[1] 公用文書等毀棄罪

> 258条 公務所の用に供する文書又は電磁的記録を毀棄した者は、3月以上7年以下の懲役に処する。

(1) 客体

「公務所の用に供する」とは、公務所 (7条2項参照) において現に使用されるか、使用に供する目的をもって保管されていることをいう。違法な取調べの下で作成中の供述録取書であっても文書としての意味、内容を備えているときは、本罪の客体にあたる (最判昭和57・6・24刑集36-5-646)。作成者、名義人、所有者が私人であってもかまわない。

「電磁的記録」の意義は7条の2に規定されている。たとえば、住民登録ファイルや不動産登記ファイルが公用電磁的記録にあたる。

(2) 行為

「毀棄」とは、効用を毀損する一切の行為をいう。隠匿も「毀棄」に含まれる (大判昭和9・12・22刑集13-1789)。

公正証書に貼付された印紙を剝離する行為 (大判明治44・8・15刑録17-1488) や県立高校入学試験 (学力検査) の答案の解答欄の記載を改ざんする行為 (神戸地判平成3・9・19判タ797-269) も「毀棄」にあたる。

[2] 私用文書等毀棄罪

> 259条　権利又は義務に関する他人の文書又は電磁的記録を毀棄した者は、5年以下の懲役に処する。

(1) 客体

「権利又は義務に関する」とは、権利義務の得喪、変更、消滅などを証明しうるものであることをいう。「他人の」とは、他人の所有に属することをいう（ただし、電磁的記録については、他人が支配、管理していることをいう）。

私用文書の例としては、債務証書のほか約束手形（大判大正14・5・13刑集4-301）のような有価証券が挙げられる。私用電磁的記録の例としては、銀行の預金元帳ファイルや電話料金の課金ファイルが挙げられる。

(2) 行為

「毀棄」とは、公用文書等毀棄罪と同じく、効用を毀損する一切の行為をいう。小切手を取り上げて両手でもみ、ポケットに突っ込んで返還しない場合も「毀棄」にあたる（最決昭和44・5・1刑集23-6-907）。

[3] 建造物等損壊罪、建造物等損壊致死傷罪

> 260条　他人の建造物又は艦船を損壊した者は、5年以下の懲役に処する。よって人を死傷させた者は、傷害の罪と比較して、重い刑により処断する。

(1) 建造物等損壊罪

「他人の」とは、他人の所有に属することをいう。自己の所有する建物に根抵当権を設定した者が、建物が競落されて所有権移転登記が了され、不動産引渡命令が執行される段階で建物を損壊し、根抵当権設定を詐欺を理由に取り消したので建物は「他人の」建造物ではない旨主張した事案につき、最決昭和61・7・18刑集40-5-438は、「他人の」建造物というためには、他人の所有権が将来民事訴訟において否定される可能性のないということまでは要せず、本件の事実関係にかんがみると、詐欺が成立する可能性を否定し去ることができないとしても、建物は「他人の」建造物にあたるとしている。

「建造物」とは、家屋その他これに類似する建築物をいう。屋蓋を有し、壁または柱をもって支持されて土地に定着し、少なくとも内部に人の出入りすることのできるものであることが必要であり、くぐり戸のついた門はこれにあたらない（大判大正 3・6・20 刑録 20-1300）。塀や竹垣なども同様である。建物に取り付けられた物が建造物の一部にあたるか否かは、接合の程度や建物の機能上重要性があるかなどを総合的に判断して決められる。玄関ドアは、工具を使用すれば取り外しが可能であっても、外壁と接続し外界との遮断などの重要な機能を有するものであるから、建造物の一部と解される（最決平成 19・3・20 刑集 61-2-66、大阪高判平成 5・7・7 高刑集 46-2-220）。

「艦船」とは、軍艦および船舶をいう。自力または他力による航行能力があることを要する。たとえば、沈没船は「艦船」とはいえない。

「損壊」とは、効用を害する一切の行為をいう。美観や外観も効用に含まれるので、ビラの貼付（最決昭和 41・6・10 刑集 20-5-374）や落書き（最決平成 18・1・17 刑集 60-1-29）も、場合によっては「損壊」にあたるとされる。

(2) 建造物等損壊致死傷罪

本罪は結果的加重犯である。損壊により人を死傷させた場合は、傷害の罪と比較して（傷害罪、傷害致死罪の法定刑と比較して）上限も下限も重い刑により処断される。

[4] 器物損壊罪

> 261 条　前 3 条に規定するもののほか、他人の物を損壊し、又は傷害した者は、3 年以下の懲役又は 30 万円以下の罰金若しくは科料に処する。

(1) 客体

258 条から 260 条までに規定するもの以外の「他人の物」である。土地や動植物、258 条、259 条の客体とならない文書や電磁的記録の媒体も客体となる。「他人の」とは、他人の所有に属することをいう。

(2) 行為

「損壊」、「傷害」（客体が動物のとき）である。いずれも、物の効用を害する一切の行為を意味する。

判例は、飲食用のすき焼き鍋や徳利に放尿する行為（大判明治 42・4・16 刑

録15-452)、小荷物に取り付けられた荷札を取り外す行為および木製看板を取り外して約140メートル離れた民家の板塀内に投げ捨てる行為（最判昭和32・4・4刑集11-4-1327）を、「損壊」にあたるとし、池から鯉を2750尾流出させる行為（大判明治44・2・27刑録17-197）を「傷害」にあたるとしている。

もっとも、大阪高判平成13・3・14高刑集54-1-1は、利用を妨げる行為が「損壊」に該当するためには「損壊」と評価できるほどの行為であることを要し、鞄や携帯電話を短時間取り上げる行為は「損壊」とは評価できないとしている。

[5] 境界損壊罪

> 262条2　境界標を損壊し、移動し、若しくは除去し、又はその他の方法により、土地の境界を認識することができないようにした者は、5年以下の懲役又は50万円以下の罰金に処する。

(1) 客体

「境界標」とは、権利者を異にする土地の境界を明確にするために設置または承認された標識をいう。自己の所有物でもよく、無主物であってもよい（ここから、本罪の保護法益は土地の権利関係の明確性であるともいわれる）。

(2) 行為

「損壊」とは、境界標としての効用を害する一切の行為をいう。もっとも、「移動」（境界標の位置を場所的に動かすこと）や「除去」（境界標を取り除くこと）にあたるものは「損壊」から除外されよう。「その他の方法」とは損壊、移動、除去以外の一切の行為をいう（境界を示す溝を埋め立てる等）。

本罪が成立するには、土地の境界が認識できないようになる、という結果の発生が必要であり、境界標を損壊しても境界が不明にならない場合、本罪は成立しない（最判昭和43・6・28刑集22-6-569）。

(3) 罪数

境界標が他人の物で、その損壊が器物損壊罪にあたるような場合の罪数については、本罪のほかに器物損壊罪が成立し観念的競合になるという見解（東京高判昭和41・7・19高刑集19-4-463、大塚354、大谷360）と本罪のみが成立するという見解（山口362）とがある。

C 隠匿の罪──信書隠匿罪

> 263条 他人の信書を隠匿した者は、6月以下の懲役若しくは禁錮又は10万円以下の罰金若しくは科料に処する。

[1] 客体

「他人の」とは他人の所有に属することをいう。「信書」とは、特定人から特定人に宛てた意思を伝達する文書をいう。信書開封罪（133条）の「信書」とは異なり、封緘されていることは不要である。また、郵便物である必要はない。

[2] 行為

隠匿することである。「隠匿」の意義について、学説には、a説：損壊とはいえない（比較的軽微な）発見を妨げる行為を意味し、破棄する行為は含まれないとするもの（団藤680、大塚355、板倉158、大谷361）とb説：効用を害する一切の行為を意味し、破棄する行為も含まれるとするもの（前田312）とがある。

信書を破棄する行為は、a説によれば器物損壊罪（261条）にあたることになり、b説によれば本罪にあたることになる。

a説は、本罪は信書の軽微な隠匿行為を器物損壊罪の「損壊」をした場合より軽い法定刑で処罰したものであり、「損壊」にあたるような場合は器物損壊罪が成立すると考える。a説に対しては、①軽微な隠匿と「損壊」にあたるような隠匿とを明確に区別できるか疑問である、②信書についてのみ軽微な隠匿をした場合にまで処罰範囲を拡張する理由はない、といった批判が加えられている（西田287、前田312、山口361）。

b説は、破棄する行為も含めて器物損壊罪よりも軽く処罰したのが本罪であると考える。b説に対しては、信書が他の物より価値が低いという前提に立たなければ成り立たない見解であり、法がそのような前提に立っているとは思えない、といった批判が加えられている（林319）。

注)
1) 財産概念について、ドイツでは、法律的財産説（財産を民法上の個々の権利と考える説）、経済的財産説（財産を経済的利益と考える説）、法律的・経済的財産説（財産を法秩序の保護の下にある経済的価値のあるものと考える説）が唱えられてきた。民法上認められない経済的利益を害した場合、財産を害したということになるのか、という問題について、法律的財産説からは否定、経済的財産説からは肯定、法律的・経済的財産説からはそれが法秩序の保護の下にある一応適法なものといえるなら肯定、ということになる（林 140-149、大谷 189-190 参照）。
2) 全ての財産罪を整然と分類できるわけではない。背任罪（247条）は、本人に財産上の損害を加える犯罪であるので毀棄罪的性格を有するものの、自己または第三者の利益を図る目的で実行する場合は領得罪的性格を有するようにもみえる。盗品関与罪（256条）は、盗品等有償譲受け罪などは間接領得罪とみるべきであるにしても、盗品等運搬罪あたりについては疑問がある。総じて追求権を害する罪であるという点では毀棄罪に近いものと考えることもできよう。西田 137 は、盗品関与罪は「他人の領得行為を継承し助長するという意味では領得罪に含めてよいであろう」とするものの、行為者自身が領得行為をしない罪を領得罪に含めるというのは無理があるように思う。
3) この裁判例について、板倉宏監修・著、沼野輝彦＝設楽裕文編『現代の判例と刑法理論の展開』（八千代出版、2014）249 以下〔淵脇千寿保〕を参照。
4) この裁判例について、板倉・前掲注3) 235 以下〔張光雲〕を参照。
5) この問題について、板倉・前掲注3) 237 以下〔坂井愛〕を参照。
6) もっとも、学説には、領得意思を生じた後に新たな暴行・脅迫が加えられることを要するとしつつ反抗抑圧状態を継続させる等の軽度の暴行・脅迫が加えられればよいとする見解（大谷 231、西田 173）と反抗抑圧状態を利用して財物を奪取すれば当初から財物強取の意思で暴行・脅迫を加えた場合と同視できるとする見解（板倉 112）とがある。
7) この裁判例について、板倉・前掲注3) 263 以下〔浜崎昌之〕参照。
8) もっとも、西田 196 は、1万円札が挟まっている本を 100 円で買い受けた場合、被欺罔者の認識が個々の財物の移転についてまで及んでいる必要はないとする立場（無意識的処分行為説）によれば、1万円札について詐欺罪が成立することになるとする。そのように考えるなら、ネクタイを隠した衣服を購入した場合、ネクタイについて詐欺罪が成立することになろう。しかし、1万円札と本、ネクタイと衣服は別の財物であって、売主には1万円札やネクタイの占有を移転する意思はないのであるから、窃盗罪が成立すると解するべきだと思う（これに対し、林 238 にある、「アジ 10 匹が入っている箱だと思って売ったところ、実は 20 匹入っていた」という場合は、「アジが複数入っている箱の占有を移転する意思」は認められるから、処分行為を認めることができる）。
9) この判例について、板倉・前掲注3) 275 以下〔淵脇千寿保〕参照。
10) 藤木英雄『刑法各論』（有斐閣、1972）370 参照。
11) 不法原因給付と詐欺罪・恐喝罪の成否の問題について財産取得型と不法債務履行免脱型に分

けて検討しているものとして、設楽裕文編『法学刑法4演習（各論）』（信山社、2010）99 以下〔坂井愛〕がある。
12) 瀧川幸辰『刑法各論〔第3版〕』（世界思想社、1953）173 参照。
13) 小野清一郎『新訂刑法講義各論〔第14版〕』（有斐閣、1955）274 参照。

知識を確認しよう

問題

(1) 刑法における占有について説明し、それが財産罪の成否にどのように関係するかについて述べなさい。
(2) 領得罪における不法領得の意思の要否とその内容について述べなさい。
(3) 民法上の請求が認容されないことは財産罪の成否にどのように影響するかについて述べなさい。

解答への手がかり

(1) 占有は財産罪の成否に関わる重要な概念である。窃盗罪等の保護法益、着手時期、既遂時期、窃盗罪と横領罪、詐欺罪との区別など、さまざまな場面で占有は重要な役割を果たす。よく整理して解答すべきである。
(2) 不法領得の意思を必要とする理由、あるいは、不法領得の意思の果たす役割は何か、窃盗罪と委託物横領罪とで不法領得の意思の内容は異なるのか、そのように異なるのはなぜか—考えるべきことは多い。
(3) 民法上請求が認容されないときに犯罪が成立するとしてよいかは、財産罪における重要な問題である。不法原因給付と横領罪、詐欺罪、恐喝罪、盗品関与罪の成否、不法債務の履行免脱と2項強盗罪、2項詐欺罪、2項恐喝罪の成否をよく考えてみる必要がある。刑法の独自性を主張するだけでは問題の解決にはならない。実質的な刑法的保護の必要性の有無にまで踏み込んだ解答が要求される。

第Ⅱ編

社会的法益に対する罪

第7章　公共の安全に対する罪

第8章　偽造およびその周辺の罪

第9章　風俗に対する罪

第7章 公共の安全に対する罪

本章のポイント

1. 公共の安全に対する罪の実質は、具体的な特定の個人の利益とは区別された、不特定または多数人の生命・身体・財産に対して実害または脅威を与えることであり、公共危険罪といわれる。
2. その多くは、侵害発生以前の危険惹起の段階で処罰対象として取り上げられる。
3. 手段の違いにより、次のように大別される。1つは、群集心理に支配された人間による騒乱の罪、2つは、火力による放火および失火の罪、3つは、水力による出水および水利に関する罪、4つは、公衆が利用する交通機関等への侵害による往来を妨害する罪、5つは、公衆の健康に対する侵害によるあへん煙に関する罪および飲料水に関する罪である。

1 騒乱の罪

A 総説

必要的共犯（多衆犯）で、保護法益は公共の平穏である（最判昭和28・5・21刑集7-5-1053）。また、関与の重要度に応じて法定刑に差異がある。

B 騒乱の罪
[1] 騒乱罪

> 106条　多衆で集合して暴行又は脅迫をした者は、騒乱の罪とし、次の区別に従って処断する。
> 1号　首謀者は、1年以上10年以下の懲役又は禁錮に処する。
> 2号　他人を指揮し、又は他人に率先して勢いを助けた者は、6月以上7年以下の懲役又は禁錮に処する。
> 3号　付和随行した者は、10万円以下の罰金に処する。

(1) 主体

集合した多衆である。多衆とは、一地方における公共の平穏を害するに足りる暴行・脅迫をなすに適当な多数者である（最判昭和35・12・8刑集14-13-1818）。目的を問わず（大判明治45・6・4刑録18-815）、組織化も不要のため、首謀者が欠けてもよい（最判昭和24・6・16刑集3-7-1070）。

(2) 行為

集団の共同意思に基づく暴行・脅迫である。集団が、①多衆の合同力を恃んで自ら暴行・脅迫をなす意思または多衆に暴行・脅迫を行わせる意思をもつ者と、②多衆の合同力に加わる意思を有する者で構成されるとき、共同意思が認められる（最判昭和35・12・8刑集14-13-1818）。また、多衆全部間の意思の連絡または相互認識の交換は不要であるが（最判昭和35・12・8刑集14-13-1818）、騒乱行為への加担意思は確定的であることを要する（最決昭和53・9・4刑集32-6-1077）。

暴行・脅迫は、一地方の平穏を害するに足りる程度のものであることを要する（大判大正2・10・3刑集2-4-318）。一地方は、①地域の広狭、居住者の

多寡、②当該地域の社会生活上の重要性などから判断される（最決昭和59・12・21刑集38-12-3071)[1]。抽象的危険犯ゆえに、一地方の平穏を現実に害することは不要とされる（最判昭和28・5・21刑集7-5-1053）。

総則の共犯規定の適用に関し、a説：必要的共犯であることを理由に否定する見解（団藤181）、b説：集団外の関与者には肯定する見解（大谷372、曽根213、西田292、藤木81、山口371）がある。

[2] 多衆不解散罪

> 107条　暴行又は脅迫をするため多衆が集合した場合において、権限のある公務員から解散の命令を3回以上受けたにもかかわらず、なお解散しなかったときは、首謀者は3年以下の懲役又は禁錮に処し、その他の者は10万円以下の罰金に処する。

行為は、権限のある公務員から解散命令（警職5条に基づく警察官の命令）を3回以上受けたのに解散しないことで、真正不作為犯である。解散命令が3回出れば直ちに本罪が成立するのかにつき、a説：肯定する見解（板倉170、団藤185、藤木82、前田317）、b説：解散に必要な時間が経過することを要するとする見解（大谷374、曽根214、西田295、平野243、山口373）がある。

2 放火および失火の罪

A 総説

[1] 性質

保護法益を不特定または多数人の生命・身体・財産の安全とする公共危険罪であるが、財産犯的性質も加味されている。また、公共の危険は、罪数決定の標準になる。

[2] 公共の危険
(1) 概要
公共の危険とは、延焼による不特定または多数人の生命・身体・財産への侵害の可能性である。危険の意義につき、a説：通常一般人の不安感とみる見解（大谷376、藤木88）、b説：客観的危険とみる見解（曽根217、平野249、前田249、山口389）がある。法文上、公共の危険の発生が要求される具体的危険犯（具体的公共危険犯）と、そうではない抽象的危険犯（抽象的公共危険犯）に区分される。

(2) 具体的危険犯（109条2項・110条）における公共の危険
具体的危険の発生を、通説は、構成要件要素と捉える（板倉176、大谷387、曽根221、団藤200、山口388）。判例は、110条1項の公共の危険に関し、①108条・109条1項物件への延焼の危険のみならず、②不特定もしくは多数人の生命・身体または108条・109条1項物件以外の財産に対する危険も含むとする（最決平成15・4・14刑集57-4-445）。

公共の危険の発生の認識は必要か。判例は、110条1項に関して不要とする（大判昭和6・7・2刑集10-303）。学説には、a説：必要とする見解（大谷387、曽根222、団藤199、平野249、山口390）、b説：不要とする見解（板倉176、西田308、藤木92、前田326）がある[2]。

(3) 抽象的危険犯（108条・109条1項）における公共の危険
公共の危険につき、a説：擬制されているとする見解（団藤187、藤木88）、b説：構成要件要素として危険の発生を必要とする見解[3]、c説：違法要素として危険の発生を必要とする見解（曽根215）がある。

[3] 行為
目的物に点火または点火と同視される行為をすることである。作為、不作為を問わない（大判大正7・12・18刑録24-1558）。

[4] 焼損
焼損によって既遂に達する。判例は、独立燃焼説の立場から、焼損を、火が媒介物を離れて目的物に移り、独立して燃焼を継続する程度にいたったことと解する（最判昭和23・11・2刑集2-12-1443）[4]。

B 放火罪
[1] 現住建造物等放火罪

> 108条　放火して、現に人が住居に使用し又は現に人がいる建造物、汽車、電車、艦船又は鉱坑を焼損した者は、死刑又は無期若しくは5年以上の懲役に処する。

(1) 性質

抽象的危険犯である。

(2) 現住性・現在性

本罪の客体は、現に犯人以外の人が住居に使用するもの（現住建造物等）か、犯人以外の人が現在するもの（現在建造物等）であることを要する。住居に使用するとは、起臥寝食の場所として日常使用することをいい、昼夜間断なく人がいることは要しない（大判大正2・12・24刑録19-1517）。

(3) 建造物

建造物とは、家屋その他工作物で、土地に定着し、人の起居出入に適する構造を有するものをいう（大判大正13・5・31刑集3-459）。毀損しなければ取り外すことのできない物体は建造物の一部を構成する（最判昭和25・12・14刑集4-12-2548）。

外観上一体である現住建造物の非現住部分にあたる①耐火構造のマンションの空室は、全体として1個の現住建造物とされ（東京高判昭和58・6・20刑月15-4～6-299）、②マンションのエレベーターのかごは、物理的一体性・機能的一体性から現住建造物の一部を構成するとされる（最決平成元・7・7判時1326-157）[5]。また、外観上複合の建物から構成され一部が人の起居に利用されている神社の社殿は、延焼可能性を考慮した物理的一体性・機能的一体性から、全体が1個の現住建造物とされる（最決平成元・7・14刑集43-7-641）[6]。

[2] 非現住建造物等放火罪

> 109条1項　放火して、現に人が住居に使用せず、かつ、現に人がいない建造物、艦船又は鉱坑を焼損した者は、2年以上の有期懲役に処する。

> 2項　前項の物が自己の所有に係るときは、6月以上7年以下の懲役に処する。ただし、公共の危険を生じなかったときは、罰しない。

1項の罪は抽象的危険犯、2項の罪は具体的危険犯である。人里離れた山腹にある自己所有の炭焼小屋に小雨の降るなか監視しつつ放火した場合、公共の危険の発生は認められず、2項の罪は成立しない（広島高岡山支判昭和30・11・15高刑裁特2-22-1173）。

[3] 建造物等以外放火罪

> 110条1項　放火して、前2条に規定する物以外の物を焼損し、よって公共の危険を生じさせた者は、1年以上10年以下の懲役に処する。
> 2項　前項の物が自己の所有に係るときは、1年以下の懲役又は10万円以下の罰金に処する。

具体的危険犯である。本罪の客体は、「前2条に規定する物以外の物」といった限定がなされているのみである。しかし、庭で焚き火をしたところ、現住建造物に延焼しそうになったら本罪が成立し、延焼したら延焼罪が成立するとするのは妥当ではない。そこで、本罪の成立は、108条・109条1項物件に延焼する危険を帯びた態様で焼く意思で点火する場合に限られると解する（藤木92、西田310）。無主物の焼損には2項が適用される。

[4] 延焼罪（111条）

結果的加重犯である。放火行為と延焼結果との間には因果関係が必要である。

[5] 放火予備罪（113条）

108条・109条1項の罪の重大性から準備行為を処罰したものである。

[6] 消火妨害罪（114条）

火災時の消火妨害行為に公共の安全を害する危険があることからこれを処罰したものである。

C 失火罪

[1] 失火罪（116条）

1項の罪は抽象的危険犯、2項の罪は具体的危険犯である。行為は、過失によって焼損の原因を与えることであり、作為、不作為を問わない。

[2] 業務上失火罪、重過失失火罪（117条の2）

業務とは、職務として火気の安全に配慮するべき社会生活上の地位である（最判昭和60・10・21刑集39-6-362）（身分犯）。サウナ風呂の開発・製造者には、耐火性を検討・確保して火災を未然に防ぐ業務上の注意義務があるため、業務性が認められる（最決昭和54・11・19刑集33-7-728）。

重大な過失とは、少しの注意で結果発生を回避できた場合である。

D 放火罪に準ずる罪

[1] 激発物破裂罪、過失激発物破裂罪、業務上過失激発物破裂罪、重過失激発物破裂罪（117条）

激発物を破裂させて客体を損壊する行為を放火罪・失火罪に準じて処罰したものである。

[2] ガス漏出等罪、同致死傷罪（118条）

特定かつ少数人の生命・身体・財産への危険の発生で成立する非本来的公共危険罪である（板倉185、団藤208）。2項の罪は結果的加重犯である。

3 出水および水利に関する罪

A 総説

放火罪・失火罪が火によって公共の危険を発生させる罪であるのに対し、出水に関する罪は水によって公共の危険を発生させる罪である。保護法益も放火罪・失火罪と共通する。もっとも、水利に関する罪は水利権を保護法益とする財産犯であり、公共危険罪の性質をもたない。

B　出水に関する罪

[1] 現住建造物等浸害罪（119条）
　放火罪中の現住建造物等放火罪（108条）に相当する罪である。

[2] 非現住建造物等浸害罪（120条）
　放火罪中の非現住建造物等放火罪（109条）、建造物等以外放火罪（110条）に相当する罪である。

[3] 水防妨害罪（121条）
　放火罪中の消火妨害罪（114条）に相当する罪である。

[4] 過失建造物等浸害罪（122条）
　失火罪（116条）に相当する罪であるが、①109条1項物件の過失浸害にも公共の危険の発生が要求される点、②業務上過失・重過失に対して加重規定がない点で異なる。

[5] 出水危険罪（123条後段）
　出水させるべき行為を処罰したもので、現住建造物等浸害罪（119条）、非現住建造物等浸害罪（120条）の未遂罪・予備罪に相当する。

C　水利に関する罪

[1] 水利妨害罪（123条前段）
　水利妨害行為は出水の危険を伴うことが多いため、出水危険罪と併せて規定されている。

4　往来を妨害する罪

A　総説
　往来を妨害する罪は、公共の安全に対する罪として位置づけられ、特に

交通の安全を保護法益とするものである。

　往来妨害罪、往来危険罪、汽車転覆等罪については、未遂を罰するとされる（128条）。また、過失の場合の処罰の規定もある（129条）。

　なお、交通の安全のためには、たとえば、道路交通法や鉄道事業法等といったように、多くの特別法による規制がなされている。このように、交通の発展とそれに伴う種々の犯罪が起きている現代社会においては、刑法だけではなく、特別法の規定も重要である。

B　往来を妨害する罪
[1] 往来妨害罪・同致死傷罪

> 124条　陸路、水路又は橋を損壊し、又は閉塞して往来の妨害を生じさせた者は、2年以下の懲役又は20万円以下の罰金に処する。
> 2項　前項の罪を犯し、よって人を死傷させた者は、傷害の罪と比較して、重い刑により処断する。

(1) 往来妨害罪

　「陸路」とは、道路等のように、公衆の用に供されている陸上の通路をいう（最決昭和32・9・18裁判集刑事120-57）。「水路」とは、河川や運河等のように、公衆の用に供されている水上の通路をいう。「橋」とは、河川や陸上等に架けられている橋であり、公衆の用に供されている橋をいう。

　「損壊」とは、物理的に破壊することでその効用を害することをいう。「閉塞」とは、障害物により遮断することをいう。

　「往来の妨害」とは、往来が困難となるような具体的な危険な状態を作り出すことをいう。誰一人の通行がなく、実際には往来の妨害とならない場合であっても、そのような危険な状態があれば本罪が成立する。

(2) 往来妨害致死傷罪

　犯人以外の人の死傷が生じることを要する。

[2] 往来危険罪

> 125条1項　鉄道若しくはその標識を損壊し、又はその他の方法により、

> 汽車又は電車の往来の危険を生じさせた者は、2年以上の有期懲役に処する。
> 2項　灯台若しくは浮標を損壊し、又はその他の方法により、艦船の往来の危険を生じさせた者も、前項と同様とする。

(1) 客体

「汽車」は蒸気機関により、「電車」は電気により、軌道上を走る交通機関をいう。「汽車」には、ガソリンカーを含めて解することができる（大判昭和15・8・22刑集19-540）。「艦船」とは、軍艦および船舶をいう。

(2) 往来の危険

汽車等の脱線、転覆、衝突、破壊等、これら交通機関の往来に危険な結果を生ずる虞のある状態を発生させることが必要である（最判昭和35・2・18刑集14-2-138）。実害が生じてなくてもよく、実害の発生する可能性があったと認められれば足りる（最決平成15・6・2刑集57-6-749）。

[3] 汽車転覆等罪・同致死罪

> 126条1項　現に人がいる汽車又は電車を転覆させ、又は破壊した者は、無期又は3年以上の懲役に処する。
> 2項　現に人がいる艦船を転覆させ、沈没させ、又は破壊した者も、前項と同様とする。
> 3項　前2項の罪を犯し、よって人を死亡させた者は、死刑又は無期懲役に処する。

(1) 汽車転覆等罪

客体は、「現に人がいる汽車又は電車」である。「人」とは、犯人以外の人がいることをいう。人がいる時期は、実行行為開始時にいれば足りる（大判大正12・3・15刑集2-210）。

(2) 汽車転覆等致死罪

現に人がいる汽車等を転覆等させ、その結果、沿線住民等といった汽車の外部の人を死亡させた場合、本条に含むのか。否定する見解（曽根230）もあるが、公共危険罪であることから肯定することができる（大塚403、大谷

410、最大判昭和30・6・22刑集9-8-1189)。

　殺意がある場合を含むか問題となり、①本罪のみが成立するとする見解（大谷411)、②本罪と殺人罪との観念的競合とする見解（大判大正7・11・25刑録24-1425、団藤232)、③汽車転覆等罪と殺人罪との観念的競合とする見解（大塚404）とがあるが、殺意のある場合に刑が軽くなるのが妥当でないことから、本罪と殺人罪との観念的競合と解することができる。

[4] 往来危険による汽車転覆等罪

> 127条　第125条の罪を犯し、よって汽車若しくは電車を転覆させ、若しくは破壊し、又は艦船を転覆させ、沈没させ、若しくは破壊した者も、前条の例による。

(1) 無人の汽車等

　たとえば、無人電車を暴走させて脱線転覆させた場合、本条を適用できるか。すなわち、126条3項は「現に人がいる」汽車等とされているが、他方、127条では「現に人がいる」汽車等を前提とした規定ではないため、本罪に無人電車による場合も含めて解してよいかが問題となる。

　条文上、126条の例によるとされていることからすると、126条と同様に「現に人がいる」汽車等と解する見解（団藤229、山口412）がある。判例は、無人電車を走らせることも、本罪に該当するとし（最大判昭和30・6・22刑集9-8-1189)、同様に解する見解もある（大塚403、大谷411)。

(2) 前条の例

　汽車等の転覆等によって人が死亡した場合、126条3項の例によるとするのをいかに解するか。

　往来危険罪を犯し、よってたまたま人のいない汽車等を脱線転覆させて人を死亡させた場合、他の犯罪類型と比べて刑が重いとして126条3項を含まないとする見解（大塚406）と肯定する見解（大谷412）がある。判例は、127条が「前条の例による」と規定して、126条3項を除外していないことから、文理上当然に、126条各項所定の結果の発生した場合には、すべて同条項と同様処断すべきものであることを示しているとする（最大判昭和30・6・22刑集9-8-1189)。

[5] 過失往来危険罪（129条）

　過失により、往来危険罪、汽車転覆罪を犯した場合を処罰したものである。その業務に従事する者が、これらの罪を犯したときは刑が加重される。

5　あへん煙に関する罪

A　総説

　あへんは、依存性が高く、国民の生活に対して弊害をもたらすことがあるため、本罪の保護法益は、公衆の健康にあるとされている。

　本罪の重大性に鑑み、未遂を罰するとされる（141条）。

　あへんを含む薬物犯罪は、組織的な犯行や国際的な問題が生じる重大な犯罪である。しかしながら、刑法は、薬物に関して「あへん煙」に関する規定のみを置くのみである。そのため、「覚せい剤取締法」等といった刑法以外の特別法の役割が重要である。

　なお、薬物使用者の再犯率が高いことから、刑の一部の執行猶予や、また、福祉や医療との連携等といった社会内処遇が注目されている。

B　あへん煙に関する罪

[1] あへん煙輸入等罪（136条）

(1) あへん煙

　あへん煙とは、けしの液汁を乾燥させて凝固させたもの（生あへん）を、吸引可能となるように精製・加工されたもの（あへん煙膏）をいう。

(2) 行為

　「輸入」とは、国外から国内へもち込むことである。日本の領海内に入れば足りるか、それとも陸揚げが必要とされるか問題となるが、判例は、覚せい剤取締法に関する事案で、船舶からの陸揚げや航空機から取りおろすことにより、既遂とする（最判昭和58・9・29刑集37-7-1110）。「製造」とは、あへん煙を作ることをいう。「販売」とは、不特定人に対する有償の譲渡しをいう。「所持」とは、自己の占有をいう。

[2] あへん煙吸食器具輸入等罪（137条）

本条は、あへん煙輸入等罪（136条）と違い、あへん煙を吸引するための器具を客体とする。あへん煙を吸食するための煙管等が挙げられる。

[3] 税関職員によるあへん煙輸入等罪（138条）

前段の輸入罪は、税関職員の身分があることから、136条、137条の罪の刑を加重したものである。後段の輸入許可罪は、136条、137条の罪の共犯にあたる行為を独立罪としたものである。

[4] あへん煙吸食罪・場所提供罪（139条）
(1) あへん煙吸食罪
「吸食」とは、あへん煙を体内に取り込むことをいう。
(2) 場所提供罪
「あへん煙の吸食のため」という目的が必要である。
反復継続して利益を図ることまでは必要ではない。

[5] あへん煙等所持罪（140条）

販売以外であれば、いかなる目的で所持していても成立する。
なお、吸食するための一時的所持は、139条1項の成立にとどまる（大判大正6・10・27刑録23-1103）。

6　飲料水に関する罪

A　総説

飲料水は人の健康にとって重要なものであるところ、本罪は、不特定多数の飲料水の利用者の生命・身体の安全をはかる公共危険罪であり、公衆の健康を保護法益とする。

B 飲料水に関する罪

[1] 浄水汚染罪（142条）

（1）客体

「人の飲料に供する浄水」とは、人の飲料として供される、人が飲むのに適した水のことをいう。

本罪は、公共危険罪であることから、特定人の飲料として供されるコップ1杯の水は含まれず、少なくとも一家族などのように、不特定または多数の者に供されることが必要である。

（2）行為

使用不可能とする方法であれば、有毒ではない食紅により使用不可能にするといった心理的な方法でも足りる（最判昭和36・9・8刑集15-8-1309）。

[2] 水道汚染罪（143条）

水道とは、水道管のように、飲料の浄水を供給するための設備をいう。

[3] 浄水毒物等混入罪（144条）

（1）毒物その他人の健康を害すべき物

飲用によって人の健康を害する物をいう。

（2）混入

混入とは、混じって容易に分離できない状態をいう。

人の健康を害すべき物を混入すれば足り、実際に人の健康が害されたか否かは関係なく成立する。

[4] 浄水汚染等致死傷罪（145条）

殺人や傷害の故意のある場合を含むかが問題となり、殺人罪や傷害罪と水道汚染罪等とは保護法益が異なることから、観念的競合になるとの見解がある（大塚507、山口418）。他方、判例には、傷害に関して、傷害の結果に関して認識の有無を問わず本罪の成立を認めるものがある（大判昭和8・6・5刑集12-736）。

[5] 水道毒物等混入罪同致死罪（146条）
(1) 水道毒物等混入罪
　水道への毒物等の混入は、危険性が高いことから、143条や144条の罪の加重類型として設けたものである。
(2) 水道毒物等混入致死罪
　殺意がある場合を含むかが問題となり、水道毒物等混入罪と殺人罪の成立を認める見解（大塚508）や、殺人が未遂であった場合、本罪と殺人未遂罪が成立することとの均衡から本罪と殺人罪の成立を認める見解（団藤242）、本罪のみの成立を認める見解（大谷417）がある。本罪の法定刑の下限が平成16年改正前の殺人罪のそれ（懲役3年）より重く規定されていることから、殺意のある場合も本罪で処罰する趣旨であったと解すれば、殺意のある場合も本罪に含めて解することができる。

[6] 水道損壊及び閉塞罪（147条）
　浄水の水道とは、浄水をその清浄を保ったまま一定の地点へと導く設備をいう。損壊や閉塞は、水道による浄水の供給を不可能または困難にする程度のものであることを要する。

注）
1) この問題については、松村格「判解」百選Ⅱ〔第6版〕164-165参照。
2) この問題については、設楽裕文編『法学刑法4演習（各論）』（信山社、2010）152〔岡西賢治〕参照。
3) 山口　厚『危険犯の研究』（東京大学出版会、1982）233、243参照。
4) この問題については、設楽編・前掲注2) 149-150〔岡西賢治〕、船山泰範ほか編『刑法演習50選―入門から展開まで』（北樹出版、2012）200〔野村和彦〕参照。
5) この問題については、設楽編・前掲注2)〔岡西賢治〕151、船山ほか編・前掲注4) 198-201〔野村和彦〕参照。
6) この問題については、設楽編・前掲注2)〔岡西賢治〕151、船山ほか編・前掲注4) 202-207〔野村和彦〕参照。

知識を確認しよう

問題
(1) 騒乱罪における「暴行」の範囲について述べなさい。
(2) 放火罪における「焼損」の内容について述べなさい。
(3) 127条の「前条の例」において、126条3項の適用はあるか。

解答への手がかり
(1) 「暴行」とは、不法な有形力の行使である。刑法上、さまざまな場面で用いられ、一般的に次のように分類される。①人または物に対するすべての有形力の行使、②人に対する有形力の行使（しかし、直接、人の身体に加えられる必要はない）、③人の身体に対する有形力の行使、④反抗を抑圧するに足りる程度の人の身体に対する有形力の行使である。保護法益を勘案しながら整理するべきである。
(2) 「焼損」の捉え方の違いにより、放火罪の既遂時期も異なってくる。放火罪の性質とはいかなるものか、保護法益とは何かをかんがえることによって整理するべきである。
(3) そもそも、なぜ126条3項の適用を認めないとの見解が出てきたのかを考えてみる必要がある。適用を肯定・否定どちらの見解も形式論理的には成り立つとも言われているから、判例の事案等を踏まえて、刑の権衡などの種々の要素の考慮がなされるとよい。

第 8 章 偽造およびその周辺の罪

本章のポイント

1. 通貨、文書、有価証券は、経済取引その他の諸活動に用いられ、決済手段として、あるいは証明手段としてはたらくなど、さまざまな場面で人の行動の重要な拠り所となるものである。そのため、これらの社会的信用を害する各種偽造罪は、刑法各論のなかに重要な位置を占めることとなる。
2. 加えて、電磁的記録の保護や、ネットワーク社会のインフラへの加害行為であるコンピュータ・ウィルスに関する罪も重要性を増しつつある。
3. 本章で扱う各種犯罪を学ぶにあたっては、それらの保護法益、行使の目的、偽造と変造、有形・無形偽造の別、作成名義、偽造・行使の規定構造などの基礎的理解がとくに大切となる。

1 総説

　経済取引をはじめ人の社会生活上のさまざまな場面において、通貨や文書、有価証券などが取引決済手段として、各種証明手段として広く用いられている。そうした取引等の多様な活動は、通貨や文書が真正なものであるという信用を拠り所にその機能を果たすことによって、はじめて円滑に滞りなく行われる。贋物の通貨、文書が横行するという事態が生じると人々は容易にそれらを信頼できなくなり、その結果、取引等の諸活動はその基盤が動揺し、混乱することになりかねない。つまり、多くの経済的社会的諸活動は、その際に用いられる決済手段、証明手段として働く通貨や文書等が「本物であり正しいものにちがいない」との信用に支えられているといってよいのである。

　そこで刑法は、人の判断作用を介し取引決済・事務処理の場面で用いられる通貨、文書、有価証券に対する公共の信用を保護し、これを補完するものとして文書作成の際に用いられる印章等、また文書に代わってその多くがデータに置き換えられた電磁的記録に対する公共の信用を保護しようとしている。加えて、人の判断作用を介して行われる取引決済プロセスをコンピュータによる自動処理が代替するようになった分野において、情報処理と電気通信からなるコンピュータ・システムの適正なデータ処理等の機能に対する公共の信用を保護しようとしている。支払用カード電磁的記録関係、またコンピュータ・ウィルス関係の規定がそれである。本章は、これら偽造の罪とその周辺に位置づけられる犯罪を扱う。

2 通貨偽造の罪

A 通貨偽造罪

> 148条1項　行使の目的で、通用する貨幣、紙幣又は銀行券を偽造し、又

は変造した者は、無期又は3年以上の懲役に処する。

[1] 総説

本罪は、行使の目的で、通用する貨幣、紙幣または銀行券を、偽造または変造した場合に成立する。法定刑は、無期または3年以上20年以下の懲役ときわめて重いものとなっている（その理由については次の保護法益の項を参照）。未遂を罰する（151条）。また、予備行為の一部も可罰的なものとされる（153条。後述するところを参照）。

[2] 保護法益

保護法益が通貨に対する公共の信用であることは、通貨偽造事件が頻発する事態を想像すれば容易に理解しうる。現在、わが国は、技術的な偽造防止対策等により偽造通貨が社会に拡散する事態を免れているが、もし社会の中に偽造通貨が頻々と現れるような事態となると、通貨を用いた金銭の支払い決済が円滑に行えなくなり、経済取引活動は混乱し、社会経済は停滞してしまうだろう。そこで刑法は、偽造通貨を作り出す行為を、通貨に対する信用を脅かす法益侵害性の高い危険を新たに作り出す行為として、きわめて厳しく処罰することとしている。

[3] 目的犯

行使の目的とは、偽造通貨を真正なものとして使用する意図を意味する。ここにいう使用とは、偽造通貨を流通に置くことである。自ら使用するばかりでなく、他人に使用させる意図があった場合も同じである。流通に置かれることにより保護法益を侵害する危険性が生じるという点では変わりはないからである。

偽造通貨は行使される（流通に置かれる）ことによって、はじめて通貨に対する公共の信用侵害が現実化する。そこで、はじめから行使する意図のない偽造行為は、公共の信用を害する危険性が無期懲役を含む重い処罰を必要とする程度に達しないと考えられる。印刷技術の精度を確認するためや、映画の撮影の小道具として用いるために偽札を作成する場合などは、行使

の目的を欠き本罪に該当しないのである。行使の目的は、通貨偽造罪の違法性を基礎づける内心的（主観的）要素として把握することができる。なお、行使目的を欠く精巧な偽貨の作成行為は、当然に模造の要件は充たしているであろうから、行使目的が要求されない特別法違反の罪（後述の「偽造と模造」の項を参照）の構成要件に該当する可能性はある。

[4] 客体

通貨、すなわち通用する貨幣、紙幣、銀行券が偽造の客体である。通用するとは、事実上の流通では足りず、強制通用力を有することを意味する。貨幣とは金属製の硬貨、紙幣とは貨幣に代用される紙製の証券を指し、いずれも政府の発行するものを意味する。これに対して、銀行券とは、政府から権限を付与された特定の銀行（わが国では日本銀行のみ）の発行する証券を指す。現在、紙幣は発行されておらず、通貨として流通しているのは貨幣と銀行券のみである。

[5] 実行行為
(1) 偽造と変造

偽造とは、通貨の外観を呈するものを無権限に作り出すことをいう。これに対して、それ自体は真正な通貨を権限なく加工して、実質的にその価値を変更する行為を変造といい、偽造と同等に処罰される。真正な1,000円札2枚を用い、これらを表裏にはがして切断し、糊付けする等の加工をして、1,000円札を4つ折または8つ折にしたように見える外観、手ざわりの6片のものを作り出した行為に通貨変造罪を認めた判例がある（最判昭和50・6・13刑集29-6-375）。なお、同一性を失うほどの変更が加えられた場合は、もはや変造ではなく偽造である。

(2) 偽造と模造

真正でない偽貨を作り出すことが偽造として処罰されるのは、それが流通に置かれると通貨に対する公共の信用を害する危険性をもつからである。そのため、一般人（平均的な判断能力を有する者）が、すぐに偽物であることを見破る程度のものは偽造とはいえないことになる。すなわち偽造とは、「一般人が真正なものと誤信する程度の外観を具えた偽物を作り出すこと」が

必要となる。したがって、この偽造の程度に達しない、真正な通貨と紛らわしいものを作り出す行為は、偽造ではなく模造ということになる。通貨模造行為は、通貨偽造行為の法益侵害性の大きさとは比較にならないほど小さいが、通貨等の公共の信用保護の重要性から、特別法で処罰の対象とされている（通貨及証券模造取締法1条・2条）。

B 偽造通貨行使罪

> 148条2項　偽造又は変造の貨幣、紙幣又は銀行券を行使し、又は行使の目的で人に交付し、若しくは輸入した者も、前項と同様とする。

[1] 総説

偽造通貨・変造通貨の行使、行使目的の交付または輸入行為は、通貨偽造罪と同等に処罰される。未遂を罰する（151条）。前述したとおり、通貨偽造行為は、通貨に対する信用を脅かす法益侵害性の高い危険を新たに作り出す点がきわめて重い処罰の理由と考えられる。これに対し、偽造通貨の行使は、偽貨を実際に流通に置くことにより公共の信用侵害を現実化させる点で、より法益侵害が直接的であることが、偽造罪と同等の重い処罰の理由と考えられる。偽造罪を危険犯、行使罪を侵害犯といってもよい（山口417-418）。

[2] 客体

偽造通貨行使罪の客体は、偽造または変造された通貨である。行使の目的をもって偽変造されたものであることを要しない。客観的に偽貨といえるものが行使され、流通に置かれれば通貨に対する公共の信用侵害が現実化するからである。

[3] 実行行為

行使とは、偽貨を真正な通貨として流通に置く行為を指す。支払い等弁済のために人に交付する場合だけでなく、両替や、また自動販売機等への

偽貨の投入行為も含まれる。偽造と認められる程度の外観を有する偽貨が流通することが、通貨に対する公共の信用を侵害するからである。交付とは、偽貨であることの認識をもつ者に対して、行使の目的で、すなわちその者が真正な通貨として流通に置くであろうことの認識の下に偽貨の占有を移転する（偽貨を相手方に手渡す）ことを指す。輸入とは、行使の目的で、国外から偽貨を国内に搬入することを指す。偽貨という危険性あるものを新たに国内に存在させる点で、通貨の信用侵害の危険を生じさせる性質をもつものである（輸入を、領空内・領海内に達した時点とするか、陸揚げした時点とするかについては争いがある。保護法益侵害の危険の現実性に着目すれば、後者と考えるべきことになる）。

[4] 罪数関係

通貨偽造行為と偽造通貨行使行為は、前者が後者の手段、後者が前者の結果という密接な結びつきがあることから、偽造通貨行使罪と通貨偽造罪とは牽連犯の関係に立つ。

偽貨を用いて商品を買い取る行為は、偽貨を真貨と誤信した相手方から商品をだまし取る点で、偽造通貨行使罪と同時に詐欺罪（246条1項）の構成要件にも該当する。借金の返済に偽貨を充てる場合は、詐欺利得罪（246条2項）の構成要件に該当することになる。また、自動販売機に偽貨を投入して商品を取り出す行為は、窃盗罪（235条）の構成要件該当性が認められることになる。しかし、偽造通貨の行使は、当然にこれら詐欺罪等にあたることが想定される行為である。法定刑の上限が無期懲役である（詐欺、窃盗は10年の懲役にとどまる）ことも、財産犯罪を吸収評価する解釈の合理性を裏づけている。こうした点から、詐欺罪、窃盗罪という異質な個人的法益に対する罪であっても偽造通貨行使罪に吸収される（吸収関係）と解するべきである（大判明治43・6・30刑録16-1314）。

C 外国通貨偽造・行使罪

149条1項　行使の目的で、日本国内に流通している外国の貨幣、紙幣又は銀行券を偽造し、又は変造した者は、2年以上の有期懲役に処す

> 2項　偽造又は変造の外国の貨幣、紙幣又は銀行券を行使し、又は行使の目的で人に交付し、若しくは輸入した者も、前項と同様とする。

　本罪は、行使の目的で、国内に流通している外国の貨幣、紙幣等を偽造または変造した場合、および偽変造された外国の貨幣等を行使し、行使目的で交付または輸入した場合を処罰する。後述するように、強制通用力を有する通貨とは異なるものを客体とすることから、法定刑はそれらの場合より相当軽く設定されている。未遂を罰する（151条）。

　本罪の客体は、日本国内に流通している外国の貨幣・紙幣・銀行券であって、「事実上流通しているもの」であれば足り、前条（148条）が、通用する、すなわち強制通用力を有するものとしているのとは異なる。なお、国内にある米軍施設内で用いられていた米軍発行の弗（ドル）表示軍票は、その流通が制限的であるとはいえなお日本国内に流通するというを妨げない、として本罪の成立を認めた判例がある（最決昭和28・5・25刑集7-5-1128）。

　本罪の実行行為である、偽・変造、行使・交付・輸入については、その意義の共通する148条1項・2項につき前述したところを参照。

D　偽造通貨等収得罪

> 150条　行使の目的で、偽造又は変造の貨幣、紙幣又は銀行券を収得した者は、3年以下の懲役に処する。

　行使の目的で偽貨を収得した場合を罰する規定である。未遂を罰する（151条）。

　偽造または変造された貨幣・紙幣・銀行券であって、わが国の通貨、国内に流通している外国通貨の偽貨の両者が客体となる。本罪にいう収得とは、偽貨であることを認識しながらそれを自己の占有に移す一切の行為を指す。偽貨を無償で譲り受ける、買い受ける場合だけでなく、偽貨と知りながら窃取するなど、その領得行為が窃盗罪等に該当する場合も本罪を構成する。1個の取得行為が本罪と窃盗罪にあたる場合は観念的競合、偽貨を収得した後使用した場合は本罪と偽造通貨行使罪の牽連犯となる。

E　収得後知情行使等罪

> 152条　貨幣、紙幣又は銀行券を収得した後に、それが偽造又は変造のものであることを知って、これを行使し、又は行使の目的で人に交付した者は、その額面価格の3倍以下の罰金又は科料に処する。ただし、2000円以下にすることはできない。

　本罪は、偽貨を収得した者が、収得後にはじめてそれが偽貨であることを知って、その偽貨を行使等した場合を罰する規定である。本罪にいう「収得」は、客観的には偽造通貨等収得罪（150条）にいう収得と同じであるが、取得するときに「偽貨であることの認識を欠く」点で異なる。

　本罪は、その法定刑が行使等を行った偽貨の額面価格の3倍以下の罰金または科料（下限は2000円を超えるものでなければならない）という著しく軽いものであることが特徴である。もとより、偽貨であることを認識しながら行使した場合は偽造通貨行使罪（無期懲役を含むきわめて重い罪）にあたることとなるはずである。しかし、知らずに偽貨を手にしてしまった者が他に転嫁して損失を免れようとすることを強く非難することはできない、すなわち定型的に期待可能性が低いという考慮から、軽い処罰にとどめることとしているのである。

　なお、本罪は偽造通貨行使等の罪の減軽類型であるから、偽貨の行使行為が財産犯罪にあたるとしても、別に詐欺罪等が成立することはない（前述した偽造通貨行使罪の罪数関係のところを参照）と解する以上、本罪も同様に考えるべきである。そうでないと、本罪を期待可能性が低いことによりきわめて軽い処罰にとどめようとした趣旨が失われることとなる。

F　通貨偽造等準備罪

> 153条　貨幣、紙幣又は銀行券の偽造又は変造の用に供する目的で、器械又は原料を準備した者は、3月以上5年以下の懲役に処する。

　本罪は、通貨偽造罪（148条1項）、外国通貨偽造罪（149条1項）の予備にあたる場合のうち、器械または原料の準備行為を罰する規定である。

　「器械」とは、貨幣等の偽変造に用いられる印刷機、スキャナー、鋳造機

械など一切の機器類を指し、「原料」とは、用紙やインク、金属材料などを指す。「準備」とは、これらの器械・原料を購入、製作するなどして偽変造に利用しうるよう用意することを指す（大判明治44・2・16刑録17-88）。予備行為一般ではなく、とくに器械等の準備に限定されているのは、印刷機等の機械設備を用いた偽貨の大量作成の重大性に考慮したためとする見解がある（藤木134）。

本罪は予備罪の一種であり、貨幣等の偽変造罪を犯す目的を必要とする目的犯である。したがって、行使目的のない器械等の準備行為は本罪にあたらない（大判昭和4・10・15刑集8-485）。また、自ら偽変造を行う目的での準備であるか、他人の偽変造行為のための準備（いわゆる他人予備）であるかを問わないとするのが判例（大判大正5・12・21刑録22-1925）である。

3 文書偽造の罪

A 総説
[1] 文書偽造の罪の概観

刑法は、社会生活のさまざまな場面で用いられる文書を、その作成名義の点から、詔書・公文書・私文書の3つに分け、それらに対する人々の信用を保護しようとしている。こうした文書に対する公共の信用を害する危険を作り出す行為を偽造として、作られた偽造文書を使用して公共の信用に対する危険を現実化させる行為を行使として、それぞれ処罰する基本的な規定の枠組みは、すでにみた通貨偽造罪と同様である。

他人の名前の文書をかってに作り出す文書偽造行為（＝有形偽造）に加え、自身の名前で内容虚偽の文書を作る虚偽文書作成行為（＝無形偽造）は、公文書の場合は処罰するが、私文書の場合は原則として（虚偽診断書等作成罪を除き）処罰しない。公文書の場合については、公務員の作るべき文書を権限のない者が偽造する場合（有形偽造）と、権限を有する公務員自身による内容虚偽の文書を作成する場合（無形偽造）に加え、公務員に対して虚偽の申立てをして公正証書に不実の記載をさせる行為（間接正犯形態による無形偽

造)を処罰するための類型(公正証書原本不実記載等の罪)が置かれている。

また、文書と呼ぶのが困難な電磁的記録(記録媒体に固定され保存されている状態のコンピュータ・データ)を不正に作り出す行為に関しては、文書と同様に、そのような電磁的記録の真正さに対する人々の信用を保護する必要があることから、電磁的記録不正作出罪等の規定が置かれている。

[2] 文書の意義

文書とは、文字またはこれに代わるべき符号を用い、ある程度永続する状態で物体上に記載した意思表示をいう、とするのが判例(大判明治43・9・30刑録16-1572、法律上その物体の種類を問わないとして陶器上の記載を文書と認めたもの)である。

このように、文書として保護されるためには、まず、「人の意思・観念の表示」といえなければならない。きわめて短く省略されたものであっても意味のある表示であれば文書と認められる(たとえば、大判昭和3・10・9刑集7-683は、郵便局の日付印を郵便物の取扱いに関する事項を証明する文書としている)。

また、この意思・観念の表示が直接読みとれるものでなければならない。すなわち可視性・可読性が必要とされる。USBメモリー、DVDロムなどの電子メディアに保存された状態の動画や画像、音声などはもとより文書とはいえないし、プリントアウトすれば読むことができるテキストデータも電磁的記録の状態にあるものは文書ではない(こうした電磁的記録は、文書に準じて電磁的記録不正作出等の罪でそれに対する公共の信用の保護が図られている)。

人が認識できる状態で記載された意思・観念の表示であれば、その媒体は紙以外の物体でもさしつかえないが、「ある程度永続的な状態」で固定される必要がある。海岸の砂の上に書かれた文字や符号は風や波ですぐに消えてしまう不安定な状態のものであり、永続性をもって固定されたとはいえないので文書とは認められない。これに対して、黒板にチョークで書かれた場合は一般に文書性を肯定できるとされている。

文書は、すでに述べたように人の意思を表示したものである。たとえば、領収書は、「一定の金額を受け取った」という関係を証する文書であるが、そこでは誰が金銭を受け取ったと述べているのか(誰の意思表示が固定されたものなのか)が文書のもっとも重要な要素となる。したがって、この「誰の

意思表示なのか」がまったく不明なものは、何らの事実の証明作用ももたない無意味なものであって文書としてその信用性を保護する必要はない。すなわち、文書は、作成名義が読みとれるもの、少なくとも了解可能なものでなければならない。文書には、作成名義の認識可能性が不可欠なのである。文書にはその作成名義人が表示されるのが通例であるが、名義人を明示する記載がなくとも記載の形式・外観等から名義人を認識することができる場合は文書と認められるとするのが判例である（大判昭和7・5・23刑集11-665は、酒瓶に貼付されたアルコール度数を示した紙の記載は、酒瓶自体とそのラベルに表示された酒造会社名等の記載部分と相俟って、その作成名義を容易に知ることができるとして文書性を肯定している）。

なお、文書の原本をコピーしたものを、コピーとして使用する場合、文書といえるかが問題となる。判例は、原本と同様の証明作用をもち、同様の信用性を有するコピーは文書偽造罪の客体となることを認めている（最判昭和51・4・30刑集30-3-453等）。これは、実質的に、「コピーされたとおりの原本が存在するにちがいないという信用」を害する行為をも文書偽造に含める拡張的解釈を採用しているものとみられる。

[3] 保護法益

文書に対する公共の信用が、文書偽造の罪の保護法益である。文書は、それが誰の意思を表示したものであるか（作成名義人は誰か）が了解可能なものでなければならない。それによって、われわれは、作成名義人がそこに表示された事実が存在する、と述べていることを読み取り信用し、それを取引等の拠り所にする。したがって、作成名義人以外の者がかってに名義人の名を騙って作成した偽造文書が横行する事態となると、文書を容易に信用することができなくなり、経済取引やその他の諸活動は混乱・停滞を来しかねないのである。

[4] 偽造の概念

偽造とは権限なく他人名義の文書を作成することをいう。すなわち、作成名義を偽ることを指して文書偽造という。これに対して、作成名義には偽りがないが（自身の名義のものを自ら作成するが）、内容虚偽の文書を作成す

る場合を虚偽文書作成という。前者の文書偽造を有形偽造、後者の虚偽文書作成を無形偽造ともいう。

有形偽造か無形偽造かの区別は、作成名義の偽りの有無によるといってもよい。文書に表示された作成名義人以外の者が作成者である場合（作成名義人≠作成者）が文書偽造で、作成名義人自らが作成者となって虚偽の文書を作った場合（作成名義人＝作成者）が虚偽文書作成である。

なお、文書の偽造とは、一般人が真正な文書と誤信する程度の外観を具えたものを作り出した場合でなければならない点については、前述の通貨偽造罪の実行行為について述べたところを参照されたい。

B 詔書偽造罪

> 154条1項　行使の目的で、御璽、国璽若しくは御名を使用して詔書その他の文書を偽造し、又は偽造した御璽、国璽若しくは御名を使用して詔書その他の文書を偽造した者は、無期又は3年以上の懲役に処する。
> 2項　御璽若しくは国璽を押し又は御名を署した詔書その他の文書を変造した者も、前項と同様とする。

本罪は、天皇の国事に関する文書であって詔書の形式をとるもの（国会召集の詔書や衆議院の解散詔書など）および、詔書以外の形式の天皇文書（法令の公布文書など）を偽造・変造した場合をとくに重く処罰するものである。未遂処罰規定は置かれていない。

本罪にいう、御璽とは天皇の印章、国璽とは日本国の印章、御名とは天皇の署名をいい、これらの表示のある詔書その他の文書が本罪の客体となる。

行使の目的、実行行為の偽造・変造の意義については――以下、各種文書偽造罪についても同様に――通貨偽造罪について述べたところを参照されたい。

C 公文書偽造等罪

> 155条1項 行使の目的で、公務所若しくは公務員の印章若しくは署名を使用して公務所若しくは公務員の作成すべき文書若しくは図画を偽造し、又は偽造した公務所若しくは公務員の印章若しくは署名を使用して公務所若しくは公務員の作成すべき文書若しくは図画を偽造した者は、1年以上10年以下の懲役に処する。
> 2項 公務所又は公務員が押印し又は署名した文書又は図画を変造した者も、前項と同様とする。
> 3項 前2項に規定するもののほか、公務所若しくは公務員の作成すべき文書若しくは図画を偽造し、又は公務所若しくは公務員が作成した文書若しくは図画を変造した者は、3年以下の懲役又は20万円以下の罰金に処する。

[1] 有印公文書偽造罪（155条1項）

(1) 客体

本罪の客体は、①公務所または公務員が作成すべき、②文書（公文書）または図画（公図画）であって、③公務所もしくは公務員の印章もしくは署名、または、偽造した公務所もしくは公務員の印章もしくは署名が使用されたものである。

①公務所（官公庁その他公務員が職務を行う所をいう〔7条2項〕）または公務員（国または地方公共団体の職員その他法令により公務に従事する議員、委員その他の職員をいう〔7条1項〕）が作成すべき文書・図画とは、公務所または公務員が、その権限に基づき、所定の形式に従って公務所または公務員を作成名義人として作成する文書・図画をいう。作成権限は、法令に限らず内規や慣行に根拠を有する場合も含むとするのが判例である（最決昭和38・12・27刑集17-12-2595）。

②公文書としては、旅券や運転免許証、印鑑証明書などが挙げられる。公図画（図画とは象形的符号を用いて意思・観念を表示したものをいう）としては、地方法務局出張所の土地台帳付属地図を有印公図画にあたるとした判例

（最決昭和 45・6・30 判時 596-96）などがある。

③本罪は、公務所または公務員の印章または署名が使用された公文書、すなわち有印公文書——印章か署名のいずれかのある場合を「有印」といい、これを欠く公文書は後述の無印公文書という——が客体となる。真正な印章または署名に加え、偽造された印章または署名が使用された場合も含む。ここにいう「署名」には、自署のみではなく記名も含むと解されている（大判大正 4・10・20 新聞 1052-27）。

(2) 実行行為

本罪の実行行為は、作成権限のない者が、行使の目的をもって有印公文書または有印公図画を作成することである。公務員であっても当該公文書の作成権限をもたない場合は本罪を構成する。偽造とは、公文書の形式を偽り、一般人が真正なものと誤信する程度の外観を具えた文書を作成することであるから、実在しない公務所名義の文書を作成した場合であっても本罪にあたる場合がある。「司法局人権擁護委員会会計課」という架空の公務所名義の証明文書を作成した事案につき本罪の成立を認めた裁判例がある（名古屋高判昭和 35・4・14 判タ 107-57）。

[2] 有印公文書変造（155 条 2 項）

本罪は、有印公文書・公図画の変造行為を処罰する規定である。変造とは、真正な文書の「本質的部分以外」に部分的変更を加えることをいう。したがって、文書の作名義自体を変更するような場合は変造ではなく偽造にあたるが、さらに、自動車運転免許証の不正改ざんの事案について、作成名義（都道府県公安委員会名）には手を加えていなくとも、他人に交付された免許証の写真を貼り換え、生年月日を改ざんするなどして全く別の免許証を作り出した場合は公文書偽造罪にあたることとなる（最決昭和 35・1・12 刑集 14-1-9）。

[3] 無印公文書偽造・同変造（155 条 3 項）

本罪は、公務所または公務員の作成すべき文書・図画のうち、有印公文書、有印公図画にあたるもの以外のものの偽造・変造を処罰する規定である。すなわち、公務所、公務員の印章または署名のいずれもない場合の（有

形) 偽・変造を対象とする。作成名義人の記名があれば有印となるので、それがない場合とは、すなわち「作成名義人の記載を欠く」場合のみということになる。なお、物品税表示証紙を無印公文書にあたるとした判例がある（最決昭和35・3・10刑集14-3-333）。

D 虚偽公文書作成罪

> 156条　公務員が、その職務に関し、行使の目的で、虚偽の文書若しくは図画を作成し、又は文書若しくは図画を変造したときは、印章又は署名の有無により区別して、前2条の例による。

本罪は、公務員による虚偽公文書作成、すなわち公文書の無形偽造行為の処罰を規定したもの――後述の私文書は原則として無形偽造を処罰しない――である。公文書は、文書の中でもとくに信用度の高いものであることから、作成名義の真正さだけでなく文書の内容が真実であることへの信用も保護する必要があることに鑑み、無形偽造・変造も有形偽造・変造と同等に処罰することとしている。

印章または署名の有無により、詔書等の無形偽造・変造＝無期または3年以上の懲役、有印公文書等の無形偽造・変造＝1年以上10年以下の懲役、無印公文書等の無形偽造・変造＝3年以下の懲役または20万円以下の罰金とに区別して処罰される。

E 公正証書原本不実記載等罪

> 157条1項　公務員に対し虚偽の申立てをして、登記簿、戸籍簿その他の権利若しくは義務に関する公正証書の原本に不実の記載をさせ、又は権利若しくは義務に関する公正証書の原本として用いられる電磁的記録に不実の記録をさせた者は、5年以下の懲役又は50万円以下の罰金に処する。
> 2項　公務員に対し虚偽の申立てをして、免状、鑑札又は旅券に不実の記載をさせた者は、1年以下の懲役又は20万円以下の罰金に処する。

[1] 公正証書原本不実記載罪（157条1項）

　本罪は、事情を知らない公務員に対して虚偽の申立てをして公正証書の原本に不実の記載をさせ、または公正証書原本として用いられる電磁的記録に不実の記録をさせる行為を罰する規定である。虚偽公文書作成罪の間接正犯的形態による場合と、公電磁的記録不正作出罪（後述の161条の2第2項）の間接正犯的形態による場合との処罰を規定したものとみることができる。未遂も罰せられる（157条3項）。

　権利または義務に関する公正証書の原本と、その公正証書の原本として用いられる電磁的記録が本罪の客体である。ここにいう権利または義務に関する公正証書とは、公務員が職務上作成する文書であり、権利・義務に関する事実の証明作用を有するものをいう。法文に例示されている登記簿、戸籍簿のほか、公証人の作成にかかる公正証書、住民基本台帳、外国人登録原票などがこれにあたる。従来、こうした文書の形態で用いられていた公正証書の原本は、その後のコンピュータ処理の導入にともない急速に電磁的記録に置き換えられることとなった。そこで、昭和62年の改正により、「公正証書の原本として用いられる電磁的記録」が客体に追加された。不動産登記ファイル、商業登記ファイルのほか、自動車登録ファイル、住民基本台帳ファイルなどがそれである。

　本罪の実行行為は、公務員に対して虚偽の申立てをすることによって、公正証書の原本またはその電磁的記録に不実の記載または記録をさせることである。虚偽、不実とは、申立て、記載が真実に反することを意味する。たとえば、真実は離婚する意思がないのに、離婚したかのように装う意図で離婚届を提出し、その旨を戸籍簿の原本に記載させた場合（大判大正8・6・6刑録25-754）や、自動車の所有関係を偽る意図で、真の所有者とは別人の名義で自動車登録ファイルに登録を行った場合（東京地判平成4・3・23判タ799-248）などである。

[2] 免状等不実記載罪（157条2項）

　本罪は、免状、鑑札、または旅券を客体とする不実記載を処罰する規定である。免状とは、自動車運転免許証、狩猟免状、医師免許証などの、一定の者に対して特定の行為を行う権利を付与する公務所または公務員名義

の証明書をいう。鑑札とは、古物商の許可証、質屋の営業許可証、犬の鑑札などの、公務所への登録があったことを証明する文書であって、公務所から交付を受けた者が備え付け、または携帯することを要するものをいう。旅券とは、外国に渡航する者に対して国籍の証明等の用に供する目的で発給される文書である。未遂も罰せられる（157条3項）。

F 偽造公文書行使罪

> 158条1項　第154条から前条までの文書若しくは図画を行使し、又は前条第1項の電磁的記録を公正証書の原本としての用に供した者は、その文書若しくは図画を偽造し、若しくは変造し、虚偽の文書若しくは図画を作成し、又は不実の記載若しくは記録をさせた者と同一の刑に処する。

　本罪は、154条から157条までに規定された、偽造、変造、虚偽作成、不実記載にかかる文書、図画の行使と、不実記録にかかる電磁的記録の供用を、それらの偽造等について定めた法定刑と同一の刑で処罰する規定である。未遂も罰せられる（158条2項）。

　本罪にいう行使とは、偽造文書等を真正なものとして使用することを意味する。客体となる偽造文書等は、行使の目的で作成されたものである必要はない。もとより本罪の主体となる者が自ら作成したものであるか否かを問わない。行使の具体的態様は、提示、交付、備付けなどであり、その内容を相手方に認識させ、あるいは少なくとも認識しうる状態におくことが必要であるから、たとえば、偽造した運転免許証を携帯して車を運転していただけでは本罪にあたらない（最大判昭和44・6・18刑集23-7-950）。偽造した免許証を警察官に提示してはじめて本罪が成立することになる。

G 私文書偽造罪

> 159条1項　行使の目的で、他人の印章若しくは署名を使用して権利、義務若しくは事実証明に関する文書若しくは図画を偽造し、又は偽造した他人の印章若しくは署名を使用して権利、義務若しくは事実証明

> に関する文書若しくは図画を偽造した者は、3月以上5年以下の懲役に処する。
> 2項　他人が押印し又は署名した権利、義務又は事実証明に関する文書又は図画を変造した者も、前項と同様とする。
> 3項　前2項に規定するもののほか、権利、義務又は事実証明に関する文書又は図画を偽造し、又は変造した者は、1年以下の懲役又は10万円以下の罰金に処する。

[1] 総説

本条は、行使の目的をもって行われる私文書の偽変造行為を処罰するものであり、①有印私文書の偽造、②有印私文書の変造、③無印私文書の偽造・変造に区別して規定をおいている。私文書の無形偽造は、後述の虚偽診断書作成（160条）を除き処罰の対象とはされていないが、これは、公文書とは異なり、文書の内容の真実性にまで刑罰的保護を及ぼす必要性が認められないことに由来する（山口458は、この点につき、「内容の真実性は作成名義人の人的保証に委ねれば足りるから」と説明する）。また、私人が作成する種々の文書は、社会生活上の重要性・信用性の点で公文書とは異なり、かならずしも幅広く保護する必要性があるものばかりではないので、刑法は、保護の対象を権利・義務または事実証明に関する文書に限定している。

[2] 有印私文書偽造罪（159条1項）

本罪は、行使の目的で行う私文書の有形偽造を処罰するものである。本罪の客体は、権利・義務または事実証明に関する文書、図画である。外国の政府機関や外国公務員が作成すべき文書もここにいう私文書に含まれる。偽造の意義については公文書偽造等について述べたところを参照されたい。

権利、義務に関する文書とは、遺言書、婚姻届、離婚届、請求書、借用書など、権利・義務の成立要件となっているものであるか、その存否を証明するものであるかを問わない。事実証明に関する文書とは、履歴書や推薦書、郵便局への転居届など、ひろく社会生活に交渉を有する事項を証明するに足りる文書をいう（最決昭和33・9・16刑集12-13-3031）。たとえば、入

学試験の答案の記載は、入学志願者の学力の証明に関する文書であって、これにあたるとするのが判例である（最決平成6・11・29刑集48-7-453）。

　本罪は、有形偽造――作成名義に偽りのある場合――のみを処罰するものであるから、作成名義人の同意・承諾のもとに内容虚偽の私文書が作成されても無形偽造であって不可罰であるはずである。しかし、判例は、私文書の性質から作成名義人以外の者が作成することが許されないものについては、たとえ名義人の事前の承諾があっても本罪が成立するとしている。承諾を得て他人の氏名を用いて交通事件原票の供述書を作成した事案（最決昭和56・4・16刑集35-3-107）や、前述の大学入試の答案記載に関する事案などについて、名義人以外の者の作成が文書の性質上許されない、法令上許されない、あるいは、名義人において文書についての責任をとることができないこと等を理由とするものである。

　また、判例は、名義人本人が自身の氏名を用いて作成していても、代理・代表名義の冒用がある場合は有形偽造となることを認めている（最決昭和45・9・4刑集24-10-1319）。肩書・資格の冒用の場合も、人格の同一性の齟齬が生じるような場合は有形偽造となる余地がある。たとえば、自己と同姓同名の弁護士の氏名を用いて、「弁護士甲」と記した文書を作成した行為に私文書偽造罪を肯定した判例がある（最決平成5・10・5刑集47-8-7）。冒用された資格が文書の作成権限と直接結びついている場合、有形偽造にあたることはいうまでもない。判例は、正規の国際運転免許証に酷似する文書を発給権限のない団体A名義で作成した行為について、その団体からその文書作成を委託されていたとしても私文書偽造罪にあたるとしている（最決平成15・10・6刑集57-9-987）。

　社会一般に通用している芸名やペンネームなど戸籍上の氏名以外の通称名の使用の場合、常に有形偽造となるわけではないが、人格の同一性の齟齬が生じる場合にはそれが肯定されると考えるべきである。たとえば、密入国者による通称名を用いた再入国許可申請書の作成に私文書偽造罪の成立を認めた判例がある（最判昭和59・2・17刑集38-3-336）。偽名の使用に関しては、判例は、指名手配中の犯人が就職する際に素性を隠す意図で虚偽の氏名等を用いた履歴書や雇用契約書を作成した事案について、たとえ自己の顔写真がはり付けられ、あるいは各文書から生ずる責任を免れようとす

る意思を有していなかったとしても、私文書偽造罪にあたるとしている（最決平成11・12・20刑集53-9-1495）。

[3] 有印私文書変造罪（159条2項）

本罪は、有印私文書・同図画の変造行為を処罰する規定である。変造とは、すでに述べたとおり、真正に成立した文書の非本質的部分に変更を加えることをいう。有印私文書・同図画の偽造と同一の刑で処罰される。

[4] 無印私文書偽造・同変造罪（159条3項）

本罪は、他人の印章または署名のいずれもない私文書の有形偽造と、有形変造とを処罰する規定である。有印私文書に比べ印章または署名の記載がない文書の方が信用性が高くないことから、軽い処罰が定められている。しかし、作成名義人の記名があれば有印となる——無印公文書偽造等と同様に——ので、作成名義人の記載を欠く場合のみが無印私文書にあたることとなる。本罪の適用はごく例外的な場合にとどまる。

H 虚偽診断書等作成罪

> 160条　医師が公務所に提出すべき診断書、検案書又は死亡証書に虚偽の記載をしたときは、3年以下の禁錮又は30万円以下の罰金に処する。

本罪は虚偽私文書作成行為の処罰を定めたものである。私文書の無形偽造を処罰するのは本罪のみである（所得税法242条の罪など特別法上は少なくない）。その理由は、公務所に提出すべき診断書等は、公的性質の文書であることから、文書の内容の真実性に保護を及ぼす必要性があることによる。

本罪は、医師を犯罪主体とする身分犯である。国公立病院等に所属する公務員の医師が作成すべき文書は公文書であり、本罪にあたる行為が行われれば虚偽公文書作成罪を構成するので、それ以外の私人としての医師のみが主体となる。

診断書とは、医師による診察結果を示した証明文書をいい、検案書とは、医師が死体について死亡の事実を医学的に確認した結果を記載した文書をいい、死亡証書とは、生前から患者の診療に従事していた医師が、死亡時

にその死亡の事実を確認して作成する死亡診断書をいう。

I 偽造私文書等行使罪

> 161条1項 前2条の文書又は図画を行使した者は、その文書若しくは図画を偽造し、若しくは変造し、又は虚偽の記載をした者と同一の刑に処する。

　本罪は、偽造または変造された私文書、私図画（159条）、虚偽記載された診断書等（160条）を行使した者を、それら偽造等について定めた罪の法定刑と同一の刑で処罰するものである。未遂も罰せられる（161条2項）。

　本罪にいう行使とは、偽造文書等を真正なものとして使用することを意味し、客体となる偽造文書等が行使の目的で作成されたものである必要はないこと、本罪の主体となる者が自ら作成したものであるか否かを問わないことは、偽造公文書行使罪（158条）と同じである。

4 電磁的記録不正作出・供用罪

A 総説

　コンピュータを用いた事務処理の利用が進むにつれ、それまで文書を用いて行われてきた分野に大きな変化が生じた。すなわち、そこで用いられてきた文書の多くが急速にコンピュータ処理に適したデータに置き換えられ、社会の広範な分野で「文書」とはいい難い電磁的記録が重要な事務処理の拠り所となっていった。そこで、昭和62 (1987) 年の刑法一部改正により、こうしたデータの不正な改ざん行為等を電磁的記録不正作出・供用として捉える本罪の規定が新設された。

　本罪は、その客体を権利、義務または事実証明に関する記録に限定している点からみて、文書偽造罪が文書の証明機能を保護するのと同様に、文書を代替する電磁的記録の証明機能に着目したものといいうる。本罪の新設は、その意味で文書偽造の罪の保護法益を変容させるようなものではな

い。本罪の保護法益は電磁的記録に対する公共の信用である。しかし、電磁的記録の性格上、その記録の作成名義人を認識することが困難であるため、作成名義の偽りの有無により有形偽造と無形偽造とを区別し、公文書については有形偽造と無形偽造の両者を処罰し、私文書については有形偽造のみの処罰を原則とするという文書偽造に関する従来の規定構造は採用されなかった。作成名義の真偽ではなく、内容の真偽こそが処罰の可否を決する要素となるような規定のしかたがとられ、実行行為は、偽造および変造に代えて不正作出の概念が用いられたのである。また、文書偽造とは異なり、権利、義務または事実証明に関する電磁的記録の不正作出を原則型（私電磁的記録不正作出〔161条の2第1項〕）とし、記録が公務所・公務員により作られるべきものであるときを加重処罰する（161条の2第2項）という形が採られている。不正作出された電磁的記録の使用については、「行使」ではなく「用に供した」という文言が用いられている（161条の2第3項）。

B　私電磁的記録不正作出罪

> 161条の2第1項　人の事務処理を誤らせる目的で、その事務処理の用に供する権利、義務又は事実証明に関する電磁的記録を不正に作った者は、5年以下の懲役又は50万円以下の罰金に処する。

　本罪は、人の事務処理を誤らせる目的で行われる必要がある（目的犯）。人の事務処理とは、業務として行われるものか、その事務が財産上のものかを問わず、人の生活関係に影響を及ぼす可能性ある事項の処理を指す。本罪の実行行為は、この事務処理に用いられる権利、義務または事実証明に関する電磁的記録を、権限なく、または権限を濫用して作りだすことである。

　本罪の客体は、権利、義務または事実証明に関する電磁的記録である。電磁的記録とは、電子的方式、磁気的方式その他人の知覚によっては認識することができない方式で作られる記録であって、電子計算機による情報処理の用に供されるものをいう（7条の2）。ここにいう電磁的記録とは、記録されたデータそのものでも、記録物自体でもなく、記録物（コンピュータのハードディスクやUSBメモリー等の記録媒体）にデータが固定された状態を指

す概念である。

　権利、義務に関する電磁的記録には、金融機関の預金元帳ファイルの預金残高、入金・出金等に関する記録などがあり、事実証明に関する電磁的記録には、売掛金ファイルのような帳簿や各種の証明に用いる文書がコンピュータ・データに置き換えられた記録や、競馬の勝馬投票券の電磁的記録部分など多くのものがある。

　たとえば、銀行オンラインシステムの保守点検を請け負っている技術者が、端末を操作して虚偽の入金データを入力して預金元帳ファイルにその旨を記録させる場合（無権限作出）や、銀行の入金処理の担当行員が同様の手口で虚偽の入金データを記録させる場合（権限濫用作出）などが本罪にあたる。競馬の勝馬投票券の電磁的記録部分を的中馬券の内容に改ざんする場合や、自動改札機に用いる定期乗車券に関わる電磁的記録部分の改ざんも同様である。

C　公電磁的記録不正作出罪

> 161条の2第2項　前項の罪が公務所又は公務員により作られるべき電磁的記録に係るときは、10年以下の懲役又は100万円以下の罰金に処する。

　本罪は、公務所または公務員により作られるべき電磁的記録の不正作出の場合を加重処罰するものである。公電磁的記録の重要性と信用度に鑑み、その保護をより厚くするための規定である。公務所または公務員により作られるべき電磁的記録とは、公務所、公務員の職務の遂行として作出することとされている電磁的記録を意味する。たとえば、自動車登録ファイルや住民基本台帳ファイルなどがこれにあたる。

D　不正作出電磁的記録供用罪

> 161条の2第3項　不正に作られた権利、義務又は事実証明に関する電磁的記録を、第1項の目的で、人の事務処理の用に供した者は、その電磁的記録を不正に作った者と同一の刑に処する。

本罪は、不正に作出された電磁的記録を、人の事務処理を誤らせる目的で使用した者を、その使用した電磁的記録を不正に作った者と同じ刑で処罰するものである。未遂も処罰される（161条の2第4項）。

本罪にいう、「人の事務処理の用に供した」とは、不正作出電磁的記録を、コンピュータによって事務処理を行うことができる状態に置いたことを意味する。たとえば、他人の暗証番号等を権限なく書き込んで作り出したキャッシュカードを、ATMのカード挿入口に差し入れる行為（東京地判平成1・2・17判タ700-279）や、磁気記録部分を改ざんした勝馬投票券を自動払戻機の挿入口に差し入れる行為（甲府地判平成元・3・31判時1311-160）などがこれにあたる。

5 有価証券偽造の罪

A 総説

手形、小切手や商品券などの有価証券は、一種の権利、義務に関する文書にほかならない。有価証券偽造罪は、文書偽造罪の特別規定といってもよい。それゆえ、刑法典は、本章を文書偽造の罪の章に続いて規定している。しかし、有価証券の多くは、経済活動において財産権の客体として扱われ、「通貨に準ずる地位」を占めるものでもあるため、その偽造、変造が取引秩序に及ぼす影響は通常の文書の場合より著しく大きい。有価証券偽造の罪の保護法益は、有価証券に対する公共の信用であるが、その信用を維持・確保する必要性はとくに大きい。そこで、刑法典は、有価証券を他の文書から区別し、特別の保護を与えている。すなわち、私文書偽造等より重い法定刑を定め、通貨の場合と同様に交付行為、輸入行為までも可罰的なものとしているのである。

B 有価証券偽造・同虚偽記入罪

162条1項　行使の目的で、公債証書、官庁の証券、会社の株券その他の

> 有価証券を偽造し、又は変造した者は、3月以上10年以下の懲役に処する。
> 2項　行使の目的で、有価証券に虚偽の記入をした者も、前項と同様とする。

[1] 有価証券偽造・同変造罪（162条1項）

　本罪は、行使の目的で行う有価証券の偽造および変造を処罰するものである。本罪の客体となる有価証券とは、財産権を表象する証券であって、その財産権の行使または移転に、その証券の占有を必要とするものをいう（大判明治42・3・16刑録15-261、最判昭和34・12・4刑集13-12-3127）。例示されている公債証書、官庁の証券、会社の株券のほか、手形、小切手、商品券、ビール券、タクシー・チケットなどがこれにあたる。流通性のあるものに限られず、定期乗車券なども有価証券にあたる（最判昭和32・7・25刑集11-7-2037）。判例は、テレホンカードのようなプリペイドカードも有価証券にあたるとしていた（最決平成3・4・5刑集45-4-171）が、争いがあったところ、その磁気記録部分の改ざんを支払用カード電磁的記録に関する罪として処罰する規定が新設された（163条の2～163条の4。後述するところを参照）ことにより、本罪は適用されないこととなった。

　本罪の実行行為である偽造とは、作成権限のない者による他人名義の有価証券の作成（有形偽造）である。変造とは、真正な有価証券に作成権限のない者が、その有価証券に改ざんを加えた場合（有形変造）であって、その改ざんが非本質的部分にとどまる場合をいう（本質的部分に改ざんが及ぶ場合は偽造である）。たとえば、手形の振出し等の日付の改ざんや、小切手の金額欄の数字の改ざんが変造の例である（最判昭和36・9・26刑集15-8-1525）。

[2] 有価証券虚偽記入罪（162条2項）

　本罪の実行行為である虚偽の記入とは、有価証券に真実に反する記載をする一切の行為を含み、作成権限を有する者が内容虚偽の有価証券を発行する場合（無形偽造）に本罪が成立する。たとえば、実際には物の引渡しがないのに貨物引換証を発行した場合などである（大判大正15・9・18刑集5-413）。

このように基本的証券行為についての無形偽造に加えて、権限のない者が手形、小切手に裏書するなどの付随的証券行為を行う場合（有形偽造）も本罪が成立するとするのが判例である（最決昭和32・1・17刑集11-1-23）。これに対して、学説の多勢は、基本的証券行為、付随的証券行為のいずれの場合も、虚偽記入とは無形偽造のみを指すとしている。

C　偽造有価証券行使罪

> 163条1項　偽造若しくは変造の有価証券又は虚偽の記入がある有価証券を行使し、又は行使の目的で人に交付し、若しくは輸入した者は、3月以上10年以下の懲役に処する。

本罪は、偽造・変造・虚偽記入の有価証券を行使等した場合を処罰するものである。未遂も処罰される（163条2項）。

本罪の客体は、偽造もしくは変造され、または虚偽記入のある有価証券であり、行為者自らが偽造等したものであることを要しない。

行使とは、真正に成立した有価証券として、または内容真実の有価証券として用いることをいう。偽造通貨行使罪とは異なり、流通に置くことを要しない。たとえば、貸付金があるよう仮装し財産状態の低下を隠ぺいするため偽造手形を関係者に呈示したり、貸付金があるよう仮装するため偽造手形を銀行業務の監査の際に関係者の閲覧に供した場合などである（大判明治44・3・31刑録17-482、大判昭和7・5・5刑集11-578など）。交付とは、それが偽造等された有価証券であることを認識している者に対してこれを引き渡すことである。輸入とは、偽造等された有価証券を国外から国内に搬入することである。交付および輸入は、いずれも行使の目的をもって行われることを要する。

6 支払用カード電磁的記録に関する罪

A 総説

　本罪は、平成13（2001）年の刑法一部改正により新設されたものである。本罪の保護法益は、支払用カードを構成する電磁的記録の真正さに対する信用であるが、加えて、これら支払用カードを用いた「支払システムに対する社会的信頼」をも保護法益とするものと考えられる。

　すなわち、電磁的記録部分を有する各種支払用カードの普及発展は、それがコンピュータ・システムという自動化された処理に用いられることにより実現されたものであって、従来の人の手作業による財産的事務処理、決済とは比較にならない効率化が図られたことを背景とする。プリペイドカードのように対人的な使用をほとんど想定していないものも多いことを考えると、そもそも人の判断作用を前提とする従来の各種偽造罪とは異なる性質を帯びた犯罪類型となっていることは、むしろ当然ともいえよう。本罪の客体には、プリペイドカードやデビットカードのような機械に対してのみの使用が予定されているものも含まれており、ホワイトカードに磁気テープ等を貼り付けただけのカードの作製にも本罪の成立が肯定される以上、その保護法益は、「電磁的記録を構成部分とする支払用カードによる支払決済システムの安全かつ円滑な運用であると解すべき」との指摘（西田344）もある。

B 支払用カード電磁的記録不正作出等罪

> 163条の2第1項　人の財産上の事務処理を誤らせる目的で、その事務処理の用に供する電磁的記録であって、クレジットカードその他の代金又は料金の支払用のカードを構成するものを不正に作った者は、10年以下の懲役又は100万円以下の罰金に処する。預貯金の引出用のカードを構成する電磁的記録を不正に作った者も、同様とする。
> 2項　不正に作られた前項の電磁的記録を、同項の目的で、人の財産上の事務処理の用に供した者も、同項と同様とする。

> 3項　不正に作られた第1項の電磁的記録をその構成部分とするカードを、同項の目的で、譲り渡し、貸し渡し、又は輸入した者も、同項と同様とする。

[1] 支払用カード電磁的記録不正作出罪（163条の2第1項）

　本罪の客体は、財産上の事務処理の用に供する電磁的記録であって、①クレジットカードなどの代金・料金の支払いに用いられるカードの構成部分をなすもの、および、②キャッシュカードのように預貯金引出に用いられるカードの構成部分をなすもの、の2種類である。たとえば、①には、クレジットカードのほかに、プリペイドカードや高速道路通行料金支払いに用いられるETCカードなどがある。②のキャッシュカードは、本来現金の自動預払い機能を有するものとして用いられてきたものであるが、加えてそのデビットカードとしての支払決済機能を有することをふまえて本罪の客体とされたものである。これらのカードを構成する電磁的記録の不正作出行為は、前述の私電磁的記録不正作出罪（161条の2）にあたるものであったが、本罪（163条の2）の新設により、「支払用カードを構成する電磁的記録の不正作出」として本罪が適用されることとなった。私電磁的記録不正作出罪と本罪とは、法条競合（一般法・特別法）の関係に立つものである（プリペイドカードやキャッシュカードの電磁的記録部分は、現在では私電磁的記録不正作出罪の「客体からは除外されることとなった」と述べる見解もある〔大コメ［第3版］（8）236［和田雅樹］］）。なお、量販店等のポイントカードや、航空会社のマイレージカードなどは、本来、支払決済機能をもたないものであるから本罪の客体とはならず、私電磁的記録不正作出罪が適用されることとなる。

　本罪の実行行為は、人の財産上の事務処理を誤らせる目的で、権限なく、または権限を濫用して電磁的記録を作出することをいう。いいかえれば、クレジットカード等のプラスティック板に組み込まれたICチップなどの記録媒体上に、当該記録を固定・保存するにいたらしめることを意味する。

　電磁的記録一般の不正作出行為は、すでにみた電磁的記録不正作出罪（161条の2）にあたるものであるので、本罪はその特別規定ということになる。未遂も処罰される（163条の5）。

[2] 不正作出支払用カード電磁的記録供用罪（163条の2第2項）

本罪は、不正に作出された支払用カードの構成部分である電磁的記録を、人の財産上の事務処理を誤らせる目的で、その事務処理に用いられる電子計算機による処理が可能な状態に置くことを処罰するものである。たとえば、加盟店のクレジットカードの認証に用いられる読取機に挿入使用した場合や、キャッシュカードのATM機に挿入使用した場合などである。未遂も処罰される（163条の5）。

[3] 不正作出支払用カード電磁的記録譲渡等罪（163条の2第3項）

本罪は、不正に作られた電磁的記録をその構成部分とする支払用カード（以下、「当該カード」という）を、人の財産上の事務処理を誤らせる目的で、譲り渡し、貸し渡し、または輸入した場合を処罰するものである。譲り渡しとは、当該カードを人に引き渡すことであって、相手方に対する処分権の付与をともなう場合をいう。貸し渡しとは、引き渡しのうち処分権の付与をともなわない場合をいう。いずれも、相手方が、当該カードが真正なものでないことを知っているか否かを問わない。輸入とは、当該カードを国外から国内に搬入することをいう。未遂も処罰される（163条の5）。

C 不正電磁的記録カード所持罪

> 163条の3 前条第1項の目的で、同条第3項のカードを所持した者は、5年以下の懲役又は50万円以下の罰金に処する。

本罪は、当該カードの所持自体を処罰するものである。文書偽造罪や有価証券偽造罪には、偽造された物の所持を罰する規定が置かれていないが、支払用のカードは反復使用が想定される性質のものであるため、その所持自体に強い法益侵害性が認められることが、所持を可罰的なものとした主な理由と考えられる。

本罪の実行行為は、人の財産上の事務処理を誤らせる目的で当該カードを所持することである。所持とは、当該カードを保管することについて事実上の支配状態を有することをいう。

D 支払用カード電磁的記録不正作出準備罪

> 163条の4第1項　第163条の2第1項の犯罪行為の用に供する目的で、同項の電磁的記録の情報を取得した者は、3年以下の懲役又は50万円以下の罰金に処する。情を知って、その情報を提供した者も、同様とする。
> 2項　不正に取得された第163条の2第1項の電磁的記録の情報を、前項の目的で保管した者も、同項と同様とする。
> 3項　第1項の目的で、器械又は原料を準備した者も、同項と同様とする。

本罪は、支払用カードの構成部分となる電磁的記録を不正作出するための各種準備行為を処罰するものである。

支払用カード電磁的記録不正作出罪（163条の2第1項）の予備行為の一部を可罰的なものとして規定する本罪は、支払用カード電磁的記録不正作出にかかる犯罪行為の用に供する目的で行う、①カード電磁的記録の情報の取得行為、②その情報の提供行為、③その情報の保管行為、④器械または原料の準備行為、を対象とする。①および②は未遂も処罰される（163条の5）。

これらのうち、とくに支払用カード電磁的記録不正取得の罪（163条の4第1項前段）は、電磁的記録にかかるカード情報を不正に取得する（いわゆるスキミングなどの）行為を処罰の対象とするものであるが、これは、情報自体の盗取行為を直接に捉え犯罪化したもの（以下にその情報の提供、保管も捕捉する規定となっているもの）として注目される。こうした犯罪化が行われたのは、カードという物体から切り離された情報自体を用いて、本来の真正なカードと同じ（コンピュータによる処理のうえでは論理的にまったく同一の）ものを作成・使用することが可能となったことから、それによるカード犯罪の被害拡大を抑止することが急務となったことによる。

7 印章偽造の罪

A 総説

　印章偽造の罪の保護法益は、印章、署名および記号の真正に対する公共の信用である。印章等の偽造は、文書偽造の手段として行われることが多い。偽造した印章等を用いて文書が偽造されれば、文書偽造罪が既遂となり、その場合は印章偽造の罪は有印文書の偽造罪に吸収されることになる（大判明治42・2・5刑録15-61）。印章偽造罪は、未遂処罰規定をもたない文書偽造の、既遂に至る前段階の行為を規制する機能を有しているのである。また、いずれも行使の目的を要する目的犯である。

　印章偽造の罪における印章とは、人の同一性の表示のために用いられる一定の象形であって、氏名を表示する文字を用いる場合だけでなく、花押や雅印などのデザイン化された象形も印章に含まれる。印章とは、印鑑を用いて紙などの上に押捺された印影（影蹟）を指すが、判例は、さらに、印顆（物体としての印鑑自体）をも印章に含まれるとしている（大判明治43・11・21刑録16-2093）。署名とは、氏名などの人の呼称の表示をいい、自署に限らず記名（印刷された氏名や代筆によるもの）も含まれるとするのが判例・通説である。記号とは、印章が人の同一性を表示するものであるのに対して、その他の事項の表示をいう。判例は、文書に押捺して証明に供するのが印章で、商品や産物等に押捺するのが記号であるとしている（大判大正3・11・4刑録20-2008）。

B 御璽偽造・不正使用罪

> 164条1項　行使の目的で、御璽、国璽又は御名を偽造した者は、2年以上の有期懲役に処する。
> 2項　御璽、国璽若しくは御名を不正に使用し、又は偽造した御璽、国璽若しくは御名を使用した者も、前項と同様とする。

　本罪は、天皇の印章である御璽、日本国の印章である国璽、天皇の署名である御名の重要性に鑑み、その偽造（164条1項）と不正使用（164条2項）

とを、公印偽造・不正使用に比べより重く処罰するものである。不正使用については、未遂も処罰される（168条）。

C　公印偽造・不正使用罪

> 165条1項　行使の目的で、公務所又は公務員の印章又は署名を偽造した者は、3月以上5年以下の懲役に処する。
> 2項　公務所若しくは公務員の印章若しくは署名を不正に使用し、又は偽造した公務所若しくは公務員の印章若しくは署名を使用した者も、前項と同様とする。

　本罪は、公務所または公務員の印章、署名の偽造（165条1項）と、偽造されたそれらの印章、署名の不正使用（165条2項）とを処罰するものである。本罪にいう公印とは、公務を行う上で用いられる印章を意味し、職印だけでなく私印も含むとするのが判例である（大判明治44・3・21刑録17-427）。不正に使用するとは、権限なく用いることである。不正使用については、未遂も処罰される（168条）。

D　公記号偽造・不正使用罪

> 166条1項　行使の目的で、公務所の記号を偽造した者は、3年以下の懲役に処する。
> 2項　公務所の記号を不正に使用し、又は偽造した公務所の記号を使用した者も、前項と同様とする。

　本罪は、公務所の記号の偽造（166条1項）と、偽造された記号の不正使用（166条2項）とを処罰するものである。公記号偽造・不正使用が、前条の公印偽造・不正使用に比べて軽い処罰にとどめられているのは、記号が印章より社会的信用度、重要性が低いことを理由とする。不正使用については、未遂も処罰される（168条）。

E 私印偽造・不正使用罪

> 167条1項　行使の目的で、他人の印章又は署名を偽造した者は、3年以下の懲役に処する。
> 2項　他人の印章若しくは署名を不正に使用し、又は偽造した印章若しくは署名を使用した者も、前項と同様とする。

　本罪は、公務所または公務員以外の他人の印章、署名の偽造（167条1項）と、偽造されたそれらの印章、署名の不正使用（167条2項）とを処罰するものである。判例は、本罪にいう私印には、「私記号」も含むとしている（前掲、大判大正3・11・4）。これは、公印偽造罪の法定刑が重く定められていることから、それと区別して軽い公記号偽造罪が規定されているが、本罪（私印偽造罪）の法定刑はそれほど重くないため、私記号の偽造もこれに含むと解しているのである。しかし、印章と記号が明確に分けて規定されている以上、このような解釈は疑問である。不正使用については、未遂も処罰される（168条）。

8　不正指令電磁的記録に関する罪

A　総説

　平成23（2011）年の刑法一部改正によって、刑法典中に「不正指令電磁的記録に関する罪」の章が新設された。これにより、正当な理由なく他人のコンピュータで実行させる目的で、ユーザーの意図に沿う動作をさせず、またはその意図に反する動作をさせるような不正な指令を与える電磁的記録等を作成し、提供する行為を罰するウィルス作成罪などが設けられた。それまで処罰規定を欠いていたコンピュータ・ウィルス関係の不正行為の犯罪化が行われたのである。

　本罪の保護法益は、コンピュータにより実現される正常な情報処理に対する社会一般の信頼である。すでにみた、電磁的記録不正作出罪、支払用カード電磁的記録に関する罪が、偽造の罪と同様の保護法益をもち、また

はその延長線上の保護を指向するものであったのに対して、本罪は、コンピュータ・ネットワーク社会のインフラである、情報処理の正常な働きに対する公共の信用の保護を念頭においたものであることが重要である。本罪が、新たに独立の章として新設され、各種の偽造罪に関する規定の最後に位置づけられたことも、そうした本罪の性質を裏づけているといえよう。本書において、この章を、偽造および「その周辺の」罪と名づけた所以である。

なお、コンピュータ・ウィルスを用いた被害惹起行為に対しては、従来から電子計算機損壊等業務妨害罪（234条の2第1項）が一部適用可能でもあったが、そのような個人的法益の侵害を超えて、ネットワーク化された情報処理システムの機能という社会的インフラを脅かす行為の重大性に鑑み、より強力な刑事規制が必要とされたことから生まれた規定といってもよい。

B 不正指令電磁的記録作成等罪

> 168条の2第1項　正当な理由がないのに、人の電子計算機における実行の用に供する目的で、次に掲げる電磁的記録その他の記録を作成し、又は提供した者は、3年以下の懲役又は50万円以下の罰金に処する。
> 1号　人が電子計算機を使用するに際してその意図に沿うべき動作をさせず、又はその意図に反する動作をさせるべき不正な指令を与える電磁的記録
> 2号　前号に掲げるもののほか、同号の不正な指令を記述した電磁的記録その他の記録
> 2項　正当な理由がないのに、前項第1号に掲げる電磁的記録を人の電子計算機における実行の用に供した者も、同項と同様とする。

本罪は、正当な理由なく、他人のコンピュータにおいて実行させる目的で、コンピュータ・ウィルスを作成もしくは提供し（168条の2第1項）、または実行の用に供した（168条の2第2項）場合を処罰するものである。

客体となる、コンピュータ・ウィルスは、①人が電子計算機を使用するに際してその意図に沿うべき動作をさせず、またはその意図に反する動作をさせるべき不正な指令を与える電磁的記録と定義づけられている（168条

の2第1項1号)。ここにいう「電子計算機」とは、パーソナルコンピュータに加えて、コンピュータの機能をもつスマートフォンなどの携帯端末もひろく含まれる。「不正な指令」は、意図に沿うべき動作をさせない、または意図に反する動作をさせるプログラムを指すが、この「意図に反する」とは、そのプログラムを用いることが想定される一般的なユーザーの意図に反することを意味する。たとえば、ハードディスクに記録されたデータを完全に消去する機能をもつツール等、はじめからユーザーがその目的で用いるプログラムである場合は、使用者一般の意図に反するプログラムにはあたらないことになる。

 そのような不正な指令を与える電磁的記録とは、不正な動作を起こすプログラム(コンピュータ・ウィルス)を何らかの記録媒体上に固定した状態の記録を指すものである。具体的には、ユーザーの意に反して、コンピュータのハードディスク上のデータを消去してしまったり、ID・パスワードをネットワークを介して自動的にどこかに転送するとか、コンピュータ自体を起動できない状態にする、さらには金銭的要求に応じなければすべてのデータを破壊するなどの警告を表示するなどの内容をもつ不正なプログラムである。これらウィルスの多くが、他のコンピュータへの感染を繰り返して増殖するための自己複製能力をもったものとして作成されることが知られている。

 以上の本条1項1号に規定された電磁的記録以外の、「不正な指令を記述した電磁的記録その他の記録(168条の2第1項2号)」とは、内容においては同1号にいうコンピュータ・ウィルスにあたるものであるが、そのままでは未だコンピュータ上で動作する状態にはないものをいう。ウィルス・プログラムのソースコードの電磁的記録や、それを紙上にプリントアウトしたものなどがそれにあたる。

 作成は、人の電子計算機における実行の用に供する目的をもって行われなければならない(目的犯)。提供は、当該電磁的記録を、それが本罪の対象とするコンピュータ・ウィルスであることを認識している者に対して、その者の支配下に移し使用可能な状態におくことを意味する。これに対して、実行の用に供したとは、そうした認識をもたない者に対してコンピュータ・ウィルスが動作しうる状態においたこと(供用)を意味する。供用罪

（168条の2第2項）は、その未遂も処罰される（168条の2第3項）。

C 不正指令電磁的記録取得等罪

> 168条の3　正当な理由がないのに、前条第1項の目的で、同項各号に掲げる電磁的記録その他の記録を取得し、又は保管した者は、2年以下の懲役又は30万円以下の罰金に処する。

　本罪は、正当な理由なく、供用目的で、不正指令電磁的記録またはそれ以外の不正な指令を記述した電磁的記録その他の記録を取得し、または保管した場合を処罰するものである。

　本罪にいう取得とは、それが本罪の対象とする電磁的記録等にあたるものであることを認識したうえで自己の支配内に移すことを指し、保管とは、同様の認識の下で自己の支配内においた状態を維持することを指す。

知識を確認しよう

問題

(1) 大手印刷会社の社長であるAは、社内の技術従業員の技術向上を図るために、「もっとも精巧な1万円札を作成した者を表彰する」というコンクールを実施したところ、これに応募しようと考えたBは、本物と判別困難なほどの偽1万円札を作った。しかし、その後Bは誘惑に負け、ひそかに試し刷りした偽札数枚を持ち出し、買い物の際にそれを支払いにあてた。A、Bの罪責はどうか。

(2) 会社員Cは、出張旅費の精算のため勤務先会社の経理課に提出しようと考え、ビジネスホテルDの担当者に無断で、「Cから宿泊費1万円を受領した」という内容のD名義の領収書を作成した。Cの罪責はどうか。

(3) 商店主Eは、Fから、「税金の申告に必要なので」と頼まれて、受け取った事実がないのに、「Fから5万円を受領した」という事実に反する

内容虚偽の自分名義（E名義）の領収書を作成した。Eの罪責はどうか。

解答への手がかり

(1) 通貨偽造罪が、「行使の目的」を必要とする目的犯であることの意義を理解し、そこで、その目的をもたないBによる偽造行為と、これを実行させたAの罪責がどうなるのかを検討すること。また、そのような目的なしに作成された偽貨を使用したBの行為に偽造通貨行使罪が成立するか否か、ここでは行使の意義をふまえた検討が必要となる。

(2) 他人名義の文書であって、金銭のやりとりを示した文書である領収書を、出張旅費精算のため勤務先会社の所管部署に提出する目的で作成する行為が、私文書偽造罪にあたるか否かを検討する必要がある。目的、私文書の意義を理解した上で検討を行う必要がある。

(3) 私人の作成する領収書について、その作成名義人自身が内容虚偽のものを作成した場合の罪責はどうなるか。作成名義の偽りの有無が有形偽造と無形偽造とを分け、私文書の場合、それらのいずれが可罰的なものとされるかを理解する必要がある。

第9章 風俗に対する罪

本章のポイント

1. 性風俗、経済的風俗、宗教的風俗の3種の風俗に対する罪の規定の解釈論を学ぶ。
2. 性風俗に対する罪については、特に175条の内部の各要件の適用の基準を理解する。
3. 経済的風俗に関する罪においては、主に賭博に関する罪を学ぶ。通説的な保護法益の理解を基礎としてどのような範囲の行為まで処罰されうるのかを確認してほしい。
4. 宗教的風俗に関する罪については、保護法益が財産や生命・身体ではないことに注意して解釈論を学習してほしい。
5. 最後に、学んだ解釈論を基礎にして、わいせつ罪や賭博罪について、非犯罪化の是非を考えてみてほしい。

1 総説

本章では、刑法典第22章から第24章までの罪のうち、個人の性的自由を保護する強制わいせつ罪、強姦罪等の罪以外の罪を説明する。

2 わいせつおよび重婚の罪

A　わいせつ罪（174条・175条）
[1] 保護法益等

174条と175条は、「性生活に関する秩序および健全な風俗を維持」するための規定だと解されている（最大判昭和44・10・15刑集23-10-1239）。

見たくない者の自由と性的に未発達な青少年の保護を図る罪であるという限定解釈も主張されているが、判例（最判昭和58・10・27刑集37-8-1294）はこのような限定解釈を否定している。

174条と175条は法定刑が異なる。174条と異なり、175条の客体（物や電磁的記録等）にはわいせつな情報が固定されるゆえ、広く伝搬される可能性があり、類型的に法益侵害性が強いからだといえる（山口507）。

[2] わいせつの意義

わいせつとは、徒に性欲を興奮または刺激せしめ、普通人の正常な性的羞恥心を害し、善良な性的道義観念に反することをいう（最大判昭和32・3・13刑集11-3-997）。174条と175条のわいせつ概念は同義と解される。

わいせつ性の判断方法には判例上変遷がある。チャタレー事件判決（前掲、最大判昭和32・3・13）は、文書につき、部分的にでもわいせつな箇所があれば、全体としてわいせつなものとなるとの判断方法（部分の部分的評価）を採用していた。その後、特定の部分を取り出して全体から切り離して判断することは相当でないとした（部分の全体的評価）悪徳の栄え事件判決（最大判昭和44・10・15刑集23-10-1239）を経て、四畳半襖の下張事件判決（最判昭和

55・11・28刑集34-6-433）は、当該文書の性に関する露骨で詳細な描写叙述の程度とその手法、その描写叙述の文書全体に占める比重、文書に表現された思想等とその描写叙述との関連性、文書の構成や展開、さらには芸術性・思想性等による性的刺激の緩和の程度、これらの観点から該文書を全体として見たときに、主として、読者の好色的興味に訴えるものと認められるか否かなどの諸点を検討することが必要であり、これらの事情を総合的に判断してわいせつ性を判断すべきであるとしている。判例の基準は、表現の芸術性、文学性、科学性（以下「芸術性等」という）との関係について、表現の芸術性等がわいせつ性を緩和しうることを認めてはいるが（その意味ではわいせつ性は相対的なものである）、両者は両立するということを前提としている。学説においては、端的な春本（ハードコアポルノ）に限ってわいせつ性を肯定する説も有力である（ハードコアポルノに限定する説ではないが、この概念を用いた説示として最判昭和58・3・8刑集37-2-15の伊藤正己裁判官の補足意見も参照）。

[3] 公然わいせつ罪

> 174条　公然とわいせつな行為をした者は、6月以下の懲役若しくは30万円以下の罰金又は拘留若しくは科料に処する。

　公然とわいせつな行為をすることで成立する。公然とは、不特定または多数の者が認識できる状態をいう（最判昭和32・5・22刑集11-5-1526）。現実の認識は不要である。不特定多数の者を勧誘した結果として集まった者は不特定人だとされた事例がある（最決昭和31・3・6裁判集刑事112-601）。

　情報が固定されていないストリップショーは、175条ではなく174条にしか該当しえないが、録画したショーの記録の上映会は刑法175条に該当しうる。この点、通説は、人は175条にいう客体である物等ではないという理解により刑法175条の責任を問えないとするものの、さらに、情報の固定がないことも理由になると考えられる（**本項**[1] 参照）。なお、言語によっても情報を伝えられるから、発話も本条にいう行為に含まれると解される。

[4] わいせつ物頒布等の罪

> 175条1項　わいせつな文書、図画、電磁的記録に係る記録媒体その他の物を頒布し、又は公然と陳列した者は、2年以下の懲役若しくは250万円以下の罰金若しくは科料に処し、又は懲役及び罰金を併科する。電気通信の送信によりわいせつな電磁的記録その他の記録を頒布した者も、同様とする。
> 2項　有償で頒布する目的で、前項の物を所持し、又は同項の電磁的記録を保管した者も、同項と同様とする。

175条はわいせつ情報が固定化されている場合に適用される（本項[1]参照）。それゆえ、1項前段の文書、図画、電磁的記録に係る記録媒体その他の物とは、わいせつな情報が固定された有体物のことである。具体的事案においてどれにあたるかを考察する意義は大きくないものの、平成23年改正により電磁的記録に係る記録媒体が追加された。この追加はわいせつな情報が記録されたハードディスクをわいせつ物とした判例（最決平成13・7・16刑集55-5-317）の趣旨を明確化させるために行われたものであり、現行法ではわいせつ情報を記録したハードディスクは、電磁的記録に係る記録媒体にあたる。なお、1項後段の電磁的記録その他の記録にあたるためには、情報が一定の持続性を有して存在する必要がある。

行為態様には、情報の受け手の側に情報が固定された状況が発生する頒布と、情報の発信者の側にそのような状況が残る公然陳列とがある。

まず、頒布とは、物であれば、不特定または多数の者への交付を（1項前段）、記録であれば、不特定または多数の者の記録媒体上に問題となる記録を存在せしめることをいう（1項後段）。有償無償を問わない。後段の頒布には、不特定多数の者への電子メールを送信する行為（物の占有の移転がないために1項前段で捕捉できない）や、アップロードしたファイルのダウンロード要求に応じて送信して記録、保存させる場合（最決平成26・11・25刑集68-9-1053）が含まれる。不特定または多数に対して行う意思があれば、現実には1人に対して交付しただけでもよい（大判大正6・5・19刑録23-487）。ただし、少なくとも1人に対して対象物が到達していなければならない（大判昭和11・1・31刑集15-68参照）。なお、1項後段の送信頒布罪の客体は送信前の

ものではなく、送信先で作成された記録のことである。

次に、公然陳列とは不特定または多数の者が認識しうる状態に置くことである。認識の対象は、その物のわいせつな内容である（最決平成13・7・16刑集55-5-317、「その物に含まれるわいせつな情報」といってもよい）。認識の対象には、画像等（視覚）だけでなく音声（聴覚）も含まれる。ここで、認識の対象と行為客体とがずれることがあることには注意すべきである。たとえば、映画の映写の場合は、175条の客体はわいせつな情報が固定された媒体だから、認識の対象であるスクリーンに投影された影像自体は本条の客体にならず、有体物たる映画のフィルムの公然陳列と構成される（大判大正15・6・19刑集5-267参照）。

陳列というためには、情報の受け手にとって、その物の内容をその物から容易に知ることができる状況を作出すればよい。街角で中身のみわいせつな本を閉じて置きつつ、自由な閲覧を許している場合には、開けて閲覧するのが容易である以上、閉じただけで（公然）陳列が否定されるわけではない。また、わいせつな内容のビデオテープを街角に置くだけでは足りないものの、再生機器がそろう等して容易に再生可能な状況になれば、現に上映されていなくても、その時点で公然陳列に該当すると考える。インターネットサイトへのわいせつなデータのアップロードについても、不特定または多数の者においてダウンロードして閲覧することが容易であるという評価を前提として、電磁的記録に係る記録媒体の公然陳列となる（最決平成13・7・16刑集55-5-317参照）。この場合において、公然陳列した上で現実に受信もさせれば、1項後段にも該当する（包括一罪）。

175条2項は、有償頒布目的でのわいせつ物・電磁的記録の所持・保管を禁止する。所持も保管も対応する客体を自己の実力支配下に置くことを意味する。ここで、物自体を販売（有償頒布の一態様）する意図がある場合がこれにあたることは疑いがないが、議論があるのは所持している物自体を販売する目的はなかった場合である。わいせつな画像データを光磁気ディスクに保存してこれを所持していた事案において、必要に応じて、光磁気ディスクに保存された画像データを使用し、これをコンパクトディスクに記憶させて販売用のコンパクトディスクを作成し、これを販売する意思があったという場合に、販売の目的（＝現行法の「有償頒布目的」）を肯定した判例

（最決平成 18・5・16 刑集 60-5-413）がある。しかし、実際に所持している物自体を有償頒布する意思を要求する見解からはこの判断は批判されるだろう。

B　淫行勧誘罪

> 182 条　営利の目的で、淫行の常習のない女子を勧誘して姦淫させた者は、3 年以下の懲役又は 30 万円以下の罰金に処する。

　本罪の保護法益につき、淫行の常習性のない女子の人格という個人的法益とする説（女子の堕落を防ぐ趣旨）と、性風俗・秩序という社会的法益とする説との間に争いがある。淫行の常習性のない女子だけを保護していることを考慮すると個人的法益説に、親告罪ではないこと、姦淫の相手方が本罪では不可罰であることを考慮すると社会的法益説に傾きうるが、後者が有力である。通説は、勧誘につき、同意思を惹起することを必要とし、姦淫につき、単なる性交で足りるとする。営利の目的が必要である。なお、売春防止法や児童福祉法に同趣旨の規定があるので、本罪の存在意義を疑問視する見解もある。

C　重婚罪

> 184 条　配偶者のある者が重ねて婚姻をしたときは、2 年以下の懲役に処する。その相手方となって婚姻をした者も、同様とする。

　本罪は一夫一婦制を保護する。前婚も後婚も法律婚である必要がある。

3　賭博および富くじに関する罪

A　保護法益

　賭博行為は、判例によれば、国民をして怠惰浪費の弊風を生ぜしめ、健康で文化的な社会の基礎を成す勤労の美風を害するばかりでなく、甚だしきは暴行、脅迫、殺傷、強窃盗その他の副次的犯罪を誘発しまたは国民経

済の機能に重大な障害を与える恐れすらある行為だとされる（最大判昭和25・11・22 刑集 4-11-2380）。このような風俗犯的理解が通説である。これに対して賭博を財産犯的に捉える説からの反対があるが（平野 251）、財産を自身で処分している以上、そのような理解は難しいだろう。

B　（単純）賭博罪

> 185 条　賭博をした者は、50 万円以下の罰金又は科料に処する。ただし、一時の娯楽に供する物を賭けたにとどまるときは、この限りでない。

賭博とは、2 人以上の者が、偶然の勝敗によって、金銭等の財産の得喪を決めることである。偶然とは、賭博行為の当事者にとって主観的に不確定であることをいう。本罪が射倖心への刺激を問題にするのであれば、勝負に参加する者の主観を問題にすれば足りるといえよう。偶然性の判断の対象は勝敗である。技量の観点も含めて勝敗が不確定になっていれば足りる。したがって、たとえば麻雀だけでなく、盤面に現在のすべての情報がある囲碁についても、勝敗については、技量の正確な測定に基づく予測が困難であるから偶然性を充たす。参加者にとって不確定であれば足りるから、勝敗の対象たる事実が過去、現在、将来のものかは問わない。偶然性は当事者全員について必要である（通説）。これにより、詐欺賭博の場合には賭博罪は成立せず、詐欺罪が成立しうるのみである。

もっとも、法は賭け事を全面的に刑罰で禁止しているわけではない。まず、185 条ただし書は「一時の娯楽に供する物を賭けた」場合を処罰しない。法益侵害の軽微性を理由にできよう。ただし書該当性は得喪の客体の多寡、消費の即時性が考慮される。たとえば、勝者が高価でない食物を奢ってもらう場合がただし書にあたる（大判昭和 9・4・30 新聞 3694-5〔金 15 銭に相当する天丼〕）。金銭につき、判例は、取引の目的になるとして、その金額にかかわらずただし書にあたらず（大判大正 13・2・9 刑集 3-95）、娯楽物の対価として金銭を賭ける場合に賭博罪不成立とする（大判大正 2・11・19 刑録 19-1253〔飲食の費用への充当〕）に過ぎない。しかし、学説では即時費消する娯楽物と同程度の金額の金銭もただし書にあたるとする反対説が有力である（西田 403）。なお、適法な賭け事の別類型に競馬等の公営ギャンブルがあり、こ

れは特別法で適法化されている（競馬法等および刑35条参照）。

C 常習賭博罪

> 186条1項　常習として賭博をした者は、3年以下の懲役に処する。

[1] 概要

　常習とは、賭博を反覆累行する習癖が存在することをいう。常習性の発現と認められれば1回限りの行為でもよい。常習性が肯定され、賭博行為が反復された場合は常習賭博罪の包括一罪である。常習性は、賭博の種類および行われた期間、勝負の回数および結果、手段方法の如何、賭金の数額、並びに、前科の有無等諸般の事情を斟酌して判断される。なお、遊技機を設置して開店したが開店3日目に摘発されて営業を廃止した事案において、常習性を認めた判例（最決昭和54・10・26刑集33-6-665）がある。

[2] 常習性と共犯

　諸説対立しているが、判例上（大連判大正3・5・18刑録20-932等）、常習賭博罪は65条2項の身分にあたる。常習者と非常習者の共同実行の場合には、常習者には常習賭博罪の、非常習者には単純賭博罪の共同正犯が成立する。そして、常習者の正犯に対する非常習者の加功につき、非常習者には単純賭博罪の共犯が成立する。最後に非常習者の正犯に対する常習者の加功については、常習賭博罪の共犯が成立するというのが判例であるが（前掲、大連判大正3・5・18等）、反対説もある（山口519-520）。

D 賭博場開張等図利罪

> 186条2項　賭博場を開張し、又は博徒を結合して利益を図った者は、3月以上5年以下の懲役に処する。

　186条2項の罪は、単純・常習賭博罪よりも重い。その理由は、人の射倖心を利用して賭博を誘引または助長して利を図る点で、現実に賭博をするよりも悪性が強いことに求められうる。前段後段ともに「利益を図った」

ことが要求されるが、賭博場開張の対価等の利益を得る目的で行為することが要求されるに留まり、現実に利益を得なくてもよい。

[1] 賭博場開張図利罪（186条2項前段）

賭博を行なう場所（＝賭博場）の設営にあたって主宰的地位に立つこと（＝開帳）により成立する。本罪の成立にあたり、必ずしも賭博者を一定の場所に集合させることは要しない（最決昭和48・2・28刑集27-1-68）。なお、賭博場の提供は幇助にとどまる。

[2] 博徒結合図利罪（186条2項後段）

常習的または職業的賭博者（＝博徒）を集合させ、一定の区域内において随時随所で賭博を行う便宜を提供すること（＝結合）によって成立する。親分、子分の関係を要しない。行為者において、日時場所を特定して博徒を集合させて賭博をさせることまでは要しない。

E 富くじ発売等の罪

> 187条1項　富くじを発売した者は、2年以下の懲役又は150万円以下の罰金に処する。
> 2項　富くじ発売の取次ぎをした者は、1年以下の懲役又は100万円以下の罰金に処する。
> 3項　前2項に規定するもののほか、富くじを授受した者は、20万円以下の罰金又は科料に処する。

本罪は、あらかじめ番号札を発売して購買者から財産を集め、その後、抽選等の偶然的方法によって、その購買者の間に不平等な利益を分配する行為を対象にする。ここで、富くじとは規定上の発売や授受の対象であるから、この行為の手段たる番号札のことであると解される。富くじの発売者において財産の得喪の危険を負担しない点において賭博と異なる。発売（多数人に向けた売出し）、発売の取次ぎ（利益の有無を問わず富くじの売買の周旋）、富くじの授受（購入のほか、発売、取次ぎ以外の一切の授受行為）が処罰される。

4 礼拝所および墳墓に関する罪

礼拝所および墳墓に関する罪は宗教的平穏および宗教的感情を保護する。特定の宗教を保護するための規定ではない。

A 礼拝所不敬罪および説教等妨害罪

> 188条1項　神祠、仏堂、墓所その他の礼拝所に対し、公然と不敬な行為をした者は、6月以下の懲役若しくは禁錮又は10万円以下の罰金に処する。
> 2項　説教、礼拝又は葬式を妨害した者は、1年以下の懲役若しくは禁錮又は10万円以下の罰金に処する。

1項の礼拝所不敬罪は、特定の宗教感情ではなく、神聖視され崇敬される場所である礼拝所に対する一般の宗教的感情を保護する。公然とは、不特定または多数の者が覚知できる状態をいい、現場に不特定または多数の者が居合わせる必要はない（最決昭和43・6・5刑集22-6-427〔深夜に共同墓地で墓碑を押し倒した事例〕）。不敬な行為とは、礼拝所の神聖を害し一般人の宗教的風俗上の感情を害する行為である。たとえば、墓石等を損壊・除去・転倒・汚損する行為である。侮辱的言辞を浴びせながら放尿をする格好をした事案で本罪の成立が認められている（東京高判昭和27・8・5東高時報2-12-289）。法律で礼拝を強制すべきではないから、礼拝しないという不作為は含まれないと解される。

2項の説教等妨害罪は、宗教的行事の平穏を保護する。列挙されている説教、礼拝または葬式のみが保護対象であり、宗教に関する学術講演や婚礼は含まれない。妨害とは、方法を問わず、宗教的行事の執行を不能または困難ならしめるに足りる行為を行うことである。現実に阻止される必要はないが（通説）、一定の支障が出ることを必要とする学説もある（西田408）。

B 墳墓発掘罪

> 189条　墳墓を発掘した者は、2年以下の懲役に処する。

　本罪は死者に対する一般人の宗教的感情を保護する。墳墓とは、人の死体、死体の一部、もしくは人体の形状を備えた死胎または遺骨もしくは遺品等が現に埋葬され、これを記念する場所である。古墳のように長期間にわたって祭祀・礼拝の対象でない状態が続いているものは、宗教的感情と無関係であるから、本条の墳墓ではない。発掘とは墳墓の覆土の全部または一部を除去し、もしくは墓石等を破壊、解体して、墳墓を損壊する行為であり、墳墓内の棺桶、遺骨、死体等を外部に露出させる必要はない（最決昭和39・3・11刑集18-3-99）。礼拝所不敬罪や本罪は、社会的法益に対する罪として一般人の宗教的感情を保護するから、行為者が墳墓の事実上の管理者（たとえば子孫）である、という一事をもって直ちに発掘等の行為をしてよいことにはならず、そのような者もこれらの罪を犯しうる（礼拝所不敬罪につき福岡高判昭和61・3・13判タ601-76参照）。

C 死体損壊等罪

> 190条　死体、遺骨、遺髪又は棺に納めてある物を損壊し、遺棄し、又は領得した者は、3年以下の懲役に処する。

　死体損壊等罪は死者に対する社会的習俗としての宗教的感情を保護する罪である。財産犯ではないから行為客体は財物でなくてよいし、その所有権者も本罪の主体たりうる。死体には人の形態を具備する死胎を含む。人の形態を具備していれば宗教的感情の対象となりうるからである。仮死状態は含まれないが、脳死した者の身体は含まれるとされる（臓器移植法6条1項柱書参照）。死体の一部も死体である。遺骨・遺髪は、死者の祭祀・記念のために保存し、または保存すべき骨骸・頭髪のことである。遺族等が風俗・慣習に従って正当に処分した遺骨等の、祭祀・記念の対象にならないものは含まれない。棺に納めてある物とは副葬品のことである。

　行為は、損壊、遺棄、領得である。損壊とは物理的に損傷、破壊することをいい、切断、焼損、解剖、臓器の摘出等がこれにあたる。解剖や臓器

の摘出については特別法による法令行為として適法な場合がある。損壊にあたらないとされる場合に、死体を足げにして多少ずらす行為や汚損する行為が挙げられる。遺棄とは習俗上の埋葬等によらずに放棄することである。作為だけでなく、不作為によっても犯しうる。作為の例は、屋内に隠匿、海等へ投棄、ロッカー等へ放置する等である。不作為の例は、葬祭義務を有する者が葬祭の意思なく死体を放置することである。殺人犯人であるというだけで作為義務を負うわけではない。領得とは占有の取得である。直接、間接を問わず、占有の取得の態様を問わない。死体を領得した犯人からの取得も本条の領得にあたる。殺人や傷害致死と本罪とは併合罪となる。

D 墳墓発掘死体損壊等罪

> 191条　第189条の罪を犯して、死体、遺骨、遺髪又は棺に納めてある物を損壊し、遺棄し、又は領得した者は、3月以上5年以下の懲役に処する。

墳墓発掘罪と死体損壊等罪の結合犯である。各々の解説を参照されたい。

E 変死者密葬罪

> 192条　検視を経ないで変死者を葬った者は、10万円以下の罰金又は科料に処する。

192条は警察目的や犯罪捜査目的による行政取締規定であり、その保護法益は、礼拝所および墳墓に関する他の罪と異なり、宗教上の風俗や宗教的感情とは関係ない。死体に関するので、便宜上、この章に置かれている。変死者の意義につき、不自然な死を遂げ、その死因が不明な者のみとするのが判例（大判大正9・12・24刑録26-1437）である。

コラム　他国の規定と比較しつつ見るわいせつ罪の解釈論の限界

　わいせつ罪の保護法益につき、見たくない者の自由と性的に未発達な青少年の保護を図る罪だという限定解釈が判例により否定されていますが、学説上も、解釈論としては無理があるとされています。どこに無理があるのでしょうか。ここで、すでにポルノ文書一般に対しては包括的な頒布等の規制をやめている、ドイツの現在の刑法184条1項の規定をみてみると、「18歳未満の者」と規定に明記することにより青少年保護を明確にするとともに、「要求されることなく」ポルノ文書を「他人に到達させる」というような、ポルノ文書への意図しない対面の禁止を明示する規定が整備されています。規定を比較するだけでも、ドイツではポルノ文書を見る者の属性が規定に明示されているのに対し、わが国では不特定または多数に対する行為を全般的に処罰する規定となっていることがわかります。この点に解釈論としての限界があるといえそうです。

　そうすると、部分的な非犯罪化を行いたい場合には立法論を議論すべきことになります。もっとも、立法論においては現行の規制を変更する理由（立法事実）が必要です。ドイツでは、ポルノに対する一般的な処罰を廃止してもポルノ製造がエスカレートしてはいない、といった、当時すでに規制を緩和していた国における知見や、ポルノの有する有害な作用の検証ができていないこと等が指摘されていました。このような考慮要素は、わが国において具体的な立法論を展開する際にも参考になるといえるでしょう。

第Ⅲ編

国家的法益に対する罪

第10章　国家の存立に対する罪

第11章　国家・地方公共団体の作用に対する罪

第10章 国家の存立に対する罪

本章のポイント

1. 国家の存立に対する罪には、内乱に関する罪、外患に関する罪、国交に関する罪がある。
2. 内乱に関する罪は、国家の存立を内部から脅かす罪である。その保護法益は、憲法の定める統治の基本秩序、ないし、それによって支えられる国家の内部的存立である。
3. 外患に関する罪は、国家の存立を外部から脅かす罪である。その保護法益は、日本国の対外的存立・安全である。国に対する忠誠義務に違反する罪の性格があるともいわれている。
4. 国交に関する罪は、外国の利益を害することによって日本国の国際関係的地位を脅かす罪である。その保護法益は、日本国の国際関係的地位(ないし、外交上の利益)であり(有力説)、その意味で、この罪も国家の存立に対する罪の中に位置づけられるものである。

1 総説

　国家的法益に対する罪は、国家の存立に対する罪と国家の作用に対する罪に分けられる。双方の保護法益は、直接の国家的利益である。
　国家の存立に対する罪は、国家の存立を、内部から脅かす内乱に関する罪と、外部から脅かす外患に関する罪とに区別される。また、国家の国際関係的地位を脅かすものとして国交に関する罪がある。

2 内乱に関する罪

A 内乱罪

> 77条1項　国の統治機構を破壊し、又はその領土において国権を排除して権力を行使し、その他憲法の定める統治の基本秩序を壊乱することを目的として暴動をした者は、内乱の罪とし、次の区別に従って処断する。
> 1号　首謀者は、死刑又は無期禁錮に処する。
> 2号　謀議に参与し、又は群衆を指揮した者は無期又は3年以上の禁錮に処し、その他諸般の職務に従事した者は1年以上10年以下の禁錮に処する。
> 3号　付和随行し、その他単に暴動に参加した者は、3年以下の禁錮に処する。
> 2項　前項の罪の未遂は、罰する。ただし、同項第3号に規定する者については、この限りではない。

[1] 趣旨
　憲法の定める統治の基本秩序を壊乱することを目的として暴動をするこ

とを処罰したものである。保護法益は、憲法の定める統治の基本秩序、ないし、それによって支えられる国家の内部的存立である。

[2] 目的

「憲法の定める統治の基本的秩序を壊乱する」ことを目的としているため、国会制度や議院内閣制などの基本制度の破壊をする目的が必要であり、個々の内閣を打倒するといった目的では不十分である（大判昭和10・10・24刑集14-1267）。騒乱罪（106条）と異なる点である。

[3] 集団犯罪

内乱罪は、多数の者が集結することにより成立するから、必要的共犯の一種としての集団犯（多衆犯）である。その特色を考慮して、これに関与した者の役割に応じて刑の軽重を区別している。

[4] 未遂

内乱罪の未遂は、77条1項3号に規定する者を除いて処罰される（77条2項）。

B 内乱予備・陰謀罪、内乱等幇助罪

> 78条　内乱の予備又は陰謀をした者は、1年以上10年以下の禁錮に処する。
> 79条　兵器、資金若しくは食糧を供給し、又はその他の行為により、前2条の罪を幇助した者は、7年以下の禁錮に処する。

[1] 趣旨

内乱罪が重大な犯罪であることから、予備と陰謀についても処罰対象とし（78条）、予備・陰謀段階を含めて幇助を処罰対象としたものである（79条）。

[2] 内乱予備・陰謀罪

「予備」とは、内乱の実行目的による準備行為をいう。資金・兵器の調達などの物的準備行為や同志を糾合するなどの人的準備行為がこれにあたる。「陰謀」とは、2人以上の者が、内乱の実行について謀議し、合意することである。

[3] 内乱等幇助罪

「その他の行為」とは、兵器、資金、食糧の供給が幇助行為として例示されていることから、これに準ずる行為をいうと考えられる。

[4] 自首による刑の免除

80条は、内乱予備・陰謀罪、内乱等幇助罪を犯した者が暴動に着手する前に自首したときは必要的に刑を免除するとしている。これは、内乱を未然に防止するための刑事政策的規定である。

3 外患に関する罪

A 総説

外患に関する罪は、日本国に対する外国の武力行使を誘致・援助する罪である。保護法益は、日本国の対外的存立・安全である。

国に対する忠誠義務に違反する罪（祖国を裏切る罪）の性格があるといわれており、そのため、内乱罪と比べて自由刑は懲役刑のみであり、全体的に刑が重くなっている。80条のような自首による刑免除の規定もない。なお、外患誘致罪・外患援助罪の未遂は処罰される（87条）。

B 外患誘致罪

> 81条　外国と通謀して日本国に対し武力を行使させた者は、死刑に処する。

外患誘致罪は、外国と通謀して日本国に対し武力を行使させる罪である。
「外国」とは、外国政府を意味し、政府と通謀する国家機関ならば、外国使節や軍隊であってもこれにあたる。
「通謀」とは、外国政府と意思の連絡をすること、ないし、合意することをいう。
「武力を行使」とは、軍事的攻撃を加えることをいう。戦争に限らない。

C 外患援助罪

> 82条　日本国に対して外国から武力の行使があったときに、これに加担して、その軍務に服し、その他これに軍事上の利益を与えた者は、死刑又は無期若しくは2年以上の懲役に処する。

外患援助罪は、日本国に対して外国から武力の行使があったときに、これに加担して、その軍務に服し、その他これに軍事上の利益を与える罪である。
「その軍務に服し」とは、軍令に服して働くことをいう。戦闘に直接参加するか否かは問わない。
「その他これに軍事上の利益を与えた」とは、外国の軍事行動に有利となる手段の供与をいう。武器弾薬、食糧、医薬品、情報等の提供や通信施設の破壊などがこれにあたる。日本国の防衛にあたる外国軍隊の利益を妨害する行為も含まれる。

D 外患誘致等予備・陰謀罪

> 88条　第81条又は第82条の罪の予備又は陰謀をした者は、1年以上10年以下の懲役に処する。

外患誘致罪、外患援助罪の重大性に鑑みて、予備・陰謀を処罰したものである。

4 国交に関する罪

A 総説

国交に関する罪の保護法益については、外国の国家的法益であるとする見解（団藤163、大塚648）と、わが国の国際関係上の地位、ないし、外交上の利益であるとする見解（平野292、大谷553、西田415）とがある。近時は、後者の見解が有力である。

B 外国国章損壊罪

> 92条1項　外国に対して侮辱を加える目的で、その国の国旗その他の国章を損壊し、除去し、又は汚損した者は、2年以下の懲役又は20万円以下の罰金に処する。

「国章」とは、国家を象徴する物件をいう。国家の権威を象徴するものとして公的に掲揚されているものに限られるか（大谷554、前田497）、私人の掲揚したものでも一定の範囲で客体となりうるとするか（大塚649、西田416）については、議論がある。

「損壊」とは国章自体を破壊・毀損する方法により、「除去」とは場所的移転などの方法により、「汚損」とは嫌悪の情を抱かせる物を用いる方法により、いずれも国章の権威象徴の効用を滅失または減少させることをいう。判例は、ベニヤ板を用いた遮蔽を「除去」にあたるとする（最決昭和40・4・16刑集19-3-143）。

本罪の公訴提起には外国政府の請求を要する（92条2項）。

C 私戦予備・陰謀罪

> 93条　外国に対して私的に戦闘行為をする目的で、その予備又は陰謀をした者は、3月以上5年以下の禁錮に処する。ただし、自首した者は、その刑を免除する。

「私的に戦闘行為をする」（私戦）とは、国の命令によらずに組織的な武力

行使をすることをいう。

「予備」とは、私戦の具体的実行に必要な準備をすることをいう。「陰謀」とは、私戦の具体的実行につき謀議することをいう。

ただし書は、私戦の実行を未然に防ぐための規定である。

D 中立命令違反罪

> 94条　外国が交戦している際に、局外中立に関する命令に違反した者は、3年以下の禁錮又は50万円以下の罰金に処する。

「局外中立に関する命令」とは、わが国が、交戦している外国のどちらにも加担しないことを宣言し、わが国の国民に対し、どちらにも便益を与えてはならない旨指示する命令をいう。

「違反」する行為の内容は命令の内容によって決まる。すなわち、本条は白地刑罰法規である。

知識を確認しよう

問題
(1) 内乱に関する罪と外患に関する罪の法定刑等における差異とそのような差異のある理由について述べなさい。
(2) 国交に関する罪の保護法益について論じなさい。

解答への手がかり
(1) 内乱に関する罪は政治犯罪、非破廉恥犯であり、外患に関する罪は国に対する忠誠義務に違反する罪であるといわれる。こうしたことが、自由刑を禁錮とするか、自首による刑の必要的免除を認めるかに影響してくる。
(2) 国際社会において外国の法益をどう考えるか、92条2項の趣旨をどう考えるか、といった側面から検討することを要する。

第11章 国家・地方公共団体の作用に対する罪

本章のポイント

1. 公務の執行を妨害する罪の基本的な保護法益は、公務の円滑・公正な執行である。公務執行妨害罪（95条1項）については、職務執行の適法性に関わる重要な問題がある。また、封印等破棄罪（96条）ないし談合罪（96条の6第2項）は、強制執行等のプロセスと照合して、よく理解する必要がある。
2. 逃走の罪の基本的な保護法益は、国家の拘禁作用である。刑事訴訟等のプロセスと照合して、よく理解する必要がある。
3. 犯人蔵匿および証拠隠滅の罪、偽証の罪、虚偽告訴の罪の基本的な保護法益は、国家の司法作用である。各条文の解釈のほかに、犯人蔵匿および証拠隠滅の罪、偽証の罪については共犯関係の問題がある。
4. 汚職の罪（職権濫用の罪、賄賂の罪）の基本的な保護法益は、公務の適正・公正な運用とこれに対する国民の信頼である。各条文の解釈の際に、とりわけ保護法益が重要な意味をもつ。

1 総説

A 国家・地方公共団体の作用に対する罪の全体像

刑法典には、国家・地方公共団体の作用に対する罪として、公務の執行を妨害する罪、逃走の罪、犯人蔵匿および証拠隠滅の罪、偽証の罪、虚偽告訴の罪、汚職の罪（職権濫用の罪、賄賂の罪）が定められている。

基本的な保護法益は、①公務の執行を妨害する罪（95条-96条の6）では公務の円滑・公正な執行、②逃走の罪（97条-102条）では国家の拘禁作用、③犯人蔵匿および証拠隠滅の罪（103条-105条の2）、偽証の罪（169条-171条）、虚偽告訴の罪（172条・173条）では国家の司法作用、④汚職の罪（193条-198条）では公務の適正・公正な運用とこれに対する国民の信頼である。

法益を害する態様の面から見ると、①から③の罪は、国家・地方公共団体の作用を外部から害する罪であり、④の罪は、国家・地方公共団体の作用を内部から害する罪である、といえる。

B 公務員、公務所

> 7条1項　この法律において「公務員」とは、国又は地方公共団体の職員その他法令により公務に従事する議員、委員その他の職員をいう。
> 2項　この法律において「公務所」とは、官公庁その他公務員が職務を行う所をいう。

公務員、公務所の定義は、7条に規定されている。

1項の「国又は地方公共団体の職員」とは、国家公務員、地方公務員をいう。「法令により公務に従事する」の「法令」には、法律、命令のほかに、抽象的な通則を定めたものであれば、訓令、通達、内規の類が含まれる。「公務」とは、国・地方公共団体の事務をいう（なお、最判昭和35・3・1刑集14-3-209は、単純な機械的・肉体的労務に従事する者は「法令により公務に従事する…職員」に含まれないとしつつ、郵便集配人は公務員にあたるとしている）。「議員」とは、国・地方公共団体の意思決定機関である合議体の構成員をいう（衆議院議員、地方公共団体の議会の議員など）。「委員」とは、国・地方公共団体において任

命、委嘱等により、一定の事務を委任される非常勤の公務員をいう（各種審議会の委員、家事調停委員、民生委員、司法試験考査委員など）。他に、特別法に「刑法その他の罰則の適用については法令により公務に従事する職員とみなす」といった、みなし公務員規定があることにより、本来の公務員ではないのに公務員とみなされるものがある（独立行政法人国立大学の学長や教職員、各種公団の役職員など）。

2項の「官公庁」とは、国・地方公共団体の意思を決定し表示する権限を与えられた機関をいう。「公務員が職務を行う所」とは、公務員が職務を行う機関をいう。

2 公務の執行を妨害する罪

A 総説

公務の執行を妨害する罪（95条-96条の6）といっても、95条の公務執行妨害罪、職務強要罪と96条以下の封印等破棄罪ないし談合罪とでは性格を異にする。公務執行妨害罪、職務強要罪は、公務（職務）の内容を問わず、公務が適正に執り行われるように、公務員に対し暴行・脅迫を加えることを処罰したものである。これに対し、封印等破棄罪ないし談合罪は、公務員のなす強制処分や競売・入札の類に限定して、必ずしも公務員に対し攻撃を加える行為に限らず、強制処分等の適正ないし公正を害する行為を処罰したものである。

封印等破棄罪ないし談合罪の規定は、平成23（2011）年の改正により整備された。この改正は、多く、強制執行（特に、不動産に対する強制執行）を免れようとする行為に対抗するためになされた。

B 公務執行妨害罪、職務強要罪
[1] 公務執行妨害罪

95条1項　公務員が職務を執行するに当たり、これに対して暴行又は脅

迫を加えた者は、3年以下の懲役若しくは禁錮又は50万円以下の罰金に処する。

(1) 保護法益等

保護法益は、公務（ないし、その円滑な執行）である。

通説は本罪を抽象的危険犯と解している（大谷571、西田428など）。判例も、本罪は、暴行・脅迫を加えれば、現実に公務の執行が妨害されなくても成立するとする（最判昭和33・9・30刑集12-13-3151）。

法定刑に、禁錮が入っているのは政治犯的性格のある場合に対応するためであり、罰金が入っているのは軽微な事犯に対応するためである。

(2) 客体

保護の客体は公務であり、行為（暴行・脅迫）の客体は（公務を執行中の）公務員である。

(3) 職務を執行するにあたり

「職務」とは、判例によれば、公務員が取り扱う各種各様の事務のすべてをいう（最判昭和53・6・29刑集32-4-816）。権力的公務に限定するといった考えは採られていない（たとえば、最決昭和59・5・8刑集38-7-2621は、民営化される前の国鉄の電気機関士の電気機関車出区点検行為も、職務にあたるとしている）。

「職務を執行するに当たり」とは、判例によれば、「具体的・個別的に特定された職務の執行を開始してからこれを終了するまでの時間的範囲およびまさに当該職務の執行を開始しようとしている場合のように当該職務の執行と時間的に接着しこれと切り離し得ない一体的関係にあるとみることができる範囲内の職務行為」であることをいう（最判昭和45・12・22刑集24-13-1812）。およそ公務員が出勤してから帰宅するまでのすべての時点が「職務を執行するに当たり」にあたるわけではない。ただし、継続して同一の職務を行っているときは、一時的に持ち場を離れた際とか、間に挟んだ休憩時間の際であっても、「職務を執行するに当たり」にあたることになる（最判昭和53・6・29刑集32-4-816、最決平成元・3・10刑集43-3-188）。

(4) 職務（執行）の適法性

通説・判例（大判大正7・3・24刑集11-296など）は、職務ないしその執行は適法なものでなければならないとする。職務の執行が違法である場合は、

保護する必要が認められないからである。

　適法性の要件は、①その行為が公務員の抽象的・一般的権限に属すること、②その行為をする具体的権限が公務員にあること、③職務行為の有効要件である法律上の重要な条件・方式を履践していること、である。③に関し、最大判昭和42・5・24刑集21-4-505は、県議会議長の措置について、会議規則に違反するものである等法令上の適法要件を完全には満たしていなかったとしても、職務の執行にあたるとしている。

　適法性の判断基準については議論がある。

　まず、誰の立場を基準として判断するかについては、①当該公務員が適法と信じたか否かによるとする主観説（大判昭和7・3・24刑集11-296）、②一般人の見解を標準として判断するとする折衷説（大谷569、大コメ〔第2版〕(6) 107〔頃安健司〕）、③裁判所が法令を解釈して客観的にみるとする客観説（団藤53、大塚567など通説）といった見解がある。

　次に、どの時点の状況に即して判断するかについては、客観説の中でも、行為時を標準に、その時点における具体的状況に即して判断するとする行為時標準説（団藤53、西田426、前田440）と裁判時を標準に、事後的・客観的に判断するとする裁判時標準説（大塚567、曽根289）とに分かれる。判例（最決昭和41・4・14判時449-64）は、行為時標準説を採っていると理解されている。

　職務の執行が適法であるにもかかわらず、適法ではないと誤信した場合（適法性の錯誤）、公務執行妨害罪の故意を阻却するかについて、学説は、①適法な職務執行は構成要件要素であり、その誤信は事実の錯誤として故意を阻却するとする事実の錯誤説（前田440－もっとも、故意を否定するには「積極的な『適法性欠如』の認識」が必要であるとする）、②適法性は法的評価に属するものであるから、適法ではないと評価したのは法律の錯誤であり、故意を阻却しないとする法律の錯誤説（藤木26）、③事実の錯誤として故意を阻却する場合と法律の錯誤として故意を阻却しない場合とがあるとする二分説（団藤57、大塚572、大谷572、曽根289など多数説）に分かれている。

(5) 暴行・脅迫

　「暴行」とは、（公務員に向けられた）不法な有形力の行使をいう。公務員の身体に対して直接有形力を行使する場合に限らず、間接に行使する場合（間

接暴行）を含む（最決昭和34・8・27刑集13-10-2769、最判昭和37・1・23刑集16-1-11）。「脅迫」とは、（公務員に向けられた）害悪を加えることの告知をいう。公務員に直接告知する場合に限らない（補助者に告知した場合について、最判昭和41・3・24刑集20-3-129）。本罪の保護法益が公務（ないし、その円滑な執行）であることから、直接、公務員に対して、有形力行使や害悪を加えることの告知をしなくても、職務の執行を妨げる危険のあるものであれば、「暴行又は脅迫」足りうると解されるのである。

(6) 他罪との関係

本罪と別に暴行罪、脅迫罪は成立しない（吸収関係）。傷害罪、殺人罪に該当する場合は、これらの罪も成立し、本罪とは観念的競合となる。

[2] 職務強要罪

> 95条2項　公務員に、ある処分をさせ、若しくはさせないため、又はその職を辞させるために、暴行又は脅迫を加えた者も、前項と同様とする。

(1) 保護法益等

保護法益は、公務員の職務ないしその（将来における）適正な執行である。さらに、辞職をさせるための行為も処罰していることから、公務員の職務上の地位の安全も保護法益に入ると解される（最判昭和28・1・22刑集7-1-8）。

公務執行妨害罪が現在の職務執行を対象とする罪であるのに対し、本罪は、将来の職務執行を対象とする罪であるといわれている。また、本罪は強要罪の特別罪の性格をも有する。

公務員にある処分をさせる等のために暴行・脅迫を加えることが要件とされていることから、本罪は目的犯と解されている（団藤60、大塚573）。

(2) ある処分をさせ・させないため、または、その職を辞させるため

「ある処分」とは、広く公務員が職務上なしうる行為をいう（大判明治43・1・31刑録16-95）。判例は、「処分」は、当該公務員の職務に関係のある処分であれば足り職務権限内の処分であると職務権限外の処分であるとを問わないと解している（最判昭和28・1・22刑集7-1-8）。

ある処分を「させ」とは、作為を強要することをいい、ある処分を「さ

せない」とは、不作為を強要することをいう。

適法な処分をさせるために、あるいは、違法な処分をさせないために、暴行・脅迫を加える場合も、本罪に該当する（不当な課税方法等を是正させるために税務署長らに脅迫を加えた事案について、最判昭和 25・3・28 刑集 4-3-425 参照。大コメ〔第 2 版〕(6) 154〔頃安健司〕）。もっとも、違法な処分をさせないために暴行・脅迫を加える場合については、公務執行妨害罪の職務執行と同様に本罪の処分も適法なものでなければならないとして本罪に該当しないとする学説が有力である（団藤 60、大塚 574、大谷 574、西田 430）。

「その職を辞させ」とは、当該公務員に自ら辞職をするよう強要することをいう。

(3) 暴行・脅迫

暴行・脅迫の意義は、公務執行妨害罪のそれらと同様である。

C 封印等破棄罪ないし談合罪
[1] 封印等破棄罪

> 96 条　公務員が施した封印若しくは差押えの表示を損壊し、又はその他の方法によりその封印若しくは差押えの表示に係る命令若しくは処分を無効にした者は、3 年以下の懲役若しくは 250 万円以下の罰金に処し、又はこれを併科する。

(1) 保護法益

保護法益は、封印・差押えの表示により達成されるべき命令・処分の効力（ないし、その適正かつ円滑な実施）である。

(2) 客体

客体は、公務員が施した封印・差押えの表示にかかる命令・処分である。

「封印」とは、物に対する任意の処分を禁止するために、開披その他現状の変更を禁止する意思を表示して、その外装に、公務員によって、その職務上、施された封緘その他の物的設備をいう。例としては、動産に対する強制執行に際して、執行官が差し押さえた動産を債務者に保管させる場合に、その動産に施す封印（民執 123 条 3 項）をあげうる。

「差押えの表示」とは、「差押え」、すなわち、公務員が、その職務上、保

全すべき物を自己の占有に移す強制処分をしたことを明白にするものをいう（公示書、公示札など。封印は本条に別に規定されているから除かれる）。「差押え」の具体例としては、動産に対する強制執行の際に執行官が債務者の動産を占有して行う差押え（民執123条1項）や、民事保全法20条以下の仮差押えをあげうる。また、国税徴収法による税金滞納者の財産の差押えや刑事訴訟法による証拠物の差押えも、本条の「差押え」にあたるとされる。

封印・差押えの表示は、適法なものであることを要する（大塚576、大谷576、西田431など）。判例には、仮処分執行の際に執行吏代理が被告人の占有する家屋を債務者の占有するものと誤解して執行吏の占有保管に移し、被告人が執行方法の異議・第三者異議の訴えによってその取消を得ないうちに同家屋に入居した事案について、本罪の成立を肯定したものがある（最決昭和42・12・19刑集21-10-1407）。

封印・差押えの表示の適法性に関する錯誤については、公務執行妨害罪における職務行為の適法性に関する錯誤と同様の問題がある。判例の多くは故意の阻却を認めない（最判昭和32・10・3刑集11-10-2413など）。

(3) 行為

公務員が施した封印・差押えの表示を損壊し、または、その他の方法により、その封印・差押えの表示に係る命令・処分を無効にすることである。

「損壊」とは、物理的に破壊してその効力を事実上失わせることをいう。剥がして移動させるのも損壊にあたるとされる（大判大正3・11・17刑録20-2142）。「その他の方法によって無効に」するとは、封印・差押えの表示を損壊せずに命令・処分の効力を滅失・減殺することをいう（たとえば、当該建物を改装して第三者に賃貸する行為—最判昭和31・4・13刑集10-4-554）。

[2] 強制執行妨害目的財産損壊等罪

> 96条の2　強制執行を妨害する目的で、次の各号のいずれかに該当する行為をした者は、3年以下の懲役若しくは250万円以下の罰金に処し、又はこれを併科する。情を知って、第3号に規定する譲渡又は権利の設定の相手方となった者も、同様とする。
> 1号　強制執行を受け、若しくは受けるべき財産を隠匿し、損壊し、若し

> くはその譲渡を仮装し、又は債務の負担を仮装する行為
> 2号　強制執行を受け、又は受けるべき財産について、その現状を改変して、価格を減損し、又は強制執行の費用を増大させる行為
> 3号　金銭執行を受けるべき財産について、無償その他の不利益な条件で、譲渡をし、又は権利の設定をする行為

(1) 保護法益等

保護法益は、強制執行の進行ないし適切な運用である。「強制執行」の例としては、民事執行法1条の強制執行や担保権の実行としての競売が挙げられる。さらに、民事保全法の保全執行も「強制執行」に含まれるとする見解が有力である（西田 435、山口 553）。国税徴収法による滞納処分たる差押えも「強制執行」に含まれる。

また、本罪は、このような強制執行の進行等とあわせて、債権者の利益（債権の実現）をも保護していると解される（本条は「究極するところ、債権者の債権保護をその主体とする規定であると解すべきである」とした最判昭和 35・6・24 刑集 14-8-1103 参照）。

本罪は、目的犯であり、抽象的危険犯である（大谷 580、西田 435）。

(2) 強制執行を妨害する目的

「強制執行を妨害する目的」とは、一時的であっても、強制執行の進行に支障を生じさせる目的をいう。そのような目的で実行した以上、現実に強制執行を妨害したことはもとより、強制執行の申立てがなされなかったとしても、本罪は成立する。

もっとも、最判昭和 35・6・24 刑集 14-8-1103 は、本罪が成立するためには、「現実に強制執行を受けるおそれのある客観的な状況の下において」所定の行為をなすことが必要であるとしており、有力説は、本罪が成立するためには現に強制執行を受けるおそれのある客観的な状況が必要であるとする（大谷 580、西田 435）。ただ、有力説といえども、訴訟提起以前でも本罪は成立しうるとしたり（大谷 580）、行為時に債権の存在する可能性があれば足りるとするので（西田 435）、かなり早い段階で、このような客観的な状況にあると認められることになりうるであろう。

(3) 1号所定の行為

「隠匿」とは、強制執行の対象である財産の発見を不能または困難にすることをいう。「損壊」とは、財産を物理的に損壊することのほか、その価値を減少させる一切の行為をいう。「その譲渡を仮装する」とは、真実、譲渡する意思はないのに相手方と通謀して、不動産の所有権移転登記手続きをするなど、譲渡したかのように装うことをいう。「債務の負担を仮装する」とは、真実は債務がないのに債務があるようにみせかけることをいう。

(4) 2号所定の行為

「その現状を改変して、価格を減損し、又は強制執行の費用を増大させる行為」とは、財産の物理的状況に改変を加えて、価格を減損させたり、原状回復費用の支出を余儀なくさせることをいう（たとえば、無用な増改築をして増築部分の区分所有権を登記するとか、建物内に廃棄物を大量に搬入するなど）。

(5) 3号所定の行為

「金銭執行」とは、金銭債権（たとえば、売買代金や貸金の請求権）の強制執行をいう。真実、譲渡や権利設定の意思がある場合でも、無償その他不利益な条件で財産を譲渡したり（たとえば、時価100万円の財産を1万円で売るなど）、権利を設定すると（たとえば、高価な住宅地1000坪に地代年1万円で50年間の地上権を設定するなど）、本号にあたることになる。

[3] 強制執行行為妨害等罪

> 96条の3第1項　偽計又は威力を用いて、立入り、占有者の確認その他の強制執行の行為を妨害した者は、3年以下の懲役若しくは250万円以下の罰金に処し、又はこれを併科する。
> 2項　強制執行の申立てをさせず又はその申立てを取り下げさせる目的で、申立権者又はその代理人に対して暴行又は脅迫を加えた者も、前項と同様とする。

(1) 保護法益等

保護法益は、強制執行の進行ないし適切な運用と債権者の利益である。
2項の罪は目的犯である。

(2) 1項の罪

1項の罪は、強制執行の現場において、執行官等に対し、偽計・威力を用いて強制執行の行為を妨害する罪である。「偽計」とは、人の判断を誤らせる術策をいう。「威力」とは、人の意思を制圧する力をいう。

(3) 2項の罪

「申立権者」とは、自己の名義で強制執行の申立てをする権利を有する者をいう。法人も含まれる（法人が申立権者の場合は、代表者や申立てを依頼された代理人弁護士に対し暴行・脅迫を加えることが本罪に該当することになる）。

[4] 強制執行関係売却妨害罪

> 96条の4　偽計又は威力を用いて、強制執行において行われ、又は行われるべき売却の公正を害すべき行為をした者は、3年以下の懲役又は250万円以下の罰金に処し、又はこれを併科する。

(1) 保護法益等

保護法益は、強制執行において行われ・行われるべき売却の公正である。

「強制執行において行われ、又は行われるべき売却」の例としては、①民事執行法1条所定の競売：強制執行としての競売、担保権の実行としての競売、法律の規定による換価のための競売、②国税徴収法94条1項の差押財産を換価するための公売を挙げうる。

(2) 行為

偽計・威力（意義は強制執行行為妨害等罪のそれらと同様である）を用いて、強制執行において行われ・行われるべき売却の公正を害すべき行為をすることである。「行われるべき売却」とあるので、競売開始決定前の妨害行為も処罰の対象となる。

競売により不動産を取得した者に対抗できる賃借権があるかのように装う行為（最決平成10・7・14刑集52-5-343、最決平成18・12・13刑集60-10-857）や競売等についての談合は、偽計を用いた売却の公正を害すべき行為にあたる。

不動産競売手続きにおいて最高買受申出人（落札者）となった会社の取締役等に対し「これをうちの方によこさないと、ことが面倒になる。ただし

ゃおかない」などと申し向けて、不動産取得を断念するよう要求することは、威力を用いた売却の公正を害すべき行為にあたる（最決平成10・11・4刑集52-8-542）。

[5] 加重封印等破棄等罪

> 96条の5　報酬を得、又は得させる目的で、人の債務に関して、第96条から前条までの罪を犯した者は、5年以下の懲役若しくは500万円以下の罰金に処し、又はこれを併科する。

本条は、本条所定の目的で（目的犯）、人の債務に関して、96条から前条までの罪を犯した者を加重処罰した規定である。刑が加重されるのは、本罪にあたる行為は、利得目的で反復継続して職業的になされるおそれがあり、これを禁圧する必要があるからである。

[6] 公契約関係競売等妨害罪

> 96条の6第1項　偽計又は威力を用いて、公の競売又は入札で契約を締結するためのものの公正を害すべき行為をした者は、3年以下の懲役若しくは250万円以下の罰金に処し、又はこれを併科する。

保護法益は、公の競売・入札で契約を締結するためのもの（たとえば、公共工事の請負や公有物の売渡に関するもの）の公正である。

「偽計」、「威力」の意義は、強制執行行為妨害等罪のそれらと同様である。

[7] 談合罪

> 96条の6第2項　公正な価格を害し又は不正な利益を得る目的で、談合した者も、前項と同様とする。

（1）保護法益等

保護法益は、本条1項の公契約関係競売等妨害罪と同様に、公の競売・入札で契約を締結するためのものの公正である。強制執行関係の競売等についての談合は、本罪ではなく、強制執行関係売却妨害罪（96条の4）で処

罰される。

本罪は、目的犯であり、抽象的危険犯である（大谷589、山中782）。

(2) 公正な価格を害し、または、不正な利益を得る目的

「公正な価格」とは、談合なしに自由な競争がなされたならば形成されたであろう価格をいい（最判昭和32・1・22刑集11-1-50）、「害」する目的とは公正な価格を引き上げ・引き下げる目的をいう。「不正な利益を得る目的」とは、不正な談合によって取得される金銭その他の経済的利益を得る目的をいう。

(3) 談合

「談合」とは、公の競売・入札で契約を締結するためのものの参加者（一部の者で足りる―最判昭和32・12・13刑集11-13-3207）が、本条所定の目的で、通謀して、特定の者に契約を締結させるため、他の者より劣る契約内容の申出をする旨の協定をすることをいう。このような協定をすれば、本罪は完成する。実際に申出がなされたか否かは本罪の成否に影響しない。

3 逃走の罪

A 総説

逃走の罪の保護法益は、国家の拘禁作用である。刑事手続過程で拘束されている者や刑務施設に収容されている者についての拘禁作用のほかに、民事訴訟法194条や人身保護法10条2項により勾引された者についての拘禁作用も、逃走の罪によって保護されることになる。

逃走の罪の未遂は罰する（102条）。

B 各説 ― 各犯罪類型

[1] 単純逃走罪

> 97条　裁判の執行により拘禁された既決又は未決の者が逃走したときは、1年以下の懲役に処する。

(1) 主体

裁判の執行により拘禁された既決・未決の者である。「裁判の執行により拘禁された既決…の者」とは、刑を言い渡した確定判決によって刑事施設に拘禁されている者をいう。自由刑（懲役、禁錮、拘留）の受刑者として拘禁されている者のほか、死刑執行まで拘置されている死刑確定者 (11条2項)、罰金・科料を完納できないため労役場に留置されている者 (18条) も含まれる。「裁判の執行により拘禁された…未決の者」とは、勾留状 (刑訴62条・207条) によって刑事施設・留置施設に拘禁されている者をいう。いずれも、「拘禁された」者であることを要するから、現に拘禁されていない者は含まれない（団藤73など通説）。

(2) 行為

逃走することである。「逃走」とは、拘禁から離脱することをいう。

[2] 加重逃走罪

> 98条　前条に規定する者又は勾引状の執行を受けた者が拘禁場若しくは拘束のための器具を損壊し、暴行若しくは脅迫をし、又は2人以上通謀して、逃走したときは、3月以上5年以下の懲役に処する。

(1) 主体

97条に規定する者、または、勾引状の執行を受けた者である。「勾引状」とは、一定の場所に拘禁することを許す令状をいう。逮捕状 (刑訴199条以下)、勾留状 (刑訴62条・207条)、勾引状 (刑訴62条・152条等、民訴194条)、収容状 (刑訴484条以下) のほか、保護観察対象者を引致するための引致状 (更生保護法63条2項) などがこれにあたる（通説）。また、「執行を受けた」といえるには、引致中であれば足りると解されている。

(2) 行為

拘禁場・拘束のための器具を損壊するか、暴行・脅迫をするか、2人以上通謀して、逃走することである。「2人以上通謀して」逃走するとは、通謀した2人以上の者がともに逃走することをいう（団藤75、大塚588）。

(3) 着手時期

本罪の実行の着手は、①拘禁場・拘束のための器具を損壊して逃走する

場合は損壊行為を開始したときに（最判昭和 54・12・25 刑集 33-7-1105）、②暴行・脅迫をして逃走する場合は暴行・脅迫を開始したときに、③2 人以上通謀して逃走する場合は 2 人以上の者が逃走行為を開始したときに（大塚 588、大谷 594）、認められる。

[3] 被拘禁者奪取罪

> 99 条　法令により拘禁された者を奪取した者は、3 月以上 5 年以下の懲役に処する。

(1) 客体

法令により拘禁された者である。「法令により拘禁された者」とは、法的根拠に基づいて公的に身体の自由を一定程度拘束されている者をいう。97 条・98 条に規定されている者のほかに、現行犯逮捕された者、（逮捕状発付前の）緊急逮捕された者、少年院・少年鑑別所の被収容者も含まれる。

(2) 行為

法令により拘禁された者を奪取することである。「奪取」とは、被拘禁者を看守者の支配から離脱させて、自己または第三者の実力的支配内に移すことをいう。

[4] 逃走援助罪

> 100 条 1 項　法令により拘禁された者を逃走させる目的で、器具を提供し、その他逃走を容易にすべき行為をした者は、3 年以下の懲役に処する。
> 2 項　前項の目的で、暴行又は脅迫をした者は、3 月以上 5 年以下の懲役に処する。

本罪は、逃走罪の共犯行為を独立の犯罪類型としたものである。もっとも、被拘禁者の逃走が 97 条・98 条の罪を構成する必要はない。また、本条所定の目的で（目的犯）、「逃走を容易にすべき行為」や暴行・脅迫をすれば、被拘禁者が逃走に着手しなくても、既遂に達しうる。

[5] 看守者等逃走援助罪

> 101条　法令により拘禁された者を看守し又は護送する者がその拘禁された者を逃走させたときは、1年以上10年以下の懲役に処する。

　看守者・護送者が（身分犯）被拘禁者を逃走させる行為は、拘禁作用を維持すべき職務に従事する者が拘禁作用を害するものであって悪質である。そこで、法定刑が重くなっている。

　「逃走させ」る行為とは、被拘禁者の逃走を惹起し、または、これを容易にする一切の行為をいう（大塚591、大谷598）。「逃走させた」となっているので、既遂に達するには、被拘禁者が逃走したという結果が必要である。

4　犯人蔵匿および証拠隠滅の罪

A　保護法益

　犯人蔵匿等罪（103条）や証拠隠滅等罪（104条）、証人等威迫罪（105条の2）の保護法益は、判例によれば、「司法に関する国権の作用」（最判昭和24・8・9刑集3-9-1440）とされる。しかし、これでは広すぎる嫌いがある。刑事司法作用、すなわち、警察や検察、裁判所といった法執行機関の活動を保護することに、これらの罪の存在理由があると解すべきである。

　法執行機関の活動全般に対する保護をさらに限定するべきかが問題となる。まず、これらの罪を侵害犯とするのは不当である。未遂犯処罰規定がないため、法執行機関の活動を攪乱する行為を広く容認するおそれがある。したがって、危険犯と解するのが妥当ではあるが、具体的危険犯とするのも、これまた不当である。警察が被疑者の拘束を解くとか、裁判所が事実認定を誤るとかの事象が起きた段階に至らないと処罰できないとすれば、やはり保護が薄くなる。また、具体的危険に関する事実への故意を要するため、錯誤が生じた場合に不可罰とせざるをえない。

　したがって、これらの罪は、判断を誤らせる可能性があるなど、法執行機関の活動に支障を与える類型的危険行為を処罰するためにある抽象的危

険犯と解するべきである。

B 犯人蔵匿等罪

> 103条 罰金以上の刑に当たる罪を犯した者又は拘禁中に逃走した者を蔵匿し、又は隠避させた者は、3年以下の懲役又は30万円以下の罰金に処する。

[1]「罰金以上の刑に当たる罪を犯した者」

「罪を犯した者」とは、真犯人だけに限られない。捜査時点において犯罪の嫌疑がかけられ、捜査中の者も含む（前掲、最判昭和24・8・9）。たしかに、刑事裁判の結果、無罪とされる者もいる。しかしながら、捜査時点において犯罪の嫌疑がかけられることについて合理的理由があるならば、その捜査活動は保護されなければならない。真犯人が死亡した場合であっても、捜査機関がその真実を確認することができておらず、未だ捜査中である場合には、死亡した真犯人をも含まれると解するべきであろう（札幌高判平成17・8・18判時1923-160）。

「罰金以上の刑に当たる罪」とは、罰金以上の法定刑が設定されている犯罪である。なお、道路交通法においては反則金の納付がなされない場合に罰金刑を科す規制方法をとるものがあるが、この場合も、将来的に罰金刑が科せられる可能性がある以上、これにあたるとする裁判例がある（福岡高判平成13・11・20高刑速〔平13〕-232）。

故意の内容に関し、罰金以上の法定刑が設定されていることまでの認識を要求するべきか。それは一般人には不可能であり、そこまで故意のレベルを上げると取締りも難しくなる。したがって、罰金以上の刑にあたる「罪（犯罪事実）」の認識があれば十分とするべきである（最決昭和29・9・30刑集8-9-1575）。また、罰金以上の刑にあたる罪について錯誤が生じたとしても、行為者が認識した罪と実際の罪とがいずれも罰金以上の刑にあたる罪であれば、故意は阻却されない（大阪高判昭和56・12・17刑月13-12-819）。

なお、「拘禁中に逃走した者」とは、法令に基づき国家権力により拘禁を受けながら正当な手続を経ないで脱した者をいい、奪取された者も含む（広

島高判昭和28・9・8高刑集6-10-1347)。

[2] 蔵匿行為・隠避行為
(1) 隠避行為の射程

　判例によれば、蔵匿行為とは犯人の発見または逮捕を免れる場所を供給する行為であり（大判大正4・12・16刑録21-2103）、隠避行為とは蔵匿行為以外の一切の行為を含む（大判昭和5・9・18刑集9-668）。このため、どこまでの行為が隠避にあたるかが問題となる。

　捜査に携わる者であっても、部下が証拠を隠滅したことを知りながら、それは過誤であるとの書面を作成させ、捜査を行わなかった場合も、隠避にあたる（大阪高判平成25・9・25高刑集66-3-17）。

　被疑者の身柄を解放するために身代わり犯人として警察署へ出頭し、真犯人は自分であるとの虚偽を警察官に陳述することは隠避行為にあたるか。たしかに、被疑者の身柄はすでに確保されているのだから、隠避はおよそ不可能であるかもしれない。また、身代わり犯人の出頭により捜査が手間取ったことを隠避とすることは、その文言上困難であるかもしれない（福岡地小倉支判昭和61・8・5刑集43-5-410）。しかしながら、身代わり犯人の出頭により警察が被疑者の身柄を解放しないとは一般的に言い切れない。したがって、犯人隠避罪に該当するというべきである（最決平成元・5・1刑集43-5-405）。

　このように隠避行為にはさまざまな行為が含まれうる。したがって、一定の制約を考えることも重要である。裁判例の中には、隠避行為を、蔵匿行為と同程度に官憲による犯人の発見を妨げる行為としなければならないとして、隠避行為を直接の目的としない行為や間接的に隠避行為となった行為は不可罰とするものがある（大阪高判昭和59・7・27高刑集37-2-377）。

(2) 正当行為

　キリスト教の牧師が、建造物侵入などの罪で警察から捜査を受けていた少年を教会の教育館に1週間ほど宿泊させ、反省を促し、自己省察をなさしめる行為は、犯人蔵匿罪には該当するものの教会活動として正当な業務行為であるとして、無罪とした裁判例がある（神戸簡判昭和50・2・20刑月7-2-104）。

C 証拠隠滅等罪

> 104条　他人の刑事事件に関する証拠を隠滅し、偽造し、若しくは変造し、又は偽造若しくは変造の証拠を使用した者は、3年以下の懲役又は30万円以下の罰金に処する。

　犯人蔵匿等罪と同じく刑事司法作用を保護法益としているが、その内容は同罪とは区別されるべきである。犯人蔵匿等罪は捜査機関による諸活動、すなわち犯人の捜査や逮捕、拘禁等の保護を主眼にしているのに対し、本罪は、他人の刑事事件に関する証拠の保護のためにおかれ、ひいては刑事裁判が適正に行われることを保護しているとみるべきである。

　証拠とは、物的証拠だけでなく人的証拠をも含むかは、参考人の虚偽供述をめぐり議論がある。

　本罪において処罰される行為は、他者の刑事事件に関する証拠の隠滅行為と偽造行為、変造行為、および偽造もしくは変造証拠の使用行為である。隠滅行為とは、物的証拠を隠匿焼燬したり、その出現を妨げたり、その効力を低下させる行為である（大判昭和10・9・28刑集14-997）。参考人を隠匿する行為は、証拠隠滅罪にあたる（最決昭和36・8・17刑集15-7-1244）。偽造行為とは、実在しない証拠を実在するかのように作出することである（大阪高判平成14・1・17判タ1119-276）。変造行為とは、既存の証拠に変更を加えることである（前掲、大判昭和10・9・28）。

D 犯人蔵匿等罪と証拠隠滅等罪に共通する問題
[1] 身柄が拘束されていない他の被疑者をかくまうための出頭

　共犯者の1人が、未だ身柄が拘束されていない他の共犯者を隠避させるため、単独で警察へ出頭し、犯行は自分で行った旨を警察官に陳述する行為は、どのように擬律されるべきか。証拠隠滅等罪は**本節C**で触れたように「他者の」刑事事件に関する証拠の隠滅等を処罰しており、それが自己の刑事事件に関する場合は不可罰としている。共犯事件は自分の事件としての側面をもつことから、本行為を証拠隠滅等罪に問うことは難しい。それゆえ、本行為の処罰を断念するべきであろうか。

　証拠隠滅罪には問えないとしても、本行為は犯人蔵匿等罪（103条）の隠

避にあたり、本罪で処罰しうると解される。証拠隠滅罪も犯人蔵匿等罪も、ともに刑事司法作用を保護法益としているとはいえ、それぞれの法益の具体的内容は異なる。前者は捜査機関が犯人による捜査や逮捕等に関する活動を保護しているのに対し、後者は裁判所が有罪および無罪を判断する行為を保護している。本行為は、被疑者の特定という捜査機関の活動を十分に侵害しうる危険性を帯びている（旭川地判昭和57・9・29刑月14-9-713）。

[2] 参考人による虚偽陳述およびそれに基づいて作成された証拠

証人（刑訴143条以下）が虚偽の陳述をした場合、証拠偽造罪ではなく、偽証罪にあたる（刑169条）。それでは、参考人（刑訴223条）が捜査員に対し虚偽の内容を陳述し、これをふまえて捜査員が調書を作成した場合（千葉地判平7・6・2判時1535-144）、さらに、被告人が第三者に依頼して虚偽供述をさせ、捜査官がそれに基づき供述調書を作成した場合（千葉地判平8・1・29判時1583-156）に、証拠偽造罪あるいは証拠偽造教唆罪にあたるのかが問題となる。

裁判例においては、両罪の成立を、次の4つの理由により、否定的に解する傾向がある（上述2判例のほか、宮崎地日南支判昭和44・5・22刑月1-5-535）。第1に、他の刑罰法規との関係である。すなわち、虚偽供述を明示的に処罰しているのは偽証罪と虚偽告訴等罪のみであり、参考人の虚偽供述を証拠偽造罪として処罰すると、法執行機関において供述する者に対し真実を供述する義務を強いることになり、その結果、処罰範囲が拡がりかねない。第2に、供述証拠の信頼性は物的証拠よりも劣る点である。第3に、犯人を隠避させる供述については犯人隠避罪で処罰すればよいが、それ以外は以上の2点から不可罰とするべきである。第4に、証人等威迫罪は当然に虚偽内容の供述を求めることが含まれているから、被告人による虚偽供述の依頼は、この限度において処罰されるべきである。

裁判例における以上の流れからすると、本行為は犯人隠避罪を構成する可能性はあるものの、原則的には証拠偽造罪には問えないこととなる。ただし、参考人と捜査官が共同して内容虚偽の供述書を作成した場合、参考人は証拠偽造罪に問われる（最決平成28・3・31刑集70-3-406）。

[3] 他人に犯人蔵匿等あるいは証拠隠滅等を教唆する行為

犯人蔵匿等罪においては「自ら」蔵匿・隠避する行為は、条文の文言からして処罰できない。また、証拠隠滅等罪において隠滅等が禁じられているのは、「他人の」刑事事件に関する証拠である。したがって、行為者が自己の刑事事件に関する証拠を隠滅等しても処罰されない。捜査から犯人自ら逃げ隠れすること、あるいは、自己の刑事事件に関する証拠を隠滅等することは、犯人としてはごく自然な行為であるし、自己の刑事事件を立証するのは捜査機関の責務であり犯人の義務であるとはいえないからである。

それでは、他人に自分を蔵匿等するよう教唆する行為（たとえば、身柄拘束中の被疑者が身代わり犯人を警察に出頭させるよう教唆する行為）や、自己の刑事事件に関する証拠を隠滅等するよう他人に教唆する行為は、それぞれの罪の教唆犯としての罪責を負うか。

学説においては反対論が強い。なぜなら、他者の手を借りたとしても、その内実は、行為者が自己を蔵匿等し、あるいは自己の刑事事件に関する証拠を隠滅等したにすぎないからである。しかも、もしもこれを処罰すると、それは、他者を犯罪の道へ陥れたことを処罰理由とする責任共犯論にほかならなくなる。

しかし、裁判例においては、両行為は可罰的とするのがほぼ確立された判例といってよい（犯人隠避については最決昭和 40・2・26 刑集 19-1-59、証拠偽造については最決昭和 40・9・16 刑集 19-6-679、最決平成 18・11・21 刑集 60-9-770）。なぜなら、他者の手を借り蔵匿等することを認めると、捜査機関が犯人を検挙する活動に支障が出るし、他者が自己の犯罪の証拠を隠滅等することを認めれば、多くの証拠が隠滅等されるおそれが生じるからである。

E 親族による犯罪に関する特例

> 105 条　前 2 条の罪については、犯人又は逃走した者の親族がこれらの者の利益のために犯したときは、その刑を免除することができる。

犯人蔵匿等罪および証拠隠滅等罪を、犯人の親族（その範囲は民法 725 条を参照）がこれらの者の利益のために犯した場合、それらの罪は成立するが、刑は任意的に免除される（刑の免除については刑訴 334 条・345 条を参照）。いわ

ば身内の犯罪をかくまうことは無理もないことが考慮されている。なお、親族による両罪に該当する行為が他者の利益にも関わる場合には、105条の適用を認めないとする裁判例がある（大判昭和7・12・10刑集11-1817）。

F 証人等威迫罪

> 105条の2　自己若しくは他人の刑事事件の捜査若しくは審判に必要な知識を有すると認められる者又はその親族に対し、当該事件に関して、正当な理由がないのに面会を強請し、又は強談威迫の行為をした者は、2年以下の懲役又は30万円以下の罰金に処する。

　本罪の保護法益は、事件関係者の身の安全を確保することとともに、証人およびそれになりうる者が他者の抑圧的行為に影響されずに陳述できる可能性である。暴力団員などが身柄の拘束が解かれた後に、被害者や捜査協力者などを脅すことがないよう、昭和33（1958）年に設けられた。
　強請とは、無理に会うよう強いることである。強談とは、言葉によって自己の要求に応じるよう強く迫ることである。威迫とは、威力を示して、相手方に不安や困惑する気持ちを生じさせる行為である。強談威迫には、相手方に直接行うだけでなく、相手を不安や困惑に陥らせる文言を書いた文書を送りつける行為も含まれる（最決平成19・11・13刑集61-8-743）。

5　偽証の罪

> 169条　法律により宣誓した証人が虚偽の陳述をしたときは、3月以上10年以下の懲役に処する。
> 171条　法律により宣誓した鑑定人、通訳人又は翻訳人が虚偽の鑑定、通訳又は翻訳をしたときは、前2条の例による。

A 概要

偽証罪と虚偽鑑定等罪の保護法益は、刑事裁判や民事裁判など国家の審判作用が適正に行使されることである。法廷で偽証や虚偽鑑定等が行われると、裁判を誤るおそれがあり、刑事裁判についていえば冤罪にもつながりかねないからである。偽証や虚偽鑑定等により、誤った判決が下されること、また、その具体的危険が生じることまでは要しない。本罪は抽象的危険犯と解すべきである。

本罪で処罰されるのは、法律により宣誓した証人(刑訴154条)、鑑定人(学識経験のある者が行う。同165条以下)、通訳人(裁判は日本語で行われる〔裁74条〕が、これを被告人の理解できる言語に通訳する。同175条)、翻訳人(日本語で書かれた文書などを被告人が理解できる言語にする。同177条)に限定されており、本罪は真正身分犯である。なお、被告人は、自分の刑事事件については証人になることはできないから、本罪の主体からは除外される。

宣誓した証人自身がなす必要のある犯罪であるため自手犯とされている。つまり、間接正犯はありえない。ただし、たとえば、被告人が他人に対し自己の刑事事件について偽証を教唆した場合、偽証教唆罪が成立するかは議論がある。

さらに、何をもって偽証罪における虚偽陳述と評価できるのかが問題となる。偽証の本質論である。違法性の本質をめぐる対立が先鋭化する一場面であることを認識するべきであろう。

B 宣誓の意義

証人には宣誓が法的に義務づけられている(民訴201条1項、刑訴154条)。証人は宣誓書を法廷にて読み上げるが、その内容は刑事裁判の場合、「良心に従つて、真実を述べ何事も隠さず、又何事も附け加えないことを誓う」(刑訴規118条2項)ものである。証人は宣誓をすることによって、民事訴訟であれば原告や被告、刑事訴訟であれば検察側や弁護側の双方から尋問を受ける。宣誓によって証人が尋問で嘘をつかないことを担保しようとしている。

こうした宣誓の意味を理解できない者に対しては、宣誓をせず尋問しなければならない(民訴201条2項、刑訴155条1項)。また、民事裁判において

は証言拒絶権(民訴196条)を行使しない者には宣誓をさせないことができる(201条3項)。これらの者は、「法律により宣誓した証人」にはあたらない。なお、宣誓がなされるのは陳述の前後のいずれでもよい(なお、刑事裁判の場合は、事前に宣誓することが義務づけられている。刑訴規117条)。宣誓により嘘をついてはならない、という心理的緊張感は同じだからである。

C 黙秘権・自己負罪拒否特権との関係

憲法38条1項は「何人も、自己に不利益な供述を強要されない」と規定する。これを受けて、刑事被告人には黙秘権が保障され、証人についても自己負罪拒否特権が与えられている(刑訴146条以下、民訴196条以下。ただし、民事裁判の場合は証言拒否の理由を疎明しなければならない)。憲法上の要請と偽証罪との間に矛盾が生じないかが問題となる。なぜなら、証言を拒否することが不作為の偽証罪に問われるおそれがあるからである。

まず、被告人は自分の事件との関係では証人たりえないし、黙秘権が保障されている以上、尋問において黙ることは被告人の権利である。

証人についても、自己の発言により、自分や一定の親族が刑事責任を負うおそれがある場合は、黙することが許される。しかしながら、嘘を積極的につくことまでは自己負罪拒否特権は認めていないと解するべきである。したがって、この特権の行使を放棄して嘘をついた場合は、偽証罪に問われる。

D 虚偽陳述

「虚偽の陳述をした」とはどのようなことを指すのかについては、学説上、争いがある。この問題は本罪の保護法益をどう解するかに帰着する。

客観説によれば、客観的事実に反する発言を虚偽陳述と捉える。この説は結果無価値論から説かれ、かような場合に法益は現実に侵害されるとする。これに対し、主観説によれば、行為者が記憶している事実に反する発言することを、虚偽陳述とする。この見解は行為無価値論から唱えられ、記憶に反する発言をしないという行動基準を証人に求める。

客観説には難点がある。第1に、客観的事実と齟齬のある発言をすべて違法とする点である。そもそも客観的事実をその通り完全に記憶している

証人はいないはずである。同説によれば、その問題は事実の錯誤により故意を否定することによって解決されるとする。だが、より重要なことは国家による審判作用の適正性を害する危険性があるか否かである。その適正性を侵害するおそれがあるのは、客観的事実に反する陳述という結果ではなく、自己が認識していることに反する陳述をすることである。第2に、実際に見聞していないことを陳述したが、それが偶然にも客観的事実と合致した場合に、これを適法とする点である。自己の認識していないことを陳述する姿勢を結果的に容認することは、審判作用の適正さを危うくする。

以上の理由から、主観説が正しいといえる。判例も主観説に立脚している（大判大正3・4・29刑録20-654、神戸地判昭和62・11・17判時1272-51など）。

E 被告人が他人に偽証を教唆する場合

黙秘権が憲法的に保障されている被告人が、他人へ偽証することを教唆した場合、被告人には偽証教唆罪が成立するか。判例は、犯人蔵匿等罪や証拠隠滅等罪と同様に、偽証教唆罪の成立を一貫して認めている（最決昭和27・2・14裁判集刑事60-851など）。

捜査機関の追跡から自ら逃げることや自己の刑事事件に関する証拠を自ら隠滅等することは、無理もないことである。これを踏まえ、学説は、共犯理論の観点から、犯人蔵匿等教唆罪や証拠隠滅等教唆罪の成立を認める判例の姿勢に対して批判的である。しかしながら、偽証を教唆することについては、むしろ判例の立場は支持しうる。なぜなら、他人に偽証を唆すことによって審判作用の適正さを侵害することは、もはや黙秘権の内容に含めることはできないからである。

F 自白による刑の減免

偽証罪や虚偽鑑定等罪を犯した者が、その証言あるいは鑑定等をした事件について、その裁判が確定する前、または懲戒処分が行われる前に自白したときは、その刑を減軽し、または免除することができる（170条・171条）。

犯罪は成立するが、偽証したことを、裁判などの場で自白することにより審判作用の適正さへの侵害が事後的になくなることから、行為者の刑は任意的に減免される。ただし、たしかに刑事裁判の確定前に偽証を自白し

ても、これと関連して行われている民事裁判が確定している場合には、本条による減免は認められないとする裁判例がある（東京地判昭和42・4・26 判タ208-218）。

6 虚偽告訴の罪

> 172条　人に刑事又は懲戒の処分を受けさせる目的で、虚偽の告訴、告発その他の申告をした者は、3月以上10年以下の懲役に処する。

A 保護法益

　本罪は、虚偽の告訴や告発などの申告をする者を処罰するものであるが、そのためには、被害者に対して刑事または懲戒の処分を受けさせる目的が必要である（目的犯）。告訴ならびに告発とは、捜査機関に対して、犯罪事実を申告し犯人の処罰を求める意思を示すことである。告訴ができるのは犯罪により害を被った者（刑訴230条以下）であり、告発ができるのは犯罪があると思料する者である（同法239条以下）。

　刑事の処分とは、刑罰だけでなく保護処分も含まれる。懲戒の処分とは、公的な懲戒処分である。国家公務員や地方公務員に対する懲戒、議員や裁判官に対する懲戒、弁護士などへの懲戒をいい、非公的な組織における懲戒は含まれない。

　本罪の保護法益をめぐっては争いがある。第1に、国家的法益を強調する見解、すなわち、捜査機関による捜査の適正さを重視する見解がある。第2に、個人的法益としての側面、虚偽申告された者の生活の平穏を重視する見解である。第3に、両者が本罪の保護法益とする見解である。

B 故意の程度

　虚偽告訴ないし告発とは、犯罪事実や懲戒に値する事実がないのに、あたかも、そのような事実が他人にあることを関係機関に届け出、処罰や懲

戒を求める意思表示を行うことをいう。この場合、行為者にどの程度の故意を要するかが問題となる。

裁判例によれば、真実でないことを未必的に認識しておれば本罪の故意として十分であるとする（最判昭和 28・1・23 刑集 7-1-46）。しかしながら、そうであると、告訴や告発などの制度を利用することが難しくなる。告訴や告発の時点において告訴・告発された者が犯罪を行ったことは、未だ客観的に確認されていないからである。したがって、本罪の故意は、虚偽であることを確実に認識する必要がある。

なお、本罪にも自白による刑の減免規定がおかれている（173 条）。

7 職権濫用の罪

> 193 条　公務員がその職権を濫用して、人に義務のないことを行わせ、又は権利の行使を妨害したときは、2 年以下の懲役又は禁錮に処する。
> 194 条　裁判、検察若しくは警察の職務を行う者又はこれらの職務を補助する者がその職権を濫用して、人を逮捕し、又は監禁したときは、6 月以上 10 年以下の懲役又は禁錮に処する。

A 概観

公務員による職務が適切に行われるようにすること、加えて、不適切な職務行使によって国民の権利や自由が公務員によって不当に侵害されないようにすることが、職権濫用の罪の趣旨である。主体は公務員であり、職権濫用の罪の基本は公務員職権濫用罪（193 条）である。職権濫用により、人に義務のないことを行わせ、または、権利の行使を妨害したことにより、本罪は成立する。したがって、職権濫用に加え、被害者の権利侵害をどう捉えるかも問題となる。

公務員職権濫用罪の加重類型として、裁判や検察、警察の職務を行う者、およびこれらの者を補助する者を主体（以下、特別公務員とする）とする特別

公務員職権濫用罪（194条）をおいている。特別公務員が職権を濫用して、人を逮捕し、または監禁することにより本罪は成立する。

さらに、被疑者や被告人、法令により監禁されている者の生命や身体、人格が特別公務員によって侵害されないようにするために、特別公務員暴行陵虐罪（195条）をおいている。特別公務員職権濫用罪と特別公務員暴行陵虐罪については、その結果的加重犯として、特別公務員職権濫用等致死傷罪（196条）も用意している。逮捕や監禁、暴行陵虐行為には、被害者の生命や身体を侵害する危険が内在しているからである。

なお、以上4つの職権濫用に関する罪について、検察官が公訴を提起しない処分をしたとき、これに不服がある場合は、裁判所に付審判の請求をすることができる（刑訴262条以下）。

B 職権濫用の本質

判例は、裁判官が刑務所長に対し身分帳簿の閲覧を要求し、刑務所長がこれに応じたこと（宮本身分帳閲覧事件：最決昭和57・1・28刑集36-1-1)、裁判官が、私的な交際を求めるため、被害弁償のことで会いたいなどと言って被告人を喫茶店に呼び出し同席させた行為（最決昭和60・7・16刑集39-5-245）は、公務員職権濫用罪を構成するとしている。これに対し、警察官が職務として政党の警備情報を得るため、終始誰に対しても警察官による行為ではないことを装いつつ政党幹部の電話を盗聴すること（共産党幹部盗聴事件：最決平成元・3・14刑集43-3-283）は、公務員職権濫用罪を構成するか。同罪は、職権濫用により、人に義務のないことを行わせ、または、権利の行使を妨害することを要求している。文言を見る限り、相手方の意思が制圧されていることを前提にしているようにも映る。本罪における職権濫用の本質（図11-1参照）とは何かが問題となる。

裁判例は次のように捉える。①公務員が一般的職務権限を有していること、②職権の行使に仮託して、実質的、具体的に違法、不当な行為をすること、③この一般的職務権限は、事実上義務なきことを行わせ、または、行う権利を妨害するに足りる権限でよいこと（前掲、最決昭和57・1・28）、である。とりわけ、③を重視し、相手方に対し法律上、事実上の負担ないし不利益を生ぜしめるに足りる特別の職務権限でなければならない、として

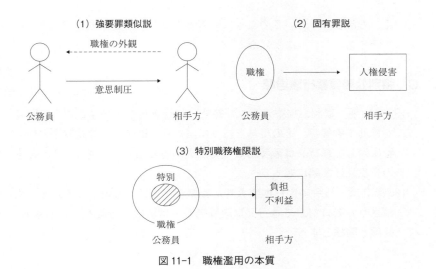

図 11-1　職権濫用の本質

いる（特別職務権限説：図 11-1(3)。前掲、最決平成元・3・14）。

　学説においては、本罪の条文が強要罪（223 条）と類似していることから、強要罪の要件に倣って本罪を捉え、公務員としての外観を示して相手の意思を制圧することを要求する見解（強要罪類似説：図 11-1(1)）や、公務員が職権を不適切に行使し、国民の権利や自由を制約すればよいとする見解（固有罪説：図 11-1(2)）、がある。

　強要罪と並行的に理解する見解を採ると、本罪の成立範囲は狭くなりうる。これに対して、職務の不当な行使によって権利や自由が制約されさえすればよいとすると、本罪の成立範囲は逆に広まるおそれがあるし、結果的に権利が制約されればよいとは条文に書かれていない。したがって、法律上、あるいは事実上、相手方に負担や不利益を生じさせるに足る特別の職務権限によることを求める裁判例の見解が正しいといえよう。

　ただし、特別な職務権限をどう把握していくかが問題となる。前述の最決平成元・3・14 は、誰にも警察官による行為であることがわからないようにしていたことを根拠に、職務権限外の行為であるとしている。しかし、警備に関係する情報を収集する行為は、外形はどうであれ、警察官の職務行為であるし、盗聴行為は通信の秘密を侵す不利益を相手方に事実上与え

ているとも解釈しうる。このように解釈するなら、最決平成元・3・14の結論は疑問であるということになる。

C 特別公務員暴行陵虐罪

> 195条1項　裁判、検察若しくは警察の職務を行う者又はこれらの職務を補助する者が、その職務を行うに当たり、被告人、被疑者その他の者に対して暴行又は陵辱若しくは加虐の行為をしたときは、7年以下の懲役又は禁錮に処する。
> 195条2項　法令により拘禁された者を看守し又は護送する者がその拘禁された者に対して暴行又は陵辱若しくは加虐の行為をしたときも、前項と同様とする。

[1] 総説

特別公務員暴行陵虐罪（195条）は、特別公務員およびそれを補助する者が被告人や被疑者、その他の者に対して暴行や陵辱、加虐を加える行為（1項）、被拘禁者を看守する者や護送する者が、被拘禁者に同様の行為を加えること（2項）を処罰している。陵辱および加虐とは、精神的・肉体的に、辱めを与える行為、苦痛を与える行為をいう。

これらの罪を犯し、それにより相手方が死傷した場合は、結果的加重犯の関係が認められる限り、特別公務員暴行陵虐致死傷罪（196条）が成立する。なお、特別公務員職権濫用罪（194条）は、特別公務員暴行陵虐罪よりも重く処罰されている点に注意するべきである。そこでは、両罪の手段である逮捕・監禁と暴行の違法性の差が考慮されている。

[2] 被害者の同意と特別公務員暴行陵虐罪

留置場の看守が被拘禁者の女性と同意の上で性行為をした場合は、それは特別公務員暴行陵虐罪（195条2項）にあたるのか。被拘禁者と同意の上での性行為であるから、陵辱・加虐の要件を欠くとして、本罪にはあたらないとする見方もあろう。しかし、留置場の看守と被拘禁者という関係に

おいて、同意が双方ともに真摯になされたものかは疑わしい。また、仮に双方とも真摯に同意していたとしても、一般国民の視点からすると、看守者が被拘禁者と性行為を行うことを是認することは職務の適正さを失わせる。本罪にあたるとする見解が妥当である（東京高判平成15・1・29判時1835-157）。

8 賄賂の罪

A 公的領域と民間領域との間で起きる犯罪

　資本主義社会および自由経済の社会においては、私人は利潤の追求のため、あらゆる人と契約を結ぶことが許され、双方にとって利益となるビジネスを展開する。しかしながら、自由経済の構図が当てはまらない領域が存在する。たとえば、自衛隊や警察の活動を全面的に民営化することは可能か。それは不可能である。なぜなら、これらの活動は利潤をもたらさないからである。ただし、領土や領空、領海の安全が維持されなければ、社会生活全般が脅かされるであろうし、犯罪者の検挙と科刑が行われなければ、社会の安全も保てない。こうした公的役割を担うのが、国であり地方公共団体である。

　収賄罪や贈賄罪は、民間領域と公的領域との間で起きる犯罪である。両者は別領域とはいえ、相互に密接に関係し合っている。行政機関はさまざまな許認可権を掌握している。公共事業等の入札においても、公と民は関わりをもつ。行政機関も民としての性格も有しているため、民間企業と対等な関係で契約を提携する場面もある。こうした場面において、公が、民から提供された賄賂を受け取り、自らの職務を「売る」行為が発生するのである。

B 保護法益

　後述するように、公務員はいかなる職務であろうとも、金銭を受け取るべきでない、とするのが裁判例の構えである。そこで、贈収賄罪の保護法

益は何かが問われる。

まず、公務は一切買収されるべきではないとの見解がある（不可買収性説）。公務は、賄賂とは無関係でなければならず、公的観点からなされるべきことを保護法益とする。これに対し、公務が正しく行われることを保護法益とする見解がある（純粋説）。この見解に拠れば、金銭などを収受したとしても、公務員がそれに影響されずに職務を正しく執行したならば、処罰するべきではない、ということになる。

現行刑法における贈収賄罪は、この2つの観点を考慮に入れている。すなわち、一方で、職務の正・不正に関わらず公務員が職務に関し賄賂を受領することを禁止（単純収賄罪〔197条1項前段〕、受託収賄罪〔197条1項後段〕）し、他方で、不正な職務（たとえば、加重収賄罪〔197条の3第1項・第2項〕）を、犯罪の成立に必要な要件としたり、法定刑が加重されたりする要素としている。

このことから、不可買収性説と純粋性説の性格を取り込む観点から収賄罪の保護法益を論じる必要が生じる。そこで、公務員の職務に対する国民の信頼を保護法益とするべきである（信頼保護説）。国民の目から見て、公務員の職務の公正さに疑問が感じられる行為を禁止するのが贈収賄罪の存在理由といえよう。

ただし、贈収賄罪の処罰範囲が拡散しているとの疑問も示されている（特に純粋性説からの批判）。これに応えるためには、賄賂と社交儀礼との区別を明確にすることや、賄賂を受け取ってはならない職務の範囲をより類型化するなど、職務行為を明確化する必要があろう。

C 収賄罪総論

収賄罪の規定は一見複雑に見える。しかし、いくつかのキーワードが組み合わさって各収賄罪が成り立っていることに注意すれば、容易に理解できる。

[1] 公務員

収賄罪の主体は公務員であり、真正身分犯である。公務員の概念については、**本章1節B**を参照のこと。

[2] 賄賂と「職務に関し」
(1) 賄賂

賄賂とは、公務員の職務と対価性のあるものをいう。金銭や品物、値上がり確実の未公開株（最決昭和 63・7・18 刑集 42・6・861）、情交の提供（最判昭和 36・1・13 刑集 15-1-113）など、さまざまなものが賄賂の手段として用いられる。

賄賂は公務員の職務に関係して提供される。このため、収賄罪で処罰される職務の範囲が問題となる。裁判例によれば、およそ公務員の職務権限と無関係であり私人の行為といえない限り、賄賂と関係する職務権限を広く認め、必ずしも、賄賂が現に公務員が担当している具体的職務に向けられる必要はないとしている（最決昭和 33・9・30 刑集 12-13-3180、最判昭和 37・5・29 刑集 16-5-528）。公務員の一般的職務権限と関係するか、あるいは、その職務権限に密接に関係したもの（職務密接関連行為）といえる限り（最決昭和 31・7・12 刑集 10-7-1058）、収賄罪の成立を認めている。

なお、賄賂と政治献金とは、区別されなければならない。賄賂は公務員の職務権限と相当対価の関係に立つものであるのに対し、政治献金とは政治家の活動全般を支援するためになされるものである。政治資金を規制する法律として政治資金規正法があるが、国民が政治家へ献金すること自体は議会制民主主義の重要性に鑑み是認されている（同法1条など）。したがって、たとえば国会議員が受け取った金銭を政治献金であると認識した場合、政治資金規正法違反にあたる可能性はあるが、単純収賄罪での立件は難しくなる。そこで、受託収賄罪の成否が重要となるが、請託の有無を立証することの難しさも指摘されている。

(2) 公務員の職務権限

職務権限の存否を判断する基準として、まず法令が挙げられる。国の行政機関が国家公務員の採用に関し、民間企業の就職協定の趣旨に沿った対応をするように請託され賄賂を収受した内閣官房長官の行為につき、内閣法 13 条 3 項・12 条 2 項により、内閣官房長官の職務権限に属するとされている（最決平成 11・10・20 刑集 53-7-641 や後述の警察官の収賄事件〔最決平成 17・3・11 刑集 59-2-1〕）。

ただし、裁判例によれば、職務権限の有無を決める基準は法令に尽きな

い。制度の趣旨や慣例に基づき、公務員の職務を背景になされたといえれば職務権限が認められる。たとえば、内閣総理大臣が運輸大臣に対し航空会社の機種選定につき特定の機種を採用するよう説得勧奨する行為につき、閣議決定がない場合であっても、内閣の明示の意思に反しない限り、行政各部に対し指示する権限が内閣総理大臣にはあり、その権限に基づいて当該行為がなされたとした（ロッキード事件、丸紅ルート判決：最大判平成7・2・22刑集49-2-1）。また、当時、衆議院運輸委員会委員に所属していた衆議院議員が請託を受け、ハイヤーやタクシー会社の有利になるよう法案の廃止や修正を、衆議院大蔵委員会委員に属する議員に対し説得勧誘した事案（最決昭和63・4・11刑集42-4-419）、ある大学の設置を国策として推進するよう所属会派を代表して代表質問をした参議院議員の行為（KSD事件：最決平成20・3・27刑集62-3-250）の例がある。

　職務密接関連行為にあたるとされた事案には、次のようなものがある。農地をそれ以外に転用する手続において農業委員会が慣習上関与する行為（最判昭和41・2・17刑集20-2-13）、バイオリンの指導を専門とする国立大学音楽学部教授がバイオリンの購入について特定の業者のバイオリンを購入するよう学生にあっせんおよび助言する行為（東京地判昭和60・4・8判時1171-16）、市議会議長を選出するに際し、議席を多数占める会派において、議員を拘束する趣旨で同議長候補者を選出する行為（最決昭和60・6・11刑集39-5-219）、歯科大学を設置する認可を申請していた関係者に対し、教員予定者の適否を事前に判定し審査の中間結果を知らせた大学設置審議の委員による行為（最決昭和59・5・30刑集38-7-2682）、公立医科大学の救急医学教室教授であり同大附属病院救急科部長である者が、自己が主宰する医局に属する医師を関連病院へ派遣する行為（最決平成18・1・23刑集60-1-67）、指揮監督権限はないものの予算計画を作成する事務を統括する事実上の権限を背景に港湾工事につき業者に便宜を図る北海道開発庁長官（当時）の行為（最決平成22・9・7刑集64-6-865）、などがある。

　一方、職務密接関連性が否定された事案として次のような事案がある。①農林大臣が、融資の申請の際に必要な副申書を作成する権限のある食糧事務所長に融資を希望する者を紹介する旨の名刺を融資希望者に手渡す行為、および同金庫融資部長にその者を紹介する行為（最判昭和32・3・28刑集

11-3-1136)、②電報電話局施設課線路係長である電気通信技官が電話売買の斡旋をする行為（最判昭和 34・5・26 刑集 13-5-817）、③工業用地の取得を申し込んだが希望に添う土地がなかった者を、工場誘致担当の県および市の職員が、かねてから土地の売却を依頼されていた者に紹介する行為（最判昭和 51・2・19 刑集 30-1-47）、などがある。これらの場合、職務権限がそもそも存在せず（①②）、書類の性質上職務とは無関係であり（①）、準職務行為や事実上所管する行為とはいえない（③）、とされた。

　一見、職務権限が異なる場合であっても、裁判例は職務権限の存在を肯定する。①警視庁 A 警察署地域課に勤務する警察官には、警視庁 B 警察署刑事課の捜査との関係で、関係法令上、職務権限があるとした（最決平成 17・3・11 刑集 59-2-1）。②兵庫県職員である宅建係長の職務と、出向先の公社の職務についても、兵庫県職員としての身分は変わらないとした（最決昭和 58・3・25 刑集 37-2-170）。市長選で当選した際に、具体的職務の執行が予定されていた市庁舎の建設などに便宜を図るため、前市長時代に賄賂を受け取った事案につき、賄賂は前市長の一般的職務権限に対するものであるとした（最決昭和 61・6・27 刑集 40-4-369）。②においては、前職において便宜を受けたことへの対価を現職で受け取ったことから、事後収賄罪の成否が問題となるともみうるし、③においては、当選後に便宜を与える約束が、事前収賄罪の成否の問題となるとも解しうる。しかし、裁判所はいずれにおいても受託収賄罪を肯定した。

　なお、職務権限や職務密接関連行為をも超えて、贈賄者のために公務員が、公務員としての影響力を背景に、他の公務員へ働きかける行為は、あっせん収賄罪として処罰対象とされていることにも注意しなければならない（197 条の 4）。また、平成 14（2002）年 8 月に施行された「公職にある者等のあっせん行為による利得等の処罰に関する法律」により、国会議員や地方議会議員などの公職に就く者が請託を受けて他の公務員に影響力を行使する行為が禁止されたため、あっせん行為の処罰範囲は不正な職務行使でない行為にまで、事実上拡張されるに至っている。

(3) 社交儀礼と賄賂との区別

　このように、裁判所は現職公務員の職務権限を広く認める傾向にある。およそ私人の行為とはいえない限り、職務権限を肯定し、それとの対価を

賄賂としている。裏面からいえば、職務権限との関係が一切ない行為であり、かつ、社交儀礼の範囲内に収まる金銭などの贈与および収受などは、賄賂とはいえない、としている。

裁判例が賄賂性を否定した事案として、以下のようなものがある。電気通信省施設局に勤務の課長等に対して業者が銭別として 5,000 円から 4 万円の金銭や扇風機を贈与する行為（東京地判昭和 32・4・8 判時 117-20）や、公務員である中学校教員が、授業の補習への御礼として、その生徒の保護者から贈答用小切手を受け取ったことについて、補習指導は教員としての公的職務を離れ、教員の熱心な私的な教育指導であり、贈答用小切手も社交儀礼の範囲内であり賄賂とはいえないとした事案（最判昭和 50・4・24 裁判集刑事 196-175）がある。

[3] 請託（図11-2 参照）

請託とは、公務員に対し、一定の職務行為を将来において行うよう依頼することをいう（最判昭和 30・3・17 刑集 9-3-477）。その職務の内容は詳細に特定される必要はないが、ある程度具体性を有する必要がある（東京高判昭和 28・7・20 刑集 9-13-2693）。言葉で明示しなくても、黙示的に行うことも可能である。公務員が積極的に職務行為をなすことを相手側に働きかけても、請託は存在する。

請託は、犯罪を構成する要素として、あるいは、法定刑を加重する要素とされている。前者については、事前収賄罪（197 条 2 項）や第三者供賄罪（197 条の 2）、事後収賄罪（197 条の 3 第 3 項）、あっせん収賄罪（197 条の 4）があり、請託がないと構成要件を充足せず、これらの罪は不可罰となる。後者については、単純収賄罪（197 条 1 項前段）との関係で法定刑 2 年分加重する要素となっている（受託収賄罪、197 条 1 項後段）。

[4] 職務の不正な行使（図11-2 参照）

職務上、不正な行為をし、あるいは、相当な行為をなさないことをいう。法を枉（ま）げるという意味で、枉法（おうほう）ともいう。不正とは、法的に不正行為はさることながら、行為時においてその職務権限を担う一般的公務員がとるべき行為をなしたか否かを基準にしていくべきであろう。公務員は職務権

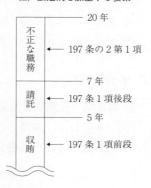

図 11-2 「請託」と「不正な職務」の役割

限を行使する限り、それらはすべて適法になされていると考えてはならない。たとえば、警察官が証拠品を押収しないこと、警察署長が被疑者を検察へ送検しないこと、などである。

この要素も、犯罪を構成する要素として、あるいは、法定刑を加重する要素として用いられている。前者に属するものとして、事後収賄罪、あっせん収賄罪がある。後者に属するものとして、単純収賄罪、受託収賄罪、第三者供賄罪がある。197条の3第2項は単純収賄罪の1つとして後者に属する。なお、法定刑は上限の20年まで一気に加重される点に注意しなければならない。

D 収賄罪の諸類型
[1] 単純収賄罪、受託収賄罪

> 197条1項　公務員が、その職務に関し、賄賂を収受し、又はその要求若しくは約束をしたときは、5年以下の懲役に処する。この場合において、請託を受けたときは、7年以下の懲役に処する。

収受とは、賄賂を受け取る行為である。公務員の身分がない者も、共同正犯や共犯として本罪に関与することが可能である。賄賂を収受するだけでなく、その事前行為である、要求や約束までが処罰対象となっている。

賄賂の収受や要求、約束に際し、請託があった場合は、単純収賄罪の法定刑が2年分加重される（受託収賄罪、1項後段）。請託によって、職務が賄賂の影響をより強く受けるおそれがあるからである。

[2] 事前収賄罪

> 197条2項　公務員になろうとする者が、その担当すべき職務に関し、請託を受けて、賄賂を収受し、又はその要求若しくは約束をしたときは、公務員となった場合において、5年以下の懲役に処する。

裁判例によれば、前市長時代に、市長選挙当選後に便宜を与えることを約束し賄賂を収受した者が、同選挙に当選した事案において、事前収賄罪ではなく受託収賄罪を認めている（最決昭和61・6・27刑集40-4-369）。このことから、公務員になろうとする者とは、未だ公務員でない者を前提にしていると解される。国会や地方議会の議員になろうとする者に限定されず、これから公務員試験を受験しようとしている者も含まれる。

将来公務員になれるか否かは将来の事実に属することを理由に、「公務員となった場合」の要件は客観的処罰条件、すなわち犯罪の成否とは無関係の要件とする見解もある。この見解によれば、事前に賄賂の収受などをしただけで本罪は成立しているが、公務員になれなかった場合は、処罰する必要はない、とする。これに対し、本罪は類型的に違法な行為であるとして、この要件を構成要件と捉える見解もある。

[3] 第三者供賄罪

> 197条の2　公務員が、その職務に関し、請託を受けて、第三者に賄賂を供与させ、又はその供与の要求若しくは約束をしたときは、5年以下の懲役に処する。

本罪は、職務を賄賂によって「売る」行為だけでなく、その賄賂を第三者の利益を図るために供与する行為をも禁止している。本罪は、本人が自ら賄賂を収受などしないことにより、事件を隠蔽しようとする脱法的な手口を防止する。

なお、公務員が親族を通じて賄賂を収受などする行為は、本罪ではなく受託収賄罪にあたる。

[4] 加重収賄罪（枉法収賄罪）

> 197条の3第1項　公務員が前2条の罪を犯し、よって不正な行為をし、又は相当の行為をしなかったときは、1年以上の有期懲役に処する。
> 2項　公務員が、その職務上不正な行為をしたこと又は相当の行為をしなかったことに関し、賄賂を収受し、若しくはその要求若しくは約束をし、又は第三者にこれを供与させ、若しくはその供与の要求若しくは約束をしたときも、前項と同様とする。

第1項にいう「前2条の罪」とは、単純収賄罪、受託収賄罪、事前収賄罪、第三者供賄罪を指す。単純収賄罪のように請託がない場合でも、公務員が不正に職務権限を行使した場合は、加重収賄罪に問われる。

第2項は、単純収賄罪や第三者供賄罪の行為類型において、不正な職務行使が先行する場合を想定した規定である。第三者供賄罪においては請託が構成要件の1つとなっているが、不正な職務行使がなされる第三者供賄行為の場合は、請託は不要とされている。

不正な職務が行使されると、各収賄罪の法定刑の上限が懲役20年まで加重される点に注意するべきである。

[5] 事後収賄罪

> 197条の3第3項　公務員であった者が、その在職中に請託を受けて職務上不正な行為をしたこと又は相当の行為をしなかったことに関し、賄賂を収受し、又はその要求若しくは約束をしたときは、5年以下の懲役に処する。

「公務員であった者」とは、現役公務員の前職のことではなく、公務員の職を退職した者をいう。在職中に、請託を受け、さらに、職務を不正に行使することが要求されている。

退職後、在職中に職務を不正に行使し便宜を図った相手方の非常勤顧問

に就き、相手方から報酬をもらった行為は本罪にあたるとする裁判例がある（最決平成21・3・16刑集63-3-81）。

[6] あっせん収賄罪

> 197条の4　公務員が請託を受け、他の公務員に職務上不正な行為をさせるように、又は相当の行為をさせないようにあっせんをすること又はしたことの報酬として、賄賂を収受し、又はその要求若しくは約束をしたときは、5年以下の懲役に処する。

　本罪以外の収賄罪は「職務権限と賄賂」との関係が要求されていたが、本罪は「職務に関し」の要件が外されている。公務員が公務員としての影響力を用いて、職務権限外の他の公務員へ、あっせんすることや口利きすることなどを禁止する。さらに、請託や職務の不正な行使が要件とされていることにも注意しなければならない。判例としては、公務員が公正取引委員会委員長に対し、同委員会が法令違反により調査中の事件について、これを刑事告発しないよう働きかける行為は、相手に「相当な行為をさせないようにあっせん」することにあたるとするものがある（最決平成15・1・14刑集57-1-1）。

　なお、「公職にある者等のあっせん行為による利得等の処罰に関する法律」（あっせん利得処罰法）が平成13（2001）年3月から施行されたことにより、公務員のあっせん行為に対する処罰の範囲は実質的に拡張していることに注意する必要がある。あっせん利得処罰法1条は、衆議院議員や参議院議員、地方公共団体の議会の議員もしくは長が、国もしくは地方公共団体が締結する売買、賃借、請負その他の契約、または、特定の者に対する行政庁の処分に関し、請託を受け、その権限に基づく影響力を行使して、他の公務員に職務の作為あるいは不作為をあっせんした報酬として、財産上の利益を収受することを禁止している。主体と禁止行為には限定が加えられているものの、あっせんした職務が不正であることは要件とされていない。

E　贈賄罪

> 198条　第197条から第197条の4までに規定する賄賂を供与し、又はその申込み若しくは約束をした者は、3年以下の懲役又は250万円以下の罰金に処する。

　賄賂の供与行為、申し込み行為、約束行為を、独立した構成要件として本罪に規定している。供与罪、約束罪については、贈賄者と収賄者の共同行為を必要とする（必要的共犯）。これに対し、申込み罪は行為それ自体が処罰される。公務員が、賄賂の認識を欠く場合、また、その受け取りを拒否した場合であっても、申込み罪は成立する。贈収賄罪の保護法益は公務に対する社会の信頼にあるとするとき、贈賄側の行為も十分この信頼を動揺させている。

　なお、本罪は、贈賄行為を収賄罪の共犯ではなく正犯として、独立の犯罪としている。したがって、贈賄罪の行為者を、収賄罪の共犯（共同正犯や教唆犯、幇助犯）として重ねて処罰することはできない。

F　没収・追徴

> 197条の5　犯人又は情を知った第三者が収受した賄賂は、没収する。その全部又は一部を没収することができないときは、その価額を追徴する。

　本条の規定は、賄賂によって得た利益を剥奪するための規定である（最決平成16・11・8刑集58-8-905）。犯人は収賄や贈賄の正犯や共犯であり、第三者とは第三者供賄罪の主体を指す。

　本条における没収および追徴は必要的なものである。

　なお、相手方から賄賂として金銭の貸与を受けた場合は、その金銭を収受したものではないため本条は適用できない。しかし、それによって得た金融の利益は、犯罪によって得たものとして、刑法19条1項・3項、同19条の2を適用して、追徴できる（最決昭和33・2・27刑集12-2-342、最決昭和36・6・22刑集15-6-1004）。

知識を確認しよう

問題
(1) 公務執行妨害罪における職務（執行）の適法性とその判断基準、および、適法性の錯誤について、具体例を挙げて、論じなさい。
(2) 判例によると、犯人隠避罪の射程範囲は「隠避」という文言の文理よりも広めに捉えられている。それはなぜか説明しなさい。
(3) あっせん収賄罪とそのほかの収賄罪との違いについて説明しなさい。

解答への手がかり
(1) 職務（執行）の適法性はなぜ要求されるのか、適法か否かは、誰の立場で、どの時点を標準として判断するのが妥当か、行為者が適法性につき錯誤に陥って暴行・脅迫を加えた場合、どのような場合に故意を阻却するのかなどについて、具体例に即して論述することが必要である。
(2) 犯人隠避罪の保護法益それ自体については、争いはない。しかし、その法益をどう保護するべきかをめぐって、抽象的危険犯とするべきか、より具体的危険犯寄りに解するべきか、で立場が分かれる。それぞれの見解の背後にある、法益保護のあり方をめぐる対立まで捉えたい。
(3) あっせん収賄罪とそのほかの収賄罪との違いでもっとも際立つのは、「職務に関し」という文言の有無である。まず「職務に関し」の意義について考えたい。その上で、この要件のない「あっせん行為」とは何かを考えたい。

参考文献

第 1 章
阿部純二・板倉宏ほか編『刑法基本講座』第 6 巻（法学書院、1993）
板倉宏監修・著、沼野輝彦＝設楽裕文編『現代の判例と刑法理論の展開』（八千代出版、2014）
大塚仁ほか編『大コンメンタール刑法〔第 2 版〕』第 10 巻（青林書院、2006）
大塚仁ほか編『大コンメンタール刑法〔第 3 版〕』第 11 巻（青林書院、2014）
設楽裕文編『法学刑法 4 演習（各論）』（信山社、2010）
設楽裕文編『法学刑法 5 判例インデックス 1000〈コンメンタール〉』（信山社、2012）
野村稔『刑法研究〔下巻〕』（成文堂、2016）
船山泰範・清水洋雄・中村雄一編『刑法演習 50 選』（北樹出版、2012）
船山泰範・清水洋雄編『刑法判例ベーシック 150』（法学書院、2016）

第 2 章
大塚仁ほか編『大コンメンタール刑法〔第 3 版〕』第 9 巻（青林書院、2013）
大塚仁ほか編『大コンメンタール刑法〔第 3 版〕』第 11 巻（青林書院、2014）
設楽裕文編『法学刑法 2 各論』（信山社、2010）
設楽裕文編『法学刑法 4 演習（各論）』（信山社、2010）
設楽裕文編『法学刑法 5 判例インデックス 1000〈コンメンタール〉』（信山社、2012）

第 3 章
船山泰範『刑法の礎・各論』（法律文化社、2016）
船山泰範『新刑法各論（ホーンブック）〔改訂 2 版〕』（北樹出版、2013）
船山泰範『事例で学ぶ刑法各論』（成文堂、2008）
齊藤信宰『新版・刑法講義（各論）』（成文堂、2007）
設楽裕文編『法学刑法 4 演習（各論）』（信山社、2010）
設楽裕文編『法学刑法 5 判例インデックス 1000〈コンメンタール〉』（信山社、2012）

第 4 章
井窪保彦ほか編『書式　告訴・告発の実務―企業活動をめぐる犯罪の理論と書式〔第 4 版〕』（民事法研究会、2010）
静岡県弁護士会編『新版　情報化時代の名誉毀損・プライバシー侵害をめぐる法律と実務〔第 3 版〕』（ぎょうせい、2013）
設楽裕文編『法学刑法 4 演習（各論）』（信山社、2010）
設楽裕文編『法学刑法 5 判例インデックス 1000〈コンメンタール〉』（信山社、2012）
末永秀夫ほか編『犯罪事実記載の実務　刑法犯〔6 訂版〕』（実務法規、2014）

但木敬一ほか編『実務刑法〔三訂版〕』（立花書房、2002）
西口元ほか『名誉毀損の慰謝料算定　名誉・信用・プライバシー・肖像・パブリシティ侵害の慰謝料算定実務』（学陽書房、2015）
船山泰範『事例で学ぶ刑法各論』（成文堂、2008）
前田雅英『刑法各論講義〔第6版〕』（東京大学出版、2015）
升田純『名誉毀損の百態と法的責任　判例分析からみる法理と実務』（民事法研究会、2014）

第5章

井田良『講義刑法学・各論』（有斐閣、2016）
大谷實『刑法講義各論〔新版第4版補訂版〕』（成文堂、2015）
大塚仁ほか編『大コンメンタール刑法〔第2版〕』第12巻（青林書院、2003）
団藤重光編『注釈刑法（5）各則（3）』（有斐閣、1965）
前田雅英『刑法各論講義〔第6版〕』（東京大学出版会、2015）
山口厚『刑法各論〔第2版〕』（有斐閣、2010）

第6章

板倉宏監修・著、沼野輝彦＝設楽裕文編『現代の判例と刑法理論の展開』（八千代出版、2014）
上嶌一高『背任罪理解の再構成』（成文堂、1997）
木村光江『財産犯論の研究』（日本評論社、1988）
木村光江『詐欺罪の研究』（東京都立大学出版会、2000）
設楽裕文編『法学刑法4 演習（各論）』（信山社、2010）
設楽裕文編『法学刑法5 判例インデックス1000〈コンメンタール〉』（信山社、2012）
大塚仁ほか編『大コンメンタール刑法〔第2版〕』第12巻（青林書院、2003）
大塚仁ほか編『大コンメンタール刑法〔第2版〕』第13巻（青林書院、2000）
佐伯仁志＝道垣内弘人『刑法と民法の対話』（有斐閣、2001）
林幹人『財産犯の保護法益』（東京大学出版会、1984）

第7章

阿部純二ほか編『刑法基本講座』第6巻（法学書院、1993）
高橋敏雄＝福田平『総合判例研究叢書　刑法（24）』（有斐閣、1964）
団藤重光編『注釈刑法（3）各則（1）』（有斐閣、1965）
藤木英雄＝大野平吉『総合判例研究叢書　刑法（18）』（有斐閣、1963）
振津隆行『抽象的危険犯の研究』（成文堂、2007）
星周一郎『放火罪の理論』（東京大学出版会、2004）
山口厚『危険犯の研究』（東京大学出版会、1982）

第 8 章
阿部純二ほか編『刑法基本講座』第 6 巻（215 頁以下、法学書院、1993）
大塚仁ほか編『大コンメンタール刑法〔第 3 版〕』第 8 巻（青林書院、2014）
川端博『文書偽造罪の理論〔新版〕』（立花書房、1999）
設楽裕文編『法学刑法 4 演習（各論）』（信山社、2010）
設楽裕文編『法学刑法 5 判例インデックス 1000〈コンメンタール〉』（信山社、2012）
中山研一ほか編『現代刑法講座』第 4 巻（109 頁以下、成文堂、1982）
西原春夫ほか編『判例刑法研究 7』（267 頁以下、有斐閣、1983）
安平政吉『文書偽造罪の研究』（立花書房、1950）
安平政吉「文書偽造の概念」『総合判例研究叢書・刑法（12）』（有斐閣、1959）

第 9 章
山口厚『刑法各論〔第 2 版〕』（有斐閣、2010）
西田典之『刑法総論〔第 2 版〕』（弘文堂、2010）33 頁-38 頁（刑法と社会倫理の項目）
西田典之『刑法各論〔第 6 版〕』（弘文堂、2012）
杉山徳明＝吉田雅之「『情報処理の高度化等に対処するための刑法等の一部を改正する法律』について（上）」『法曹時報』64 巻 4 号、1 頁・91 頁-98 頁（刑法 175 条の平成 23 年改正に係る解説）
団藤重光編『注釈刑法（4）各則（2）』（有斐閣、1965）
大塚仁ほか編『大コンメンタール刑法〔第 3 版〕』第 9 巻（青林書院、2013）
川端博『風俗犯論』（成文堂、2009）

第 10 章
板倉宏『刑法各論』（勁草書房、2004）
大塚仁ほか編『大コンメンタール刑法〔第 3 版〕』第 6 巻（青林書院、2015）
設楽裕文編『法学刑法 2 各論』（信山社、2010）
設楽裕文編『法学刑法 5 判例インデックス 1000〈コンメンタール〉』（信山社、2012）
団藤重光『刑法綱要各論〔第 3 版〕』（創文社、1990）
船山泰範『刑法（基本法学叢書）』（弘文堂、1999）
船山泰範『プロになるための基本法シリーズ　マスター刑法』（立花書房、2010）
船山泰範『刑法の礎（各論）』（法律文化社、2016）

第 11 章
設楽裕文編『法学刑法 2 各論』（信山社、2010）
設楽裕文編『法学刑法 4 演習（各論)』（信山社、2010）
設楽裕文編『法学刑法 5 判例インデックス 1000〈コンメンタール〉』（信山社、2012）
板倉宏監修・著、沼野輝彦＝設楽裕文編『現代の判例と刑法理論の展開』（八千代出版、2014）
大塚仁ほか編『大コンメンタール刑法〔第 2 版〕』第 6 巻（青林書院、1999）

大塚仁ほか編『大コンメンタール刑法〔第2版〕』第10巻（青林書院、2006）
大塚仁ほか編『大コンメンタール刑法〔第3版〕』第6巻（青林書院、2015）
芝原邦爾ほか編『刑法理論の現代的展開―各論』（日本評論社、1996）

事項索引

あ行

悪徳の栄え事件判決……206
新しい違法状態維持説……134
あっせん行為……………138
あっせん収賄罪…………268
穴埋め横領………………125
あへん煙…………………162
暗証番号……………………82
安否を憂慮する者…………43
安楽死………………………21
遺棄……………………33, 216
遺棄罪………………………33
遺棄等致死傷罪……………34
意識的処分行為説………106
遺失物等横領罪…………126
委託関係…………………119
委託物横領罪……………119
移置…………………………33
一時使用…………………124
一時の娯楽に供する物……211
一時猶予…………………106
一部露出説…………………18
一身的刑罰阻却事由………91
移動………………………144
居直り強盗…………………94
畏怖…………………93, 114
威力…………………71, 239
印鑑証明書………………101
印章………………………197
飲食の費用への充当……211
隠匿…………………145, 238
隠避………………………246
陰謀………………………224
迂回融資…………………130
産声説（独立呼吸説）……18
運搬………………………137
営利目的等略取・誘拐罪…43

越権行為説………………123
延焼可能性………………155
往来の妨害………………159
横領後の横領……………125
横領罪……………………120
横領罪と背任罪の区別…131
横領と詐欺………………125
置去り………………………33
汚損………………………226

か行

拐帯………………………123
解放による刑の減軽………44
加工………………………136
可視性・可読性…………176
過失運転致死傷アルコール等
　影響発覚免脱罪…………37
過失運転致死傷罪…………37
過失傷害罪…………………28
過失傷害致死………………29
過失致死罪…………………29
貸し渡し…………………195
加重収賄罪………………267
加重逃走罪………………242
加重封印等破棄等罪……240
肩書・資格の冒用………185
可読性……………………176
可能的自由説………………40
貨幣………………………170
釜焚き……………………109
簡易生命保険証書………101
監禁…………………………40
鑑札………………………183
看守者等逃走援助罪……244
間接暴行………………5, 26, 233
間接領得罪………………146
艦船……………………53, 143, 160

管理可能性説………………81
外患援助罪………………225
外患誘致罪………………224
外患誘致等予備・陰謀罪・225
外国………………………225
外国国章損壊罪…………226
外傷後ストレス障害（PTSD）
　…………………………23
外部的名誉…………………58
器械または原料の準備…196
毀棄………………………141
毀棄・隠匿の意思……87, 124
毀棄罪………………………78
危険運転致死傷罪……35, 36
危険犯……………………128
記号………………………197
汽車………………………160
キセル乗車………………108
毀損…………………………69
期待可能性…………139, 174
機能的一体性……………155
器物損壊罪………………143
吸収関係…………………172
吸食………………………163
境界損壊罪………………144
境界標……………………144
恐喝罪……………………114
凶器…………………………27
凶器準備結集罪……………28
凶器準備集合および結集罪
　……………………………27
凶器準備集合罪……………27
狭義の遺棄…………………33
狭義の暴行…………………26
共産党幹部盗聴事件……256
強制執行……………110, 237
強制執行関係売却妨害罪
　…………………………239

強制執行行為妨害等罪 …… 238	具体的危険犯（具体的公共危険犯） ……… 154, 156, 157	行使の目的 ……………… 169
強制執行妨害目的財産損壊罪 ………………………… 236	経営上の権益 ……………… 82	公正証書の原本 ………… 182
強制通用力 ……………… 170	経済的見地 ………… 128, 130	公正な価格 ……………… 241
強制わいせつ罪 …………… 46	経済的財産説 …………… 146	公然 ……………… 207, 214
強制わいせつ等致死傷罪 … 48	経済的用法 ……………… 87	公然性 …………………… 64
共同加功目的 …………… 27	形式的個別財産説	公然陳列 ………………… 209
共同占有 ………………… 86	………… 103, 107, 114, 116	公図画 …………………… 179
脅迫 ………………… 41, 234	刑の不均衡 …………… 97, 98	高度の認識 ……………… 130
脅迫罪 …………………… 41	刑法上の占有 …………… 83	交付 ………………… 172, 192
共犯従属性説 …………… 20	刑法の独自性 …………… 77	交付行為 …………… 105, 114
共罰的事後行為 ………… 127	刑法の独立性 …………… 77	交付罪 ………… 78, 99, 113
強要罪 …………………… 41	KSD 事件 ……………… 262	交付の判断の基礎となる重要な事項 ……… 104, 133
虚偽陳述 ………………… 253	結果の加重犯	
虚偽の記入 ……………… 191	………… 41, 48, 143, 156	公文書 ……………… 175, 179
虚偽の情報 ………… 112, 131	結果の加重犯説 ………… 23	公文書の無形偽造行為 … 181
虚偽の情報もしくは不正な指令 …………………… 72	結果の二重評価 …… 97, 98	公務員 ……………… 179, 230
	検案書 …………………… 186	公務員職権濫用罪 ……… 255
虚偽の風説 ……………… 68	権限濫用説 ………… 127, 131	公務執行妨害罪 ………… 231
虚偽文書作成 ……… 175, 178	建造物 ……………… 53, 143	公務所 ………… 141, 179, 230
局外中立に関する命令 … 227	建造物等損壊罪 ………… 142	効用 …………………… 139
挙動による欺罔 ………… 104	建造物等損壊致死傷罪 … 143	公用文書等毀棄罪 ……… 141
金 15 銭に相当する天丼 ………………………… 211	謙抑主義 …………………… 5	国章 …………………… 226
	権利、義務に関する電磁的記録 ……………… 189	国璽 …………………… 178
禁制品 ……………… 81, 134		国民健康保険被保険者証 ………………………… 101
金銭執行 ………………… 238	権利、義務に関する文書 ………………………… 184	
金銭の一時使用 ………… 122		国家的法益に向けられた行為 ………………………… 100
偽計 ………………… 69, 70, 239	権利行使 ………………… 116	
偽証罪 …………………… 251	権力的公務 ……………… 232	殊更に無視し ……………… 36
偽造 ……………… 170, 175	牽連犯 ………………… 172	個別財産に対する罪 ……… 77
偽名の使用 ……………… 185	迎撃目的 ………………… 27	昏睡強盗罪 ……………… 95
欺罔行為 ………………… 104	玄関ドア ………………… 143	混入 …………………… 164
業務 …………… 29, 70, 126	現実的自由説 …………… 40	合意による同死 ………… 20
業務上横領罪 …………… 125	現場助勢罪 ……………… 24	強姦罪 …………………… 47
業務上過失致死傷罪 …… 29	故意犯説 ………………… 23	強取 …………………… 92
業務上堕胎および同致死傷罪 ………………………… 31	公印 …………………… 198	強請 …………………… 250
	勾引状 …………………… 242	強談 …………………… 250
業務と公務の関係 ……… 70	公共危険罪 ………… 151, 153	強盗強姦罪 ……………… 98
御璽 …………………… 178	公共の危険 ………… 154, 158	強盗強姦致死罪 ………… 98
御名 …………………… 178	抗拒不能 ………………… 47	強盗殺人罪 ……………… 96
銀行券 …………………… 170	広義の遺棄 ……………… 33	強盗罪 …………………… 91
熊本水俣病事件 …………… 18	広義の暴行 ……………… 26	強盗傷人罪 ……………… 96
倉荷証券 ………………… 121	公契約関係競売等妨害罪 ………………………… 240	強盗致死罪 ……………… 96
クレジットカードの不正利用 ………………………… 109		強盗致死傷罪 …………… 96
	行使 ……………… 171, 175, 183	強盗致傷罪 …………… 11, 96
		強盗の機会 ……………… 96

強盗予備罪……………………99
誤振込み…… 104, 108, 111, 121

さ行

最狭義の暴行………………26
最広義の暴行………………26
再生スキーム………………130
裁判員裁判…………………11
債務の履行免脱……………82
詐欺行為……………………104
詐欺罪………………………103
詐欺と恐喝の競合…………117
作為義務……………………104
錯誤・畏怖によらずに財物を
　交付した場合……………118
作成…………………………201
作成名義の認識可能性……177
差押えの表示………………235
殺人罪………………………19
殺人予備罪…………………20
三角詐欺……………… 107, 110
三徴候説（総合判断説）…19
罪刑法定主義………………2
財産概念……………………146
財産罪………………………76
財産取得型…………………115
財産上の損害…… 107, 128, 130
財産上の利益…………… 77, 81
財産上の利益の取得………93
財産的価値…………………80
財産的損害…………………107
財産的損害不要説…………107
財産的利益の移転の具体性、
　確実性……………………82
財産犯………………………76
財物…………………… 77, 80
資格制限……………………6
死者の占有…………………85
死者の名誉…………………60
私戦…………………………226
私戦予備・陰謀罪…………226
執行猶予……………………7
使途を限定して寄託された金
　銭…………………………122

支払命令……………………110
私文書………………………175
紙幣…………………………170
死亡証書……………………186
集金した金員………………120
周旋行為……………………138
集団強姦等罪………………48
集団犯（多衆犯）…… 152, 223
収得…………………………173
収得後知情行使罪…………10
収賄罪………………………260
酒気帯び運転等致死傷罪…36
縮小解釈……………………4
取得………………… 196, 202
傷害…………………………143
傷害罪………………………22
傷害致死罪…………………24
証拠隠滅罪…………………9
証拠隠滅等罪………… 244, 247
詔書…………………………175
証人等威迫罪………… 244, 250
証明文書……………………100
職務（執行）の適法性……232
職務強要罪…………………234
職務密接関連行為…………261
職務を執行するに当たり
　……………………………232
所在国外……………………44
所在国外移送目的略取・誘拐
　罪…………………………44
所持
　……80, 100, 114, 162, 195, 209
所持説………………………80
職権濫用の罪………………255
処分意思……………………106
処分行為……………… 93, 105, 114
署名…………………………197
使用窃盗……………………86
私用文書……………………142
私用文書等毀棄罪…………142
白地刑罰法規………………227
侵害犯………………… 42, 128
親告罪………………………141
信号無視運転致死傷罪……36
信書……………………… 55, 145

信書隠匿罪…………………145
信書を破棄する行為………145
心神耗弱……………………113
心神喪失……………………47
真実性の証明………………62
真実性の証明と錯誤………62
心中…………………………20
新宿ホームレス退去妨害事件
　……………………………70
真正不作為犯………………153
真正身分犯…………… 94, 128
親族関係に関する錯誤……91
親族間殺人…………………8
親族間の犯罪に関する特例
　……………………………90
親族相盗例…………………90
親族等の間の犯罪に関する特
　例…………………………139
身体完全性侵害説…………22
侵奪…………………………89
診断書………………………186
侵入…………………………53
深夜に共同墓地で墓碑を押し
　倒した事例………………214
信用…………………………68
自己の物……………………140
事後強盗罪…………………94
事後収賄罪…………………268
事後従犯的性格……………134
自殺…………………………20
自殺関与および同意殺人罪
　……………………………20
自殺関与罪…………………20
自殺の教唆…………………20
自殺の幇助…………………20
事実証明に関する電磁的記録
　……………………………189
事実証明に関する文書……184
事実的支配領域……………83
事実の公共性………………61
事前収賄罪…………………266
実行の用に供した…………201
実質的個別財産説…………107
自動車運転致死傷法の罪…35
事務処理の根拠……………129

重過失致死傷罪……………30
住居…………………………53
住居権説……………………52
重大な過失…………………30
受精卵………………………81
受託収賄罪………………266
準危険運転致死傷罪………36
準強制わいせつ罪…………47
準強姦罪……………………47
準詐欺罪…………………113
常習………………………212
浄水の水道………………165
譲渡担保…………………122
情報…………………………81
条理………………………111
除去…………………144,226
助勢…………………………24
人格の同一性の齟齬……185
人工妊娠中絶………………31
人身売買罪…………………44
陣痛説（分娩開始説）……18
水道………………………164
水路………………………159
ストリップショー………207
請求………………………226
制御困難運転致死傷罪……35
性質上の凶器………………28
正常な運転が困難な状態…35
正常な運転に支障が生じるお
　それがある状態…………36
正常な回復………………136
製造………………………162
生存に必要な保護をしない
　………………………………33
性的意図……………………46
正当な理由……………55,56
正当な理由なく……………53
成年後見人…………………91
生理的機能障害説…………22
窃取…………………………88
窃盗罪………………………88
窃盗の機会…………………94
窃盗犯人……………………94
窃盗犯人との委託関係…120
占有………………78,89,120

占有移転…………………105
占有移転罪…………………78
占有の意思…………………83
占有の事実…………………83
占有離脱物横領罪………126
全体財産に対する罪………78
全部露出説…………………18
総合判断説（三徴候説）…19
相続開始による財産の承継
　………………………………82
相当な対価……………78,107
騒乱罪……………………223
訴訟詐欺…………………110
その軍務に服し…………225
その他これに軍事上の利益を
　与えた……………………225
損壊………72,143,144,159,
　　　　215,226,236,238
尊厳死…………………………5
尊属殺人罪……………………6
蔵匿………………………246
贓物………………………134
贓物………………………134
贈賄罪……………………269

た行

逮捕…………………………40
逮捕・監禁罪………………40
逮捕等致死傷罪……………41
多衆犯（集団犯）……152,223
他人のためにその事務を処理
　する者……………………128
他人名義のクレジットカード
　……………………………108
単純横領罪………………120
単純収賄罪………………266
単純逃走罪………………242
担保権の実行としての競売
　……………………………237
第三者供賄罪……………267
第三者に領得させる場合
　……………………………124
代替物……………………136
代理・代表名義の冒用…185

堕胎…………………………31
堕胎罪………………………31
奪取………………………243
奪取罪………………………78
談合…………………239,241
談合罪……………………240
着服………………………123
チャタレー事件判決……206
中間説………………………80
抽象的危険犯（抽象的公共危
　険犯）……41,69,153,154,
　　　156,157,232,237,241
中立命令違反罪…………227
知慮浅薄…………………113
追求権……………………134
追求権説…………………134
通行禁止道路………………36
通行禁止道路進行致死傷罪
　………………………………36
通行妨害運転致死傷罪……35
通称名の使用……………185
通謀………………………225
釣銭詐欺…………………104
提供…………………196,201
適法性の錯誤……………233
適法性の判断基準………233
転質………………………123
電気…………………………81
電子計算機…………………71
電子計算機使用詐欺罪…112
電車………………………160
電磁的記録
　………71,141,142,182,188
電磁的記録その他の記録・201
電磁的記録に係る記録媒体
　……………………………208
電磁的記録不正作出罪…176
伝播可能性の理論…………59
盗取罪…………………78,79
統制法規…………………101
逃走援助罪………………243
盗品関与罪………………134
盗品等…………………134,135
盗品等運搬罪……………137
盗品等保管罪……………137

盗品等無償譲受け罪……137
盗品等有償処分あっせん罪
　………………………138
盗品等有償譲受け罪………138
盗品犯…………………135
盗品犯の間に親族関係のある
　場合……………………139
特別公務員暴行陵虐罪……258
特別背任罪………………127
土地の権利関係の明確性
　………………………139,144
賭博……………………211
富くじ…………………213
図利・加害目的…………129
取引上の信義誠実………100
同意殺人罪………………21
同意堕胎および同意死傷罪
　…………………………31
同一の機会………………25
同時傷害の特例…………25
独立呼吸説（産声説）……18
独立生存可能性説………18
独立燃焼説………………154
ドル・バイブレーター……108

な行

内部的名誉………………58
内乱罪……………………222
内乱等幇助罪……………224
内乱予備・陰謀罪………224
内乱予備・陰謀罪、内乱等幇
　助罪……………………223
逃げ得……………………37
2項犯罪……………77,81
二重譲渡…………123,133
二重抵当……127,129,132,133
二重の身分犯……………126
人間存在…………………6
認知件数…………………6
任務違背行為……………129
脳死説……………………19

は行

配給詐欺…………………101
背信説…………………127,129
背信的悪意者……………133
背任罪……………………128
背任罪の本質……………127
背任と詐欺………………131
白紙委任状………………121
橋………………………159
発掘……………………215
反抗を抑圧する程度の暴行・
　脅迫……………………92
犯罪の成立要件……………3
犯罪類型……………………2
反対給付…………………130
犯人蔵匿等罪……………244
頒布……………………208
パスポート………………101
被拘禁者奪取罪…………243
費消……………………123
必要的共犯……152,153,223
PTSD（外傷後ストレス障害）
　…………………………23
人の飲料に供する浄水……164
人の看取する邸宅…………53
人の始期……………………18
人の終期……………………19
人の承諾を得て殺す………21
人の嘱託を受けて殺す……21
人の事務処理……………188
非本来的公共危険罪……157
秘密………………………56
秘密を漏らす……………56
被略取者等所在国外移送罪
　…………………………45
被略取者引渡等罪…………45
病気運転致死傷罪…………36
ビラの貼付………………143
封印……………………235
封印・差押えの表示の適法性
　に関する錯誤…………236
封をしてある………………55
不可罰的事後行為
　………………125,127,135

不敬な行為………………214
付合……………………136
不作為による横領………124
不作為による欺罔………104
不正作出………………188
不正な指令……………112,201
不正な利益……………241
不正融資………………130
不同意堕胎罪……………32
不同意堕胎致死傷罪……32
不動産……………………89
不動産侵奪罪……………89
不動産の二重処分………132
船荷証券…………………121
不法原因寄託……………123
不法原因給付と詐欺罪・恐喝
　罪………………………115
不法原因給付物
　…………………122,134,135
不法債務の履行免脱………83
不法債務履行免脱型
　…………………………115,116
不法領得の意思
　………78,86,100,124,127
不保護……………………33
不良貸付…………………130
墳墓……………………215
侮辱………………………64
侮辱罪……………………63
物色行為…………………88
物理的一体性……………155
武力を行使………………225
文書……………………176
文書偽造………………175,177
分娩開始説（陣痛説）……18
文理解釈…………………23
平穏説……………………52
平穏な占有………………80
閉塞……………………159
変造…………………170,180
幇助……………………223
法条競合…………88,119,131
包装物・封緘物の占有……86
法秩序の統一……………123
法定刑……………………10

法的介入 …………………… 8
法的誠実義務 ……………… 129
法は家庭に入らない ………… 90
法律的・経済的財産説 …… 146
法律的財産説 ……………… 146
法律的支配 ………………… 120
法令により拘禁された者
　………………………… 243
保管 ……… 137, 196, 202, 209
保護観察付執行猶予 ………… 11
保護責任者遺棄等罪 ………… 34
保護法益 ……………………… 5
保全執行 …………………… 237
本権 ……………… 80, 119, 121
本権説 ……………………… 80
本人のためにする意思 …… 124
本犯 ………………………… 134
本犯助長性 ………… 134, 136
妨害 ………………………… 214
暴行 ………………………… 233
暴行罪 ……………………… 26
暴動 ………………………… 222
母体保護法 ………………… 31

ま行

万引き ……………………… 89
未熟運転致死傷罪 …………… 35
未成年後見人 ……………… 91
未成年者事例 ……… 102, 107
未成年者略取・誘拐罪 ……… 43
みなし公務員 ……………… 231

身の代金目的略取・誘拐罪
　…………………………… 43
身の代金要求罪 …………… 43
身分犯 ……………… 157, 244
宮本身分帳閲覧事件
　…………………… 256, 257
民法上認められない経済的利
　益 …………………… 146
無意識的処分行為説
　…………………… 106, 146
無形偽造 …………… 175, 178
無断一時使用 ……………… 87
無免許運転による加重 …… 37
無理心中 …………………… 21
名義・計算 ……………… 132
酩酊運転等致死傷罪 ………… 35
名誉感情 …………………… 58
免状 ……………………… 182
目的の公益性 ……………… 62
目的犯 …… 95, 234, 237, 238,
　　　　240, 241, 244
模造 ……………………… 171

や行

有印公文書 ……………… 180
誘拐 ……………………… 42
有形偽造 …………… 175, 178
有償の処分のあっせん …… 138
有体性説 …………………… 81
有体物説 …………………… 81
ユーザーユニオン事件 …… 115

譲り渡し ………………… 195
輸入 ……… 162, 172, 192, 195
用法上の凶器 ……………… 28
預金の占有 ……………… 121
予見可能性 ………………… 24
四畳半襖の下張事件判決
　…………………………… 206
予備 ……………………… 224

ら行

落書き …………………… 143
利益関与性 ……………… 134
利益罪 ……………………… 77
陸路 ……………………… 159
立法理由 …………………… 10
利得罪 ……………………… 77
略取 ……………………… 42
領得 ……………………… 216
領得行為 …………… 127, 131
領得行為説 ……………… 123
領得罪 ……………………… 78
旅券 ……………… 101, 183
利欲犯 …………………… 123
流布 ……………………… 69
ロッキード事件丸紅ルート判
　決 …………………… 262

わ行

わいせつ ………………… 206
和解調書 ………………… 110

判例索引

明治 25 年～45 年

大判明治 36・5・21 刑録 9-874 ………… 81
大判明治 40・9・26 刑録 13-1002 ……… 55
大判明治 41・11・19 刑録 14-1023 ……… 86
大判明治 42・2・5 刑録 15-61 ………… 197
大判明治 42・3・16 刑録 15-261 ………… 191
大判明治 42・4・16 刑録 15-452 …… 2,143
大判明治 43・1・31 刑録 16-95 ………… 234
大判明治 43・5・23 刑録 16-906 ………… 115
大判明治 43・6・30 刑録 16-1314 ……… 172
大判明治 43・9・30 刑録 16-1572 ……… 176
大判明治 43・11・15 刑録 16-1937 ……… 41
大判明治 43・11・21 刑録 16-2093 ……… 197
大判明治 43・12・2 刑録 16-2129 ……… 126
大判明治 43・12・5 刑録 16-2135 ……… 131
大判明治 44・2・9 刑録 17-52 ………… 68
大判明治 44・2・16 刑録 17-88 ………… 175
大判明治 44・2・27 刑録 17-197 …… 140,144
大判明治 44・3・21 刑録 17-427 ……… 198
大判明治 44・3・31 刑録 17-482 ……… 192
大判明治 44・4・17 刑録 17-587 …… 122,125
大判明治 44・8・15 刑録 17-1488 ……… 141
大判明治 44・12・15 刑録 17-2190 ……… 86
大判明治 44・12・25 刑録 17-2317 ……… 68
大判明治 45・4・26 刑録 18-536 ………… 86
大判明治 45・6・4 刑録 18-815 ……… 152
大判明治 45・6・20 刑録 18-896 ………… 22

大正元年～10 年

大判大正 元・10・8 刑録 18-1231 ……… 121
大判大正 2・1・27 刑録 19-85 ………… 69
大判大正 2・3・25 刑録 19-374 ……… 136
大判大正 2・10・3 刑集 2-4-318 ……… 152
大判大正 2・11・19 刑録 19-1253 ……… 211
大判大正 2・12・16 刑録 19-1440 ……… 124
大判大正 2・12・24 刑録 19-1517 ……… 155
大判大正 3・1・21 刑録 20-41 ………… 139
大判大正 3・3・6 新聞 929-28 ………… 85
大判大正 3・4・29 刑録 20-654 ……… 253
大連判大正 3・5・18 刑録 20-932 …… 212
大判大正 3・6・20 刑録 20-1313 ……… 128
大判大正 3・6・20 刑録 20-1300 ……… 143
大判大正 3・10・16 刑録 20-1867 ……… 129
大判大正 3・11・4 刑録 20-2008
　　　　　　　　　　　　　　　……… 197,199
大判大正 3・11・17 刑録 20-2142 ……… 236
大判大正 4・5・21 刑録 21-670 ………… 33
大判大正 4・5・21 刑録 21-663 ………… 87
大判大正 4・6・2 刑録 21-721 ……… 136
大判大正 4・10・20 新聞 1052-27 ……… 180
大判大正 4・12・16 刑録 21-2103 ……… 246
大判大正 5・5・2 刑録 22-681 ……… 110
大判大正 5・6・26 刑録 22-854 ………… 68
大判大正 5・6・26 刑録 22-1153 ………… 68
大判大正 5・12・18 刑録 22-1909 ………… 69
大判大正 5・12・21 刑録 22-1925 ……… 175
大判大正 6・5・19 刑録 23-487 ……… 208
大判大正 6・9・17 刑録 23-1016 ……… 127
大判大正 6・10・15 刑録 23-1113
　　　　　　　　　　　　　　　……… 119,126
大判大正 6・10・27 刑録 23-1103 ……… 163
大判大正 6・12・17 刑集 10-789 ……… 125
大判大正 7・3・24 刑集 11-296 ……… 232
大判大正 7・7・17 刑録 24-939 ……… 104
大判大正 7・10・19 刑録 24-1274 ……… 121
大判大正 7・11・19 刑録 24-1365
　　　　　　　　　　　　　　　………… 85,86
大判大正 7・11・25 刑録 24-1425 ……… 161
大判大正 7・12・18 刑録 24-1558 ……… 154
大判大正 8・4・4 刑録 25-382 ………… 84
大判大正 8・4・5 刑録 25-489 ………… 86
大判大正 8・4・18 新聞 1566-25 ………… 59
大判大正 8・6・6 刑録 25-754 ……… 182
大判大正 8・12・13 刑録 25-1367 ……… 18

大判大正 9・2・4 刑録26-26 ……… 2
大判大正 9・4・13 刑録26-307 …… 126
大判大正 9・10・19 刑集13-1473 …… 88
大判大正 9・12・24 刑録26-1437 …… 216
大判大正 10・5・13 刑集14-514 …… 98
大判大正 10・10・24 刑録27-643 …… 70

大正11年〜15年

大判大正 11・2・28 刑集2-336 …… 136
大判大正 11・9・15 刑集1-450 …… 84
大判大正 11・12・22 刑集1-815 …… 97
大判大正 11・12・22 刑集1-821 …… 118
大判大正 12・3・15 刑集2-210 …… 160
大判大正 12・4・9 刑集2-330 …… 89
大判大正 12・4・14 刑集2-336 …… 135
大判大正 12・7・3 刑集2-624 …… 89
大判大正 12・7・14 刑集2-650 …… 101
大判大正 12・12・1 刑集2-895 …… 124
大判大正 13・2・9 刑集3-95 …… 211
大判大正 13・5・31 刑集3-459 …… 155
大判大正 13・6・10 刑集3-473 …… 83
大判大正 13・6・19 刑集3-502 …… 43
大判大正 14・5・13 刑集4-301 …… 142
大判大正 15・3・24 刑集5-117 …… 59
大判大正 15・4・20 刑集5-136 …… 124
大判大正 15・6・19 刑集5-267 …… 209
大判大正 15・7・5 刑集5-303 …… 58
大判大正 15・9・18 刑集5-413 …… 191
大判大正 15・10・8 刑集5-440 …… 84
大判大正 15・10・23 新聞2637-9 …… 106
大判大正 15・11・2 刑集5-491 …… 84

昭和元年〜10年

大判昭和 3・7・14 刑集7-8-490 …… 69
大判昭和 3・10・9 刑集7-683 …… 176
大決昭和 3・12・21 刑集7-722 …… 107,108
大判昭和 4・3・7 刑集8-107 …… 104
大判昭和 4・5・16 刑集8-251 …… 97
大判昭和 4・10・15 刑集8-485 …… 175
大判昭和 5・5・17 刑集9-303 …… 117
大判昭和 5・9・18 刑集9-668 …… 246
大判昭和 6・3・18 刑集10-109 …… 137
大判昭和 6・5・8 刑集10-205 …… 82
大判昭和 6・7・2 刑集10-303 …… 154
大判昭和 6・11・18 刑集10-609 …… 126
大判昭和 7・3・24 刑集11-296 …… 233
大判昭和 7・5・5 刑集11-578 …… 192
大判昭和 7・5・23 刑集11-665 …… 177
大判昭和 7・6・29 刑集11-974 …… 131
大判昭和 7・12・10 刑集11-1817 …… 250
大判昭和 8・5・4 刑集12-538 …… 104
大判昭和 8・6・5 刑集12-735 …… 164
大判昭和 8・6・29 刑集12-1269 …… 99
大判昭和 8・9・6 刑集12-1590 …… 59
大判昭和 8・10・16 刑集12-1807 …… 114
大判昭和 8・10・19 刑集12-1828 …… 123
大判昭和 8・11・21 刑集12-2072 …… 12
大判昭和 9・3・29 刑集13-335 …… 106
大判昭和 9・4・30 新聞3694-5 …… 211
大判昭和 9・7・19 刑集13-983 …… 132
大判昭和 9・12・22 刑集13-1789 …… 87,141
大判昭和 10・3・25 刑集14-325 …… 124
大判昭和 10・7・3 刑集14-745 …… 132
大判昭和 10・9・28 刑集14-997 …… 247
大判昭和 10・10・24 刑集14-1267 …… 223

昭和11年〜20年

大判昭和 11・1・31 刑集15-68 …… 208
大判昭和 13・2・28 刑集17-141 …… 60
大判昭和 13・9・1 刑集17-648 …… 120
大判昭和 15・8・22 刑集19-540 …… 160
大判昭和 16・11・11 刑集20-598 …… 93
大判昭和 17・2・2 刑集21-77 …… 102,104
大判昭和 19・2・8 刑集23-1 …… 95
大判昭和 19・11・24 刑集23-352 …… 93

昭和21年〜30年

大判昭和 21・11・26 刑集25-50 …… 85
最判昭和 22・12・15 刑集1-80 …… 23
最判昭和 23・3・9 刑集2-3-140 …… 97
最判昭和 23・4・17 刑集2-4-399 …… 88
最判昭和 23・6・5 刑集2-7-641 …… 77,122
最大判昭和 23・6・9 刑集2-7-653 …… 102
最判昭和 23・6・12 刑集2-7-676 …… 97
最判昭和 23・11・2 刑集2-12-1443 …… 154
最決昭和 23・11・9 刑集2-12-1504 …… 134

最判昭和 23・11・9 刑集 2-12-1504 ……138
最判昭和 23・11・18 刑集 2-12-1614 ……93
最判昭和 23・12・24 刑集 2-14-1883 ……92
最判昭和 24・2・8 刑集 3-2-75 …………92
最判昭和 24・2・8 刑集 3-2-83 ………117
最判昭和 24・2・15 刑集 3-2-175 ……81,100
最判昭和 24・2・15 刑集 40-7-523 ……92
最判昭和 24・3・8 刑集 3-3-276 ………124
最判昭和 24・5・10 刑集 3-6-71 ………47
最判昭和 24・5・28 刑集 3-6-873 ………96
最判昭和 24・6・16 刑集 3-7-1070 ……152
最判昭和 24・7・9 刑集 3-8-1188 ………95
最判昭和 24・8・9 刑集 3-9-1440
　………………………………………244,245
最判昭和 24・10・20 刑集 3-10-1660 ……136
東京高判昭和 24・12・10 高刑集 2-3-292
　……………………………………………88,94
最判昭和 24・12・24 刑集 3-12-2114 ……98
最判昭和 25・3・28 刑集 4-3-425 ………235
最判昭和 25・6・27 裁判集刑事 18-369…24
広島高松江支判昭和 25・7・3 高刑集 3-2-247 ……………………………………………41
最判昭和 25・7・4 刑集 4-7-1168
　………………………………………100,115
名古屋高判昭和 25・7・17 高刑判特 11-88
　………………………………………………116
最判昭和 25・8・9 刑集 4-8-1556 ………138
名古屋高判昭和 25・11・14 高刑集 3-4-748
　………………………………………………88
最大判昭和 25・11・22 刑集 4-11-2380
　………………………………………………211
最判昭和 25・12・5 刑集 4-12-2475 ……115
最判昭和 25・12・14 刑集 4-12-2548
　…………………………………………96,155
大阪高判昭和 25・12・23 高刑判特 15-95
　………………………………………………62
最判昭和 26・1・30 刑集 5-1-117 ………138
最判昭和 26・3・27 刑集 5-4-686 ………96
最判昭和 26・5・25 刑集 5-6-1186 ……122
最判昭和 26・6・7 刑集 5-7-1236 ………29
最判昭和 26・7・13 刑集 5-8-1437 ………87
最判昭和 26・9・20 刑集 5-10-1937
　…………………………………………24,26
最判昭和 26・12・14 刑集 5-13-2518 ……105
最決昭和 27・2・14 裁判集刑事 60-851
　………………………………………………253
最判昭和 27・3・7 刑集 6-3-441 …………60
福岡高判昭和 27・3・20 高刑判特 19-72
　………………………………………………104
東京高判昭和 27・6・3 高刑集 5-6-938
　………………………………………………81
最決昭和 27・7・10 刑集 6-7-876 ………137
東京高判昭和 27・8・5 東高時報 2-12-289
　………………………………………………214
札幌高判昭和 27・11・20 高刑集 5-11-2018
　…………………………………………83,116
最判昭和 27・12・25 刑集 6-12-1387 ……101
最判昭和 28・1・22 刑集 7-1-8 …………234
最判昭和 28・1・23 刑集 7-1-46 …………255
最判昭和 28・1・30 刑集 7-1-128 …………71
東京高判昭和 28・1・31 東高時報 3-2-57
　………………………………………………137
広島高判岡山支判昭和 28・2・17 高刑判特 31-67 ……………………………………………91
最判昭和 28・4・7 刑集 7-4-762 …………87
最決昭和 28・4・16 刑集 7-5-915 ………122
最判昭和 28・5・8 刑集 7-5-965 …………131
最判昭和 28・5・21 刑集 7-5-1053
　………………………………………152,153
最決昭和 28・5・25 刑集 7-5-1128 ……173
東京高判昭和 28・6・12 高刑集 6-6-789
　………………………………………………120
東京高判昭和 28・7・20 高刑集 9-13-2693
　………………………………………………264
広島高判昭和 28・9・8 高刑集 6-10-1347
　………………………………………………245
名古屋高判昭和 28・10・28 高刑集 7-11-1655
　………………………………………………96
大阪高判昭和 28・11・18 高刑集 6-11-1603
　………………………………………………91
最判昭和 28・12・25 刑集 7-13-2721 ……124
福岡高判昭和 29・3・9 高刑判特 26-70
　…………………………………………83,116
最決昭和 29・9・30 刑集 8-9-1575 ……245
東京高判昭和 29・10・7 東高時報 5-9-380
　………………………………………………92
最判昭和 30・3・17 刑集 9-3-477 ………264
最判昭和 30・4・8 刑集 9-4-827 …………82
福岡高判昭和 30・4・25 高刑集 8-3-148
　………………………………………………84

最大判昭和 30・6・22 刑集 9-8-1189 ····· 161
最決昭和 30・7・7 刑集 9-9-1856 ···82,106
最判昭和 30・7・12 刑集 9-9-1866 ····· 137
最決昭和 30・8・9 刑集 9-9-2008 ······· 80
最判昭和 30・10・14 刑集 9-11-2173 ····· 116
広島高岡山支判昭和 30・11・15 高刑裁特 2-22-1173 ·· 156
名古屋高判昭和 30・12・13 高刑裁特 26-70
·· 116
最判昭和 30・12・26 刑集 9-14-3053
·· 120,123,133

昭和 31 年～40 年

最判昭和 31・1・19 刑集 10-1-67 ··········· 85
東京高判昭和 31・1・30 判タ 56-76 ······· 89
最決昭和 31・3・6 裁判集刑事 112-601
·· 207
最判昭和 31・4・13 刑集 10-4-554 ······· 236
最判昭和 31・6・26 刑集 10-6-874 ······· 133
最決昭和 31・7・12 刑集 10-7-1058 ····· 261
東京高判昭和 31・8・9 高刑裁特 3-17-826
·· 122
最決昭和 31・8・22 刑集 10-8-1237 ······· 54
最決昭和 31・8・22 刑集 10-8-1260 ······· 87
最判昭和 31・8・30 判時 90-26 ··········· 104
最判昭和 31・10・5 刑集 10-10-1455 ····· 48
東京高判昭和 31・12・5 東高時報 7-12-460
·· 106
最判昭和 31・12・7 刑集 10-12-1592
·· 128,129,133
最決昭和 32・1・17 刑集 11-1-23 ········· 192
最判昭和 32・1・22 刑集 11-1-50 ········· 241
最決昭和 32・1・24 刑集 11-1-270 ········· 84
最判昭和 32・2・21 刑集 11-2-877 ········· 71
最決昭和 32・2・26 刑集 11-2-906 ········· 24
最大判昭和 32・3・13 刑集 11-3-997 ···· 206
最判昭和 32・3・28 刑集 11-3-1136 ····· 262
最決昭和 32・4・4 刑集 11-4-1327 ····· 144
東京地判昭和 32・4・8 判時 117-20 ···· 264
最判昭和 32・4・25 刑集 11-4-1427 ······· 86
最判昭和 32・5・22 刑集 11-5-1526 ····· 207
最判昭和 32・7・16 刑集 11-7-1829 ······· 84
最判昭和 32・7・25 刑集 11-7-2037 ····· 191
最判昭和 32・9・13 刑集 11-9-2263

·· 82,93
最決昭和 32・9・18 裁判集刑事 120-57
·· 159
浦和地判昭和 32・9・27 判時 131-43 ······· 99
最判昭和 32・10・3 刑集 11-10-2413 ···· 236
最判昭和 32・10・15 刑集 11-10-2579 ····· 84
最判昭和 32・11・8 刑集 11-12-3061
·· 83,84
最判昭和 32・11・19 刑集 11-12-3073 ····· 126
最判昭和 32・12・13 刑集 11-13-3207 ····· 241
最決昭和 32・12・19 刑集 11-13-3316 ····· 121
最判昭和 33・2・27 刑集 12-2-342 ········ 269
東京高判昭和 33・3・10 高刑裁特 5-3-89
·· 84
最判昭和 33・3・19 刑集 12-4-636 ········· 40
最判昭和 33・4・17 刑集 12-6-1079 ······· 87
最判昭和 33・4・18 刑集 12-6-1090 ······· 29
最判昭和 33・5・1 刑集 12-7-1286 ····· 120
東京高判昭和 33・7・7 高刑裁特 5-8-313
·· 106
最判昭和 33・7・10 刑集 12-11-2471 ······· 4
最判昭和 33・9・16 刑集 12-13-3031 ···· 184
最判昭和 33・9・19 刑集 12-13-3047 ···· 124
最判昭和 33・9・30 刑集 12-13-3151 ···· 232
最判昭和 33・9・30 刑集 12-13-3180 ···· 261
最判昭和 33・10・10 刑集 12-14-3246 ···· 132
最判昭和 33・10・31 刑集 12-14-3421 ····· 94
最判昭和 33・11・21 刑集 12-15-3519 ····· 19
最判昭和 34・2・9 刑集 13-1-76 ······· 135
最判昭和 34・2・13 刑集 13-2-101 ······· 132
最判昭和 34・3・23 刑集 13-3-391 ········· 94
最判昭和 34・5・7 刑集 13-5-641 ········· 61
最判昭和 34・5・26 刑集 13-5-817 ······· 263
最判昭和 34・6・12 刑集 13-6-960 ········· 94
最判昭和 34・7・3 刑集 13-7-1088 ······· 40
最判昭和 34・8・27 刑集 13-10-2769 ···· 234
神戸地判昭和 34・9・25 下刑集 1-9-2069
·· 111
最決昭和 34・9・28 刑集 13-11-2993
··· 104,108
最判昭和 34・12・4 刑集 13-12-3127 ···· 191
東京高判昭和 34・12・8 高刑集 12-10-1017
·· 42
最決昭和 35・1・12 刑集 14-1-9 ········· 180
最判昭和 35・2・18 刑集 14-2-138 ······· 160

最判昭和 35・3・1 刑集 14-3-209 ……… 230
最決昭和 35・3・10 刑集 14-3-333 ……… 181
名古屋高判昭和 35・4・14 判タ 107-57
　……………………………………………… 180
最決昭和 35・4・26 刑集 14-6-748 ……… 80
最決昭和 35・5・7 刑集 13-5-641 ……… 59
最決昭和 35・6・24 刑集 14-8-1103 …… 237
最決昭和 35・8・30 刑集 14-10-1418
　………………………………………… 83,116
最決昭和 35・12・8 刑集 14-13-1818 …… 152
最判昭和 36・1・13 刑集 15-1-113 ……… 261
最決昭和 36・6・22 刑集 15-6-1004 …… 269
最決昭和 36・8・17 刑集 15-7-1244 …… 247
最決昭和 36・9・8 刑集 15-8-1309 …… 164
最決昭和 36・9・26 刑集 15-8-1525 …… 191
最決昭和 36・10・10 刑集 15-9-1580 …… 120
旭川地判昭和 36・10・14 下刑集 3-9＝10-936
　…………………………………………… 93,96
最決昭和 37・1・23 刑集 16-1-11 ……… 234
最決昭和 37・2・13 刑集 16-2-68 ……… 128
最決昭和 37・5・29 刑集 16-5-528 ……… 261
最決昭和 37・6・26 裁判集刑事 143-201
　………………………………………………… 87
東京地判昭和 37・7・17 判タ 136-59
　………………………………………… 83,116
東京高判昭和 37・8・30 高刑集 15-6-488
　………………………………………………… 93
浦和地判昭和 37・9・24 下刑集 4-9＝10-879
　……………………………………………… 127
東京地判昭和 37・11・29 判タ 140-117
　……………………………………… 102,107
東京地判昭和 37・12・3 判時 323-33 ……… 85
名古屋高判昭和 37・12・22 高刑集 15-9-674
　………………………………………………… 21
最決昭和 38・7・9 刑集 17-6-608
　……………………………………… 129,133
最決昭和 38・11・8 刑集 17-11-2357 …… 139
最決昭和 38・12・27 刑集 17-12-2595 …… 179
最決昭和 39・3・11 刑集 18-3-99 …… 215
東京高判昭和 39・9・22 高刑集 17-6-563
　………………………………………………… 53
最決昭和 40・2・26 刑集 19-1-59 …… 249
最決昭和 40・3・9 刑集 19-2-69 ……… 88
最決昭和 40・3・30 刑集 19-2-125 ……… 47
最決昭和 40・4・16 刑集 19-3-143 ……… 226

最決昭和 40・9・3 裁判集刑事 156-311
　………………………………………………… 71
最決昭和 40・9・16 刑集 19-6-679 …… 9,249

昭和 41 年～50 年

最判昭和 41・2・17 刑集 20-2-13 …… 262
最判昭和 41・3・24 刑集 20-3-129 ……… 234
最判昭和 41・4・8 刑集 20-4-207 …… 85,93
最判昭和 41・4・14 判時 449-64 ………… 233
最判昭和 41・6・10 刑集 20-5-374 ……… 143
東京高判昭和 41・7・19 高刑集 19-4-463
　……………………………………………… 144
大阪高判昭和 41・8・9 高刑集 19-5-535
　……………………………………………… 90
最大判昭和 41・11・30 刑集 20-9-1076 …… 70
東京地八王子支判昭和 42・3・29 下刑集 9-3-354
　……………………………………………… 118
東京地判昭和 42・4・26 判タ 208-218 ‥ 254
最大判昭和 42・5・24 刑集 21-4-505 …… 233
福岡高判昭和 42・6・22 下刑集 9-6-784
　……………………………………………… 94
最決昭和 42・11・2 刑集 21-9-1179 ……… 90
最決昭和 42・12・19 刑集 21-10-1407 …… 236
最決昭和 42・12・21 判時 506-59 ………… 41
最決昭和 42・12・21 刑集 21-10-1453 …… 110
最決昭和 43・6・5 刑集 22-6-427 ……… 214
最決昭和 43・6・28 刑集 22-6-569 …… 144
最決昭和 43・9・17 裁判集刑事 168-691
　………………………………………………… 87
最決昭和 43・10・24 刑集 22-10-946 …… 115
最決昭和 44・5・1 刑集 23-6-907 ……… 142
宮崎地日南支判昭和 44・5・22 刑月 1-5-535
　……………………………………………… 248
最大判昭和 44・6・18 刑集 23-7-950 …… 183
最大判昭和 44・6・25 刑集 23-7-975 ……… 62
大阪高判昭和 44・8・7 刑月 1-8-795
　……………………………………………… 108
最大判昭和 44・10・15 刑集 23-10-1239
　……………………………………………… 206
最判昭和 45・1・29 刑集 24-1-1 ……… 46
最判昭和 45・3・26 刑集 24-3-55
　……………………………………… 106,110
最決昭和 45・3・27 刑集 24-3-76 ……… 123
大阪高判昭和 45・6・12 刑月 2-6-626

.... 129
最決昭和 45・6・30 判時 596-96 180
最決昭和 45・9・4 刑集 24-10-1319 185
東京高判昭和 45・9・8 東高時報 21-9-303
.... 88
京都地判昭和 45・10・12 刑月 2-10-1104
.... 40
最大判昭和 45・10・21 民集 24-11-1560
.... 123
最判昭和 45・12・3 刑集 24-13-1707
.... 27, 28
最決昭和 45・12・22 刑集 24-13-1882 92
最判昭和 45・12・22 刑集 24-13-1812 232
最判昭和 47・3・14 刑集 26-2-187 28
福岡高判昭和 47・11・22 刑月 4-11-1803
.... 133
最決昭和 48・2・28 刑集 27-1-68 213
東京高判昭和 48・3・26 高刑集 26-1-85
.... 93
最大判昭和 48・4・4 刑集 27-3-265 7
東京高判昭和 48・8・7 刑月 6-2-118 71
東京高判昭和 48・11・20 高刑集 26-5-548
.... 133
東京高判昭和 49・5・10 東高時報 25-5-37
.... 95
東京高判昭和 49・6・27 高刑集 27-3-291
.... 90
神戸簡判昭和 50・2・20 刑月 7-2-104
.... 246
最判昭和 50・4・24 裁判集刑事 196-175
.... 264
最決昭和 50・6・12 刑集 29-6-365 138
最判昭和 50・6・13 刑集 29-6-375 170
広島地判昭和 50・6・24 刑月 7-6-692 87

昭和51年～60年

最判昭和 51・2・19 刑集 30-1-47 263
最判昭和 51・3・4 刑集 30-2-79 52
最決昭和 51・3・23 刑集 30-2-229 62
最決昭和 51・4・1 刑集 30-3-425 100
最決昭和 51・4・30 刑集 30-3-453 177
東京高判昭和 51・7・13 東高時報 27-7-83
.... 121
広島高判昭和 51・9・21 刑月 8-9＝10-380

.... 40
京都地判昭和 51・12・17 判時 847-112 87
大分地判昭和 52・9・26 判時 679-161
.... 111
東京高判昭和 53・3・29 高刑集 31-1-48
.... 90
福岡高判昭和 53・4・24 判時 905-123
.... 121
最判昭和 53・6・29 刑集 32-4-816 232
最決昭和 53・9・4 刑集 32-6-1077 152
最決昭和 54・6・26 刑集 33-4-364 44
最判昭和 54・10・26 刑集 33-6-665 212
最判昭和 54・11・19 刑集 33-7-710 99
最判昭和 54・11・19 刑集 33-7-728 157
最判昭和 54・12・25 刑集 33-7-1105 243
最決昭和 55・7・15 判時 972-129 122
大阪高判昭和 55・7・29 刑月 12-7-529
.... 122
最決昭和 55・10・30 刑集 34-5-357 87
最判昭和 55・11・28 刑集 34-6-433 206
最判昭和 56・2・20 刑集 35-1-15 126
神戸地判昭和 56・3・27 判時 1012-35
.... 129
最判昭和 56・4・16 刑集 35-3-84 62
最判昭和 56・4・16 刑集 35-3-107 185
広島高判昭和 56・6・15 判時 1009-140
.... 121
福井地判昭和 56・8・31 刑月 13-8＝9-547
.... 109
福岡高判昭和 56・9・21 刑月 13-8＝9-527
.... 109
大阪高判昭和 56・12・17 刑月 13-12-819
.... 245
最決昭和 57・1・28 刑集 36-1-1 256
最判昭和 57・6・24 刑集 36-5-646 141
東京高判昭和 57・6・28 刑月 14-5＝6-324
.... 115
旭川地判昭和 57・9・29 刑月 14-9-713
.... 248
東京高判昭和 58・1・20 判時 1088-147 52
福岡高判昭和 58・2・28 判時 1083-156 84
最判昭和 58・3・8 刑集 37-2-15 207
最決昭和 58・3・25 刑集 37-2-170 263
最判昭和 58・4・8 刑集 37-3-215 52
最決昭和 58・5・24 刑集 37-4-437

………………………… 128,130
東京高判昭和 58・6・20 刑月 15-4＝6-299
………………………………………… 155
最判昭和 58・9・29 刑集 37-7-1110 …… 162
最判昭和 58・10・27 刑集 37-8-1294 …… 206
最決昭和 58・11・1 刑集 37-9-1341 …… 64
最判昭和 59・2・17 刑集 38-3-336 …… 185
最決昭和 59・4・29 刑集 38-6-2584 …… 71
最決昭和 59・5・8 刑集 38-7-2621 …… 232
大阪高判昭和 59・5・23 高刑集 37-2-328
……………………………………………… 101
最決昭和 59・5・30 刑集 38-7-2682 …… 262
東京地判昭和 59・6・28 刑月 16-5＝6-476
………………………………………………… 81
東京高判昭和 59・7・18 高刑集 37-2-360
………………………………………………… 63
大阪高判昭和 59・7・27 高刑集 37-2-377
……………………………………………… 246
東京地判昭和 59・8・6 判時 1132-176
……………………………………………… 118
東京高判昭和 59・10・30 刑月 16-9＝10-679
………………………………………………… 85
東京高判昭和 59・11・19 判タ 544-251
……………………………………………… 109
大阪高判昭和 59・11・28 高刑集 37-3-438
………………………………………………… 82
最決昭和 59・12・21 刑集 38-12-3071 …… 153
大阪高判昭和 60・2・6 高刑集 38-1-50
………………………………………………… 97
東京地判昭和 60・2・13 刑月 17-1＝2-22
……………………………………………… 124
東京地判昭和 60・3・6 判時 1147-162
……………………………………………… 130
東京地判昭和 60・4・8 判時 1171-16
……………………………………………… 262
最決昭和 60・6・11 刑集 39-5-219 …… 262
新潟地判昭和 60・7・2 刑月 17-7＝8-663
………………………………………………… 85
最決昭和 60・7・16 刑集 39-5-245 …… 256
最判昭和 60・10・21 刑集 39-6-362 …… 157
東京高判昭和 60・12・10 判タ 1201-148 … 30

昭和 61 年～63 年

福岡高判昭和 61・3・13 判タ 601-76 … 215

最決昭和 61・6・27 刑集 40-4-369
………………………………………… 263,266
大阪高判昭和 61・7・17 判タ 624-234 … 87
最決昭和 61・7・18 刑集 40-5-438 …… 142
福岡地小倉支判昭和 61・8・5 刑集 43-5-410 ……………………………………… 246
大阪地判昭和 61・10・3 判タ 630-228 … 30
大阪高判昭和 61・10・7 判時 1217-143 … 93
最決昭和 61・11・18 刑集 40-7-523
……………………………………… 83,92,111,116
大阪高判昭和 61・12・16 高刑集 39-4-592
………………………………………………… 41
最決昭和 62・3・12 刑集 41-2-140 …… 70
最決昭和 62・3・24 刑集 41-2-173 …… 43
最決昭和 62・4・10 刑集 41-3-221 …… 84
大阪高判昭和 62・7・17 判時 1253-141 … 94
東京地判昭和 62・10・6 判時 1259-137 … 87
神戸地判昭和 62・11・17 判時 1272-51
……………………………………………… 253
最決昭和 63・1・19 刑集 42-1-1 …… 34
最判昭和 63・2・29 刑集 42-2-314 …… 19
最決昭和 63・4・11 刑集 42-4-419 …… 262
最判昭和 63・7・18 刑集 42-6-861 …… 261
大阪地判昭和 63・10・7 判時 1295-151
……………………………………………… 112
最決昭和 63・11・21 刑集 42-9-1251 …… 129

平成元年～平成 10 年

東京地判平成 元・2・17 判タ 700-279
……………………………………………… 190
東京高判平成 元・2・27 高刑集 42-1-87
………………………………………………… 82
大阪高判平成 元・3・3 判タ 712-248 … 93
最決平成 元・3・10 刑集 43-3-188 …… 232
東京高判平成 元・3・14 判タ 700-266
……………………………………………… 104
最決平成 元・3・14 刑集 43-3-283
……………………………………… 256,257,258
甲府地判平成 元・3・31 判時 1311-160
……………………………………………… 190
最決平成 元・5・1 刑集 43-5-405 …… 246
最決平成 元・7・7 刑集 43-7-607 …… 80
最決平成 元・7・7 判時 1326-157 …… 155
最決平成 元・7・14 刑集 43-7-641 …… 155

東京地判平成 元・10・31 判時 1363-158…99
東京地八王子支判平成 2・4・23 判時 1351-158 …………………………………………… 112
東京高判平成 3・4・1 判時 1400-128…84
最決平成 3・4・5 刑集 45-4-171 ……… 191
東京地八王子支判平成 3・8・28 判タ 768-249 …………………………………………… 105
東京地判平成 3・9・17 判時 1417-141…89
神戸地判平成 3・9・19 判タ 797-269
…………………………………………………… 141
浦和地判平成 4・3・19 判タ 801-264
…………………………………………………… 118
東京地判平成 4・3・23 判タ 799-248
…………………………………………………… 182
東京高判平成 4・10・28 判タ 823-252 ….89
東京高判平成 5・2・25 判タ 823-254 ….89
札幌地判平成 5・6・28 判タ 838-268
………………………………………………… 81,85
東京高判平成 5・6・29 高刑集 46-2-189
……………………………………………… 112,131
大阪高判平成 5・7・7 高刑集 46-2-220
…………………………………………………… 143
最決平成 5・10・5 刑集 47-8-7 ………… 185
最決平成 6・7・19 刑集 48-5-190 ……… 91
東京高判平成 6・9・12 判時 1545-113
……………………………………………… 86,111,121
最決平成 6・11・29 刑集 48-7-453 …… 185
東京地判平成 7・2・13 判時 1529-158
…………………………………………………… 112
最大判平成 7・2・22 刑集 49-2-1 ……… 262
横浜地判平成 7・3・28 判時 1530-28 … 21
千葉地判平成 7・6・2 判時 1535-144
…………………………………………………… 248
札幌高判平成 7・6・29 判時 1551-142…93
千葉地判平成 8・1・29 判時 1583-156
…………………………………………………… 248
最決平成 8・2・6 刑集 50-2-129 ……… 130
最判平成 8・4・6 民集 50-5-1267 …… 111
大阪地判平成 9・10・3 判タ 980-285 … 72
最決平成 10・7・14 刑集 52-5-343 …… 239
最決平成 10・11・4 刑集 52-8-542 …… 240
最決平成 10・11・25 刑集 52-8-570 …… 129

平成11年～平成20年

最決平成 11・10・20 刑集 53-7-641 …… 261
最決平成 11・12・9 刑集 53-9-117 …… 90
最決平成 11・12・20 刑集 53-9-1495 … 186
最決平成 12・2・17 刑集 54-2-38 ……… 70
最決平成 12・3・27 刑集 54-3-402 …… 101
東京高判平成 12・5・15 判時 1741-157…87
福岡高判平成 12・9・21 判時 1731-131…71
最判平成 12・12・15 刑集 54-9-923 …… 89
最決平成 12・12・15 刑集 54-9-1049 … 90
大阪高判平成 13・3・14 高刑集 54-1-1
…………………………………………………… 144
最決平成 13・7・16 刑集 55-5-317
……………………………………………… 208,209
最判平成 13・7・19 刑集 55-5-371
……………………………………………… 107,108
最決平成 13・11・5 刑集 55-6-546 …… 124
福岡高判平成 13・11・20 高刑速〔平13〕-232
…………………………………………………… 245
大阪高判平成 14・1・17 判タ 1119-276
…………………………………………………… 247
最決平成 14・2・14 刑集 56-2-86 ……… 94
最決平成 14・7・1 刑集 56-6-265
……………………………………………… 134,137
最決平成 14・9・30 刑集 56-7-395 …… 70
最決平成 14・10・21 刑集 56-8-670
……………………………………………… 100,108
最決平成 15・1・14 刑集 57-1-1 ……… 268
東京高判平成 15・1・29 判時 1838-155
…………………………………………………… 104
東京高判平成 15・1・29 判時 1835-157
…………………………………………………… 259
最決平成 15・2・18 刑集 57-2-161 …… 130
東京地判平成 15・3・6 判タ 1152-296
………………………………………………… 96,97
最判平成 15・3・11 刑集 57-3-293 …… 68
最決平成 15・3・12 刑集 57-3-322
……………………………………………… 104,108,111
最決平成 15・3・18 刑集 57-3-356 …… 129
最決平成 15・4・14 刑集 57-4-445 …… 154
最大判平成 15・4・23 刑集 57-4-467 … 125
最決平成 15・6・2 刑集 57-6-749 …… 160
東京高判平成 15・9・29 東高時報 54-1～12-67 …………………………………………………… 47

最決平成 15・10・6 刑集 57-9-987 …… 185
最決平成 15・12・9 刑集 57-11-1088 …… 109
最決平成 16・2・9 刑集 58-2-89
　………………………………………… 108,109
千葉地判平成 16・5・7 判タ 1159-118 … 35
最決平成 16・7・7 刑集 58-5-309 …… 108
最決平成 16・8・25 刑集 58-6-515 …… 84
最決平成 16・11・8 刑集 58-8-905 …… 269
最決平成 16・11・30 刑集 58-8-1005
　……………………………………………… 87,100
最判平成 16・12・10 刑集 58-9-1047 …… 94
最決平成 17・3・11 刑集 59-2-1 …… 261,263
最決平成 17・3・29 刑集 59-2-54 ……… 23
神戸地判平成 17・4・26 判時 1904-152 … 82
札幌高判平成 17・8・18 判時 1923-160
　…………………………………………… 245
神戸地判平成 17・9・16 LEX/DB25410659
　……………………………………………… 46
最決平成 17・12・6 刑集 59-10-1901 …… 43
最決平成 18・1・17 刑集 60-1-29 …… 143
最決平成 18・1・23 刑集 60-1-67 …… 262
最決平成 18・2・14 刑集 60-2-165 …… 112
最決平成 18・5・16 刑集 60-5-413 …… 210
最決平成 18・8・21 判タ 1227-184 …… 101
最決平成 18・8・30 刑集 60-6-479 …… 90
最決平成 18・11・21 刑集 60-9-770 …… 249
最決平成 18・12・13 刑集 60-10-857 …… 239
最決平成 19・3・20 刑集 61-2-66 …… 143
最決平成 19・7・17 刑集 61-5-521
　………………………………………… 100,108
最決平成 19・11・13 刑集 61-8-743 …… 250
最決平成 20・1・22 刑集 62-1-1 ……… 48
最決平成 20・2・18 刑集 62-2-37 …… 90,91
東京高判平成 20・3・18 東高時報 59-1〜12-15
　……………………………………………… 93
最決平成 20・3・27 刑集 62-3-250

〔KSD 事件〕…………………………… 262
最判平成 20・4・11 刑集 62-5-1217 …… 52
最判平成 20・5・19 刑集 62-6-1623 …… 131
最判平成 20・10・10 民集 62-9-2361 …… 111
最決平成 20・10・16 刑集 62-9-2797 …… 36

平成 21 年〜平成 29 年

東京高判平成 21・3・12 高刑集 61-1-21
　……………………………………………… 72
最決平成 21・3・16 刑集 63-3-81 …… 268
最決平成 21・3・26 刑集 63-3-291 …… 124
最決平成 21・11・9 刑集 63-9-117 …… 129
東京高判平成 21・11・16 判時 2103-158 … 82
最決平成 21・11・30 刑集 63-9-1765 …… 53
東京高判平成 22・4・20 判タ 1371-251 … 89
最決平成 22・7・29 刑集 64-5-829
　…………………………………… 100,104,108,133
最決平成 22・9・7 刑集 64-6-865 …… 262
最決平成 22・10・26 刑集 64-7-1019 …… 30
東京高判平成 23・1・25 高刑集 64-1-1 … 97
最判平成 23・7・7 刑集 65-5-619 ……… 71
最決平成 24・1・30 刑集 66-1-36 ……… 23
最決平成 24・2・4 刑集 66-4-200 …… 30
最決平成 24・2・13 刑集 66-4-405 …… 56
鹿児島地判平成 24・3・18 判タ 1374-242
　……………………………………………… 82
最決平成 24・7・24 刑集 66-8-709 …… 23
最決平成 24・10・9 刑集 66-10-981 …… 91
大阪高判平成 25・9・25 高刑集 66-3-17
　…………………………………………… 246
最決平成 26・3・28 刑集 68-3-646 …… 108
最決平成 26・11・25 刑集 68-9-1053 …… 208
最決平成 28・3・31 刑集 70-3-406 …… 248
最決平成 29・1・31 LLI/DB 判例番号
　L07210004 ……………………………… 64

編者・執筆分担

沼野輝彦（ぬまの　てるひこ）……………………………………………はしがき
日本大学大学院法学研究科　講師・弁護士

設楽裕文（したら　ひろぶみ）…………………………第6章、第11章1-3節
日本大学法学部　教授

執筆者（五十音順）・執筆分担

岡西賢治（おかにし　けんじ）……………………………………………第5章
日本大学法学部　准教授

早乙女宜宏（さおとめ　よしひろ）………………………………………第4章
日本大学大学院法務研究科　助教・弁護士

清水洋雄（しみず　ひろお）………………………………………………第1章
日本大学大学院法務研究科　教授

杉山和之（すぎやま　かずゆき）…………………………………………第3章
志學館大学法学部　専任講師

髙瀬俊明（たかせ　としあき）…………………………………第10章4節
日本大学大学院法学研究科博士後期課程

南部　篤（なんぶ　あつし）………………………………………………第8章
日本大学法学部　教授

西貝吉晃（にしがい　よしあき）…………………………………………第9章
日本大学法学部　専任講師

西島裕行（にしじま　ひろゆき）………………………………第10章1-3節
日本大学通信教育部　インストラクター

野村和彦（のむら　かずひこ）…………………………………第11章4-8節
日本大学法学部　准教授

執筆者（五十音順）・執筆分担（続き）

浜崎昌之（はまさき　まさゆき） ……………………………………… 第7章4-6節
日本大学大学院法学研究科博士後期課程　単位取得退学

淵脇千寿保（ふちわき　ちずほ） ……………………………………… 第2章
志學館大学法学部　専任講師

船山泰範（ふなやま　やすのり） ……………………………………… 序論
日本大学大学院法学研究科　講師・弁護士

山本善貴（やまもと　よしたか） ……………………………………… 第7章1-3節
日本大学大学院法学研究科博士後期課程　単位取得退学

Next 教科書シリーズ　刑法各論

2017（平成29）年4月15日　初版1刷発行

編　者	沼野　輝彦・設楽　裕文
発行者	鯉渕　友南
発行所	株式会社 弘文堂　101-0062　東京都千代田区神田駿河台1の7 TEL 03(3294)4801　振替 00120-6-53909 http://www.koubundou.co.jp
装　丁	水木喜美男
印　刷	三美印刷
製　本	井上製本所

©2017　Teruhiko Numano & Hirobumi Shitara. Printed in Japan

JCOPY 〈（社）出版者著作権管理機構　委託出版物〉

本書の無断複写は著作権法上での例外を除き禁じられています。複写される場合は、そのつど事前に、（社）出版者著作権管理機構（電話 03-3513-6969、FAX 03-3513-6979、e-mail : info@jcopy.or.jp）の許諾を得てください。
また本書を代行業者等の第三者に依頼してスキャンやデジタル化することは、たとえ個人や家庭内の利用であっても一切認められておりません。

ISBN978-4-335-00227-4

Next 教科書シリーズ

■好評既刊

授業の予習や独習に適した初学者向けの大学テキスト

(刊行順)

書名	編者	定価	ISBN
『心理学』[第2版]	和田万紀=編	定価(本体2100円+税)	ISBN978-4-335-00205-2
『政治学』	山田光矢=編	定価(本体2000円+税)	ISBN978-4-335-00192-5
『行政学』[第2版]	外山公美=編	定価(本体2600円+税)	ISBN978-4-335-00222-9
『国際法』[第2版]	渡部茂己・喜多義人=編	定価(本体2200円+税)	ISBN978-4-335-00211-3
『現代商取引法』	藤田勝利・工藤聡一=編	定価(本体2800円+税)	ISBN978-4-335-00193-2
『刑事訴訟法』	関 正晴=編	定価(本体2400円+税)	ISBN978-4-335-00197-0
『行政法』[第3版]	池村正道=編	定価(本体2800円+税)	ISBN978-4-335-00229-8
『民事訴訟法』[第2版]	小田 司=編	定価(本体2200円+税)	ISBN978-4-335-00223-6
『日本経済論』	稲葉陽二・乾友彦・伊ヶ崎大理=編	定価(本体2200円+税)	ISBN978-4-335-00200-7
『地方自治論』	山田光矢・代田剛彦=編	定価(本体2000円+税)	ISBN978-4-335-00199-4
『憲法』[第2版]	齋藤康輝・高畑英一郎=編	定価(本体2100円+税)	ISBN978-4-335-00225-0
『教育政策・行政』	安藤忠・壽福隆人=編	定価(本体2200円+税)	ISBN978-4-335-00201-4
『国際関係論』[第2版]	佐渡友哲・信夫隆司=編	定価(本体2200円+税)	ISBN978-4-335-00224-3
『労働法』	新谷眞人=編	定価(本体2000円+税)	ISBN978-4-335-00206-9
『刑事法入門』	船山泰範=編	定価(本体2000円+税)	ISBN978-4-335-00210-6
『西洋政治史』	杉本 稔=編	定価(本体2000円+税)	ISBN978-4-335-00202-1
『社会保障』	神尾真知子・古橋エツ子=編	定価(本体2000円+税)	ISBN978-4-335-00208-3
『民事執行法・民事保全法』	小田 司=編	定価(本体2500円+税)	ISBN978-4-335-00207-6
『教育心理学』	和田万紀=編	定価(本体2000円+税)	ISBN978-4-335-00212-0
『教育相談』	津川律子・山口義枝・北村世都=編	定価(本体2200円+税)	ISBN978-4-335-00214-4

Next 教科書シリーズ

■ 好評既刊

(刊行順)

『法学』［第2版］　髙橋雅夫＝編
　　　　　　　　　　　　　　　　　定価(本体2200円+税)　ISBN978-4-335-00226-7

『経済学入門』　山口正春・楠谷　清＝編
　　　　　　　　　　　　　　　　　定価(本体2000円+税)　ISBN978-4-335-00213-7

『日本古典文学』　近藤健史＝編
　　　　　　　　　　　　　　　　　定価(本体2200円+税)　ISBN978-4-335-00209-0

『ソーシャルワーク』　金子絵里乃・後藤広史＝編
　　　　　　　　　　　　　　　　　定価(本体2200円+税)　ISBN978-4-335-00218-2

『現代教職論』　羽田積男・関川悦雄＝編
　　　　　　　　　　　　　　　　　定価(本体2100円+税)　ISBN978-4-335-00220-5

『発達と学習』　内藤佳津雄・北村世都・市川優一郎＝編
　　　　　　　　　　　　　　　　　定価(本体2000円+税)　ISBN978-4-335-00221-2

『哲学』　石浜弘道＝編
　　　　　　　　　　　　　　　　　定価(本体1800円+税)　ISBN978-4-335-00219-9

『道徳教育の理論と方法』　羽田積男・関川悦雄＝編
　　　　　　　　　　　　　　　　　定価(本体2000円+税)　ISBN978-4-335-00228-1

『刑法各論』　沼野輝彦・設楽裕文＝編
　　　　　　　　　　　　　　　　　定価(本体2400円+税)　ISBN978-4-335-00227-4